한비자, 관계의 기술

시공을 초월한 **인간관계**의 모든 것
권모술수의 **허**와 **실**을 꿰뚫다!

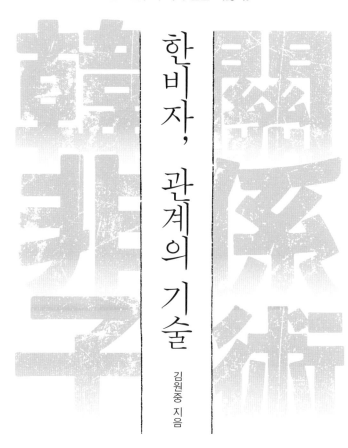

한비자, 관계의 기술

김원중 지음

한비자의 날카로운 통찰, 인간관계를 말하다

● 동양의 마키아벨리 한비자, 그는 누구인가?

온정적인 인간관계보다는 객관적이면서도 냉정한 이해관계에 주목한 동양의 마키아벨리 한비자韓非子. 전국 칠웅 가운데 작은 나라인 한韓나라의 서얼 공자 출신인 그는 스승 순자荀子에게 유가의 학문을 익혔으며, 한 걸음 더 나아가 이를 형명刑名 법술학法術學으로 발전시켰다. 그는 노자老子도 숭상하여 노자의 사상을 귀감으로 삼았으나, 노자의 '무위無爲'는 유약하다며 버렸고, '도道'에 법술적法術的 의미를 부여하여 강한 '유위有爲'를 주장했다. 그는 또 이전 시기 법가法家의 법法·술術·세勢를 계승하고 이 세 가지를 융합하여 자신의 사상 체계를 형성했다. 결국 법가의 길을 간 한비자는 당시 전국시대의 상황을 예리하게 읽어내는 안목을 갖게 되었다.

한비자는 주변이 온통 강국으로 둘러싸인 현실에서 나름의 생존 전략을 갖고 조국을 위해 일하고자 노력도 했으나 유세에는 실패했다. 그 후 자신을 만나고 싶어 했던 진시황秦始皇을 만나게 된다. 그러나 어눌한 화술 때문에 유세에 실패하고, 진시황의 정치적 동반자로 진나라 재상에 오른 친구 이사李斯의 농간에 빠져 독살당하고 만다. 생존과 패망의 화두 속에서 살아남는 것이 중요하다고 인식한 그는 인간에 대한 믿음 대신 불신을 택했지만, 역설적으로 친구의 모략에 빠져 죽게 된 것이다. 그러나 그는 군주로 하여금 강력한 권력을 갖게 하는 방법을 분명히 알고 있었으며, 그러한 사상을 담은 그의 책은 강력한 흡인력으로 진시황에게 각인되어 진나라의 통치 이념으로 자리 잡았다. 그는 죽었지만 그의 혼은 진시황의 정치적 동반자로 살아남을 수 있었던 것이다.

한비자의 사상은 법치와 권세, 그리고 술이라는 방법론으로 정리될 수 있는데, 이를 통해 그는 군주가 실권을 갖고 신하들을 좌지우지하는 강력한 통치술을 제시하고 있다. 그렇다고 해서 법과 권세만으로 나라를 다스릴 수 있는 것은 아니다. 실질적으로 나라를 다스릴 수 있는 방법이 필요하다는 것을 인식한 한비자는 신불해申不害의 '술'을 받아들여, 법으로 나라를 다스리는 방법이라는 의미의 '법술法術' 개념을 창안한 것이다. 법술의 기본을 지키는 것이야말로 군주에게는 진실의 눈을 밝히는 것과 같다. 흔히들 한비자를 법과 원칙을 내세운 법가라고 말하지만 따지고 보면 그는 군주의 권력을 유지하고, 사람을 통제하며, 심지어 신하에게 권력을 빼앗기지 않는 구체적인 방법을 가장 적나라하게 알고 있었던 것이다.

이런 시각에서 한비자는 군신 관계를 철저히 이해관계로 규정했다. 동상이몽同床異夢이란 말처럼, 그는 부부 관계도 철저히 이해를 바탕으로 형성된 것으로 보았다. 더군다나 남남인 군신 간에는 이해관계가 훨씬 더 현실적으로 지배된다고 믿었다. 예를 들어 "군주는 자신이 하고자 하는 바를 드러내지 않는다君無見其所欲."라는 말이나, "군주의 우환은 사람을 믿는 데서 비롯된다人主之患在於信人."라는 말에서 그 냉혹함을 알 수 있다. 남남인 군주와 신하, 신하와 신하, 군주와 백성 사이에 존재하는 공통분모는 바로 이익이라는 것이다. 그러므로 한비자는 군주가 형벌을 집행하면서 눈물을 흘리는 것은 결코 인자함을 드러내는 것이 아니라고 경고한다.

공은 공이고 사는 사라는 인식은 바로 백성의 안위를 책임진 군주가 늘 견지해야 하는 냉철함 그 자체다. 이는 오늘날의 시각에서 보아도 마찬가지다. 이런 점에서 한비자는 인간을 성선性善의 입장에서 본 유가儒家의 관점과는 달랐다. 그는 모든 인간관계의 축이 이해관계 속에서 이루어지기 때문에 국가는 법·술·세라는 테두리 내에서 다스려져야 하며, 특히 군주는 강력한 구속력으로 백성들을 통치해야 한다고 목소리를 높였다.

● 지금 우리가 한비자에 주목하는 이유

우리가 한비자에게 주목해야 할 점은 '인간관계론'이다. 과연 백성을 설득할 수 있는 진정한 힘은 무력인가, 아니면 소통인가? 군주에게 필요한 당근과 채찍은 무엇이며, 아랫사람을 포상하는 방법은 어떠해야 하는가? 신하들의 충정을 어디까지 믿고 그에 의존할 것인가? 군주는 두려움을 주어야 하는 존재인가, 아니면 인자한 존재여야 하는가? 군주는 백성의 삶 하나하나에 관심을 기울이는 연민의 소유자인가? 교활하고 냉혹한 것이 군주의 모습인가? 우리 편과 적을 구분할 수 있는가? 위대한 군주는 결코 운명에 맡기지 않고 철저히 자신을 믿는 자인가? 적어도 한비자는 신하라는 존재의 방자함과 위험성을 지적하면서 인간과 인간 사이에 존재하는 신뢰라는 끈을 과감히 버릴 것을 충고했다.

물론 한비자의 논점은 대단히 삭막하고 심지어 당혹스럽기까지 하다. 그러하기에 《한비자韓非子》라는 책은 인도人道에 어긋나는 악서惡書로 규정될 수도 있겠다. 어찌 보면 권모술수에 관한 전범이 거의 다 들어 있기에 이 책이 갖는 폭압성은 분명히 짚고 넘어가야 한다. 그러나 한편으로 우리는 한비자의 통찰에 전율을 느끼게 된다. 어쩌면 한비자는 소통을 거부한 것이 아니라 전국시대에 만연한 무질서의 세계를 일소하고, 실질적이면서도 궁극적인 제왕학을 제창하기 위해 이 책을 집필한 것으로 볼 수도 있다. 군이 한비자를 위해 변명하자면 말이다.

● 2,300여 년의 궤를 잇는 통찰, 그래서 한비자다

그렇다면 한비자가 던진 질문들을 2,300여 년이 지난 오늘날에 적용해볼 때 어떤 의미가 있을까?

이와 같은 생존의 법칙은 21세기에도 여전히 유효하다. 한비자의 통찰처럼, 혼돈의 시대에는 자신의 속내를 숨기고, 어둠 속에서 철저히 위장하면서 자기 관리를 해야 한다. 조직에서 우리는 퇴출되지 않기 위해 몸부림치면서 적절한 비굴과 자기기만으로 하루하루를 살아가고 있으니 말이다.

이 책을 통해서 필자는 한비자가 제왕학의 핵심적인 가치로 규정하고

있는 '술術'이라는 글자에 주목하여 이 단어가 지닌 술수와 기술이라는 두 가지 의미를 모두 살려 쓰고자 했다. 말하자면 '관계의 기술'인 동시에 '권력의 기술'이요 제왕의 고차원적인 '술수'의 차원에 주목했다는 의미이다. 물론 제왕의 시각에서 쓴 것이지만 우리 인간 사회에서 보편적으로 적용할 수 있다는 전제하에 작업했다.

전체를 네 장으로 나누어 '마음을 감추고 상대를 움직이는 방법'을 비롯하여 '사람을 경계하며 다루는 방법'과 '가까운 곳부터 살피는 자기 관리의 방법' '현명한 불신으로 사람을 잘 쓰는 방법'에 대해 다루었다. 한비자의 말을 인용하여 표제로 삼고, 해설과 예문을 종횡으로 배치했으며, 춘추전국 시대를 주축으로 하되 때로는 시대를 넘나들어 고전 속의 구체적인 사례들을 다루고자 했다.

필자는 그동안 《사기史記》를 비롯하여 유가 경전인 《논어論語》, 병가 경전인 《손자병법孫子兵法》, 도가의 경전인 《노자》 등 20여 권의 고전을 완역하였다. 그러나 《한비자》만큼 시대와 삶의 고민을 날카로운 송곳으로 찌르듯 모두 담아내고 있는 책은 보지 못했다.

지금 이 순간을 살아가는 우리에게 삶이란 힘겨움의 연속이다. 이런 상황을 참고 견디려면 남들과 다른 사고와 통찰로 한 걸음씩 조심스럽게 내딛어야 한다. 삶에 대한 맹목적인 희망보다는 철저한 자기 관리를 통해 삶의 원칙을 견지하라고 말한 한비자의 통찰력이 시공을 초월하여 이 시대 독자들에게 제대로 자리매김하기를 바라는 마음이다.

대학 강단에 선 지 20여 년이 흘렀다. 그 세월 동안 필자는 어김없이 새벽에 일어나 고전을 번역해왔으며, 주말이나 휴일도 없이 거의 모든 날을 고전을 연구하는 데 바쳤다. 필자도 모르는 사이에 고전 작업이라는 대장정에 푹 빠져 향연의 세월을 만끽한 것인지도 모른다. 물론 작품에 대한 모든 평가는 순전히 독자들의 몫이다.

이 책은 5년 전에 출간하여 적지 않은 독자들의 사랑을 받은《한비자의 관계술》의 개정판이다. 문장을 오늘의 시점에 맞게 수정하였고 특히《한비자》원문에서 인용된 번역문은 최근의 완역본으로 모두 바꾸었다. 제목은 원래의 제목 거의 그대로 살리면서, 좀 더 많은 독자들을 만나고자 '관계의 기술'이라고 하였다. 무엇보다 필자가 이렇게 정진하게 된 것은 고전 작업을 끊임없이 격려해주고 비판과 조언을 아끼지 않는 이 땅의 고전 애독자들 덕분이 아니겠는가. 그분들에게 이 책을 바친다.

2017년 9월

죽전의 연구실에서

김원중 적다

| 차례 |

2장 사람을 경계하라

3장 가까운 곳부터 살펴라

4장 현명하게 불신하라

1장

마음을 감춰라

01

속내를 감춰야 상대의 허를 찌른다

> 군주는 그가 하고자 하는 바를 드러내지 않으니, 군주가 하고자 하는
> 바를 내보이면 신하는 [그 의도에 따라] 잘 보이려고 스스로를 꾸밀 것
> 이다. 군주는 자신의 속뜻을 드러내지 말아야 하니, 군주가 그 속마음
> 을 보이면 신하는 스스로 남과 다른 의견을 표시하려고 할 것이다.
>
> 君無見其所欲, 君見其所欲, 臣自將雕琢 君無見其意, 君見其意,
> 臣將自表異.
>
> 《한비자》〈주도主道〉

주도主道는 한비자가 도가의 핵심인 허정虛靜과 무위無爲를 근간으로 삼아
내세운 원칙이다. 그는 〈주도〉 편에서 군주가 지킬 도리를 중점적으로 다
루었다. 군주는 제아무리 능력이 탁월하다 해도 자신을 보호하기 위해 반
드시 속내를 감춰야 한다. 그래야 신하가 다른 생각을 품을 수 없기 때문
이다.

일반적으로 리더는 자신의 생각을 드러내 아랫사람들이 따르게 하는

것으로 생각하곤 한다. 리더가 자신을 드러내지 않는다면 리더의 존재감이 없어질 우려가 있다고 반문할 수 있다. 그런데 한비자는 군주가 자신을 드러내지 않는 것이 중요하다고 말한다. 마음을 비우면 실제 돌아가는 정황을 알 수 있고, 조용히 움직이면 움직이는 정체를 알 수 있게 되므로, 의견이 있는 자는 말하게 되고, 일하는 자는 그 업적이 드러나게 된다는 것이다.

군주가 자기 색깔을 드러내면 그것을 아는 신하들이나 백성들은 거기에만 맞추려고 할 것이다. 하지만 "군주가 무위의 상태로 있으면 백성들은 저절로 교화가 된다."는 노자의 말처럼, 무언가를 인위적으로 하지 않음으로써 상대가 스스로 제 할 일을 알아서 하도록 하는 것이 중요하다.

자신의 행동과 말을 통제할 줄 아는 리더야말로 진정으로 상대에게 두려움을 주는 존재다. 리더는 감정을 억제하고 고뇌를 숨기며, 때로는 자신의 감정과 상반되게 행동하는 존재가 되어야 한다고 한비자는 말하고 있다. 한비자의 이야기는 목적을 이루기 위한 비인간적인 지적이 아니다. 오히려 철저한 자기 관리와 냉철한 현실 인식에서 비롯된 날카롭고 현실적인 조언이다.

일반적으로 군신 관계란 의로움을 통해 맺어진다는 것이 유가의 관점이다. 그러나 한비자는 그것이 계약 관계임을 분명하게 주장하고 있다. 즉 군주는 계산적으로 신하를 양성하고, 신하 역시 이해를 따져가며 군주를 섬긴다는 것이다. 한비자가 말하는 '계(計)'란, 이해타산과 같은 뜻이다. 이 말은 군주를 위해 자기 몸을 바치는 신하를 기대할 필요도 없고, 기대해서도 안 된다는 것이다. 어찌 보면 자본주의를 바탕으로 하는 현대 사회의 인간관계와 유사한 통찰이 아닐까 싶다.

한비자는 인간은 이해득실만을 따질 뿐 도덕성은 생각하지 않는다고 보았다. 그는 이것을 부모가 낳은 아이가 아들일 경우와 딸일 경우 보여 주는 행동의 차이로 설명했다. 아들이나 딸 모두 부모의 품에서 나왔지만, 아들을 선호하는 것은 따지고 보면 부모 자신의 노후를 걱정한 데서 비롯된다는 것이다.

또한 사람들의 이해관계는 늘 어긋난다. 예컨대 군주와 신하가 생각하는 이익이 각기 다르며, 남편과 아내, 형과 아우 사이에도 이해는 서로 엇갈리기 마련이다. 이 중에서도 특히 군주와 신하는 남남이 만나 각자의 이익을 추구하는 관계이므로 군주가 신하에게 충성만을 요구한다거나 도덕만으로 다스린다는 것은 어리석은 일이다.

그러나 군신 관계는 이해관계라는 입장에서 한 걸음 더 나아가, 위기에 닥쳤을 때 신하가 온 힘을 다할 수 있는 여건을 구축해야 하는데, 한비자는 그것을 명백한 상벌 규정으로 구축할 수 있다고 말한다. 즉 상벌의 구분이 엄하지 않으면 백성들은 공을 세우지 않고도 포상 받기를 바라고, 죄를 짓고도 빠져나갈 궁리만 한다. 그렇게 되면 군주의 지위가 위태로워지는 것은 당연한 일이다.

법을 제대로 운용하여 신하들을 다루는 방법으로 한비자는 '술術'이란 개념을 말했는데, 이는 군주 된 자가 마음을 감추고 몰래 부하를 조종하는 방법이다. 군주가 속내를 드러내지 않으면 신하들은 군주의 호불호를 알지 못하기 때문에 자신들의 생각을 그대로 내비치게 된다. 그것을 바탕으로 신하를 조종하면 군주는 실수를 범하지 않는다는 것이다.

군주에게 [권력을 상실하게 하는] 다섯 가지 장애물[塞]이 있으니, 신하가 [군주의 눈과 귀를] 가리는 것을 장애물이라고 하며, 신하가 재물의 이득을 통제하는 것을 장애물이라 하고, 신하가 마음대로 명령을 내리는 것을 장애물이라고 하며, 신하가 의로움을 행사하는 것을 장애물이라 하고, 신하가 자기 사람을 심는 것을 장애물이라고 한다. 신하가 군주를 가리면 군주는 그 지위를 잃게 되고, 신하가 재물의 이득을 통제하면 군주는 은덕을 베풀 수 없게 되며, 신하가 마음대로 명령을 내리면 군주는 [국정의] 통제력을 잃게 되고, 신하가 자기 사람을 심으면 [군주는 자신을 편들] 무리를 잃을 것이다. 이러한 것들은 군주 한 사람만이 마음대로 할 수 있는 것으로, 신하 된 자가 조종할 수 있는 것이 되어서는 안 된다.

《한비자》〈주도〉

한비자는 〈주도〉 편에서 군주가 권력을 상실할 수 있는 다섯 가지 장애물을 얘기하면서 경고하고 있다. 결국 자신의 속내를 숨겨야만 이러한 위험 요인에서 벗어날 수 있으며 나아가 군주의 권력을 유지하고 나라를 보존할 수 있다고 믿었던 것이다. 한비자는 살아남고자 하는 군주, 자리를 보존하고자 하는 신하에게 속내를 숨기는 것보다 더 중요한 것은 없으며, 상대를 믿지 말아야 하는 음흉함이 필요하다고 말한다. 그 음흉함이 바로 생존의 법칙이다.

복자천宓子賤이 선보單父라는 읍을 다스리고 있었을 때 유약有若이 그를 보고 말하였다.

"그대는 어찌하여 여위었소?"

복자천이 말하였다.

"군주께서는 제가 어리석다는 것을 모르고 선보를 다스리게 하였으니, 관청의 일은 바쁘고 마음이 근심스럽기 때문에 여윈 것입니다."

유약이 말하였다.

"옛날에 순舜임금은 다섯 현의 금슬을 타고 남풍南風의 시를 노래부르면서도 천하를 다스렸소. 지금 선보처럼 작은 곳을 다스리면서도 근심을 하니 천하를 다스리면 장차 어찌할 것이오? 그러므로 술術을 익혀서 다스려나가면 몸은 묘당 위에 앉아 처녀와 같은 안색을 하고서도 다스리는 데는 해로움이 없지만, 술을 익히지 않으면 몸은 비록 여위더라도 오히려 이익이 없게 될 것이오."

《한비자》〈외저설 좌상外儲說左上〉

핵심을 잘 파악하여 일의 요체를 알아야 최소의 비용으로 최대의 효과를 얻을 수 있다. 물론 여기에는 전제가 따른다. 부산 떨지 말고 나름의 통치 스타일을 구축하여 쥐도 새도 모르게 해야 한다는 것이다.

'소통'이란 말이 화두인 이 시대에 한비자의 견해는 다소 위험해 보인다. 상하 간의 어설픈 소통은 오히려 관계를 위험하게 만들 뿐이라는 것이 한비자의 논지다. 인간관계란 격의 없는 대화와 타협에 의한 것이 아니라, 일말의 감정도 쉽게 드러내서는 안 되는 냉정함에 의해 유지된다. 상대에 대한 무조건적인 신뢰보다는 처절한 자기 관리를 바탕으로 한 냉철함 말이다.

02

상대의 속을 알려면 나를 숨겨라

> 새는 수백 개의 눈으로 당신을 보지만 당신은 두 개의 눈으로 새를 주시합니다. 그러므로 당신은 몸을 숨기는 일에 신중을 기해야 합니다.
>
> 鳥以數百目視子, 子以二目御之, 子謹周子廩.
>
> 《한비자》〈외저설 우상外儲說右上〉

군주란 몸을 낮추어 사람들의 눈에 띄지 않는 곳에 살며 무리들을 피하고, 스스로 몸을 숨겨 사람을 피하며, 드러나지 않는 곳에서 덕을 보여준다. 그런 모습을 간직해야 하는 것이 군주다. 마치 마음을 비우듯 허정의 상태를 보여주어야 한다. 자신의 속내를 숨겨야 한다는 한비자의 주장은 사실 기본적으로 노자의 사상과 맞닿아 있다.

제齊나라 선왕宣王이 당이자唐易子에게 새를 쏘아 잡는 일에 대해 물었다.

"주살로 새를 잡는 자는 무엇을 귀하게 여겨야 하오?"

당이자가 말하였다.

"몸을 가리는 장소에 삼가야 합니다."

왕이 말하였다.

"무엇을 장소에 삼가라는 말이오?"

당이자가 말하였다.

"새는 수십 개의 눈으로 사람을 보지만, 사람은 두 눈으로 새를 봅니다. 어찌 몸을 숨기는 장소에 삼가야지 않겠습니까? 그러므로 몸을 숨기는 장소에 삼가야 한다고 말한 것입니다."

왕이 말하였다.

"그러면 천하를 다스릴 경우에는 이러한 몸을 숨기는 장소를 어떻게 달리해야 하오? 지금 군주는 두 눈으로 온 나라를 보지만, 온 나라는 만 개의 눈으로 군주를 보고 있으니 내가 장차 어떻게 해야 스스로 몸을 숨길 장소를 만들 수 있겠소!"

대답하여 말하였다.

"정나라의 어떤 장로가 말하기를, '무릇 허무虛無와 무위無爲와 무현無見, 드러나지 않게 함으로 할지니, 그렇게 되면 숨을 장소로 삼을 수 있다'고 하였습니다."

《한비자》〈외저설 우상〉

이 예화는 수많은 신하와 백성이 군주를 관찰하고 있기 때문에 군주가 직접 온 나라의 세세한 부분까지 살피는 것이 얼마나 어려운 일인지를 보

여준다. 이 〈외저설 우상〉 편의 다른 대목에 나온 신자申子의 말은 '무위'
만이 사람 속을 엿볼 수 있음을 강조한다.

"신중하게 말을 하면 사람들 또한 당신에게 맞추려고 할 것이고, 신중하게
행동하면 사람들 또한 당신을 따를 것이다. 당신이 지혜가 있음을 드러내
면 사람들은 또 당신에게 숨기려고 할 것이고, 당신이 지혜가 없음을 드러
내면 사람들은 당신을 자기 뜻대로 하려고 할 것이다. 당신이 지혜가 있으
면 사람들은 당신에게 감추려고 할 것이고, 당신이 지혜가 없으면 사람들
은 당신에게 자기의 생각을 실행하려고 할 것이다. 그러므로 말하기를 '오
직 무위의 방법으로만 엿볼 수 있다.'고 하였다."

《한비자》 〈외저설 우상〉

이런 상황은 《사기》 〈편작·창공열전〉에서 "내 자손들이 네가 내 처방
술을 배웠다는 것을 알지 못하도록 조심하라愼毋令我子孫知若學我方也."라고
말한 양경陽慶의 말에서도 거듭 확인된다. 함부로 누설한다면 그것은 비
방秘方이 아니다. 출처와 근원이 드러나면 아침을 만난 밤처럼 그 신비로운
어둠을 잃기 마련이다. 이것은 인간관계에서도 마찬가지다.

사실 요즘 같아서는 인간관계에서 자신의 마음을 드러내는 것보다 드
러내지 않는 것이 더 어렵다. 그러나 드러내지 않아야 그만큼 잃지 않고
자신을 지켜낼 수 있다. 이는 상대의 마음을 간파하여 자신이 원하는 방
향으로 이끌어갈 수 있는 원천이다.

03

속마음을 알아도 아는 척하지 마라

깊은 연못 속의 물고기를 아는 사람은 불길하다.

知淵中之魚者不祥.

《한비자》〈설림 상說林上〉

절대 권력자에게 함부로 간언한다는 것은 자칫 목숨을 잃을 만큼 위험한 일이다. 역린逆鱗(거꾸로 난 비늘)을 건드리지 않으면서도 깨닫게 만드는 '설득'이야말로 최상의 유세다. 이런 설득의 달인들 중 골계가滑稽家라 불리는 자들이 있었다.

그중 순우곤淳于髡은 상대의 마음을 정확히 읽어내는 능력이 있었다. 그는 상대의 표정이나 몸짓을 보고 속마음을 꿰뚫어보는 기술이 뛰어났다.

말하자면 독심술과 같은 것이었다. 하지만 그는 자신의 의도를 직접적으로 드러내지 않고도 상대의 마음을 움직이는 힘이 있었다. 그는 상대의 허를 찌르는 예리한 풍자와 비유를 통해 앞에서는 상대를 웃게 하고 뒤돌아서서는 잘못을 일깨워주는 대표적인 골계가였다. 순우곤이 군주의 마음을 상하지 않게 간언한 것도 뛰어나지만, 그런 순우곤의 간언을 경청하는 군주도 명군이라 할 수 있다. 그러나 경청할 자세가 되어 있지 않은 군주라면 어떻게 할 것인가? 다른 경우를 보자.

습사미隰斯彌가 전성자田成子를 알현했을 때 전성자는 [그와] 함께 누각에 올라 사방을 둘러보았다. 삼면이 모두 탁 트였는데, 남쪽을 보자 습사미의 집에 있는 나무가 시야를 가렸다. 전성자는 아무 말도 하지 않았지만 습사미는 돌아와서 사람을 시켜 그것을 베도록 하였다.

도끼질을 하여 나무가 좀 파였을 때에, 습사미는 나무 베는 일을 그치게 하였다. 그러자 상실相室(집안일을 맡아 하는 집사)이 말하였다.

"어찌 그렇게 빨리 변하십니까?"

습사미가 말하였다.

"옛날 속담에 '깊은 연못 속의 물고기를 아는 사람은 불길하다.'는 말이 있다. 전성자는 큰일을 꾸미고 있는데, 내가 그의 미묘한 부분을 안다는 사실이 보이게 되면 나는 반드시 위험해질 것이다. 나무를 베지 않는 것은 죄가 되지 않지만, 다른 사람이 말하지도 않은 것을 알게 된다면 그 죄는 클 것이다. 그래서 베지 못하게 하는 것이다."

《한비자》〈설림 상〉

습사미가 나무를 베려던 것은 군주의 마음을 아는 사람이라면 누구나 할 수 있는 행동이다. 그러나 습사미는 상대의 속마음을 바로 읽었으면서도 후환 때문에 모르는 척했던 것이다. 자신의 속내를 너무 잘 알고 있는 아랫사람을 때로 불편하게 여길 수도 있는 것이 윗사람들의 속성이기도 하니 말이다. 더군다나 경청할 줄 모르는 속 좁은 리더라면 더욱 그렇지 않겠는가.

양자楊子(양주楊朱)가 송나라를 지나가다가 동쪽의 여관에 묵게 되었다. 그곳에는 두 명의 하녀가 있었는데, 못생긴 여자는 총애를 받고 아름다운 여자는 천대를 받고 있었다. 양주가 그 까닭을 묻자 여관 주인이 대답하였다. "아름다운 여자는 스스로 아름답다고 생각하지만 나는 그녀의 아름다움을 알지 못합니다. 못생긴 여자는 스스로 못생겼다고 하지만 나는 그녀의 못생김을 알지 못합니다."
양주가 제자들에게 일러 말하였다.
"행동이 현명하면서 스스로 현명하다고 생각하는 마음을 버린다면 어디 간들 칭송되지 않겠는가?"

주왕紂王이 며칠 밤에 걸쳐 연회를 열어 환락에 빠져 날이 가는 줄을 몰랐다. 그는 주위에 있는 자들에게 날짜를 물었지만, 모두 알지 못하였다. 그래서 사람을 시켜 기자箕子에게 물었다. 기자는 자기 시종에게 말하였다.
"천하의 주인 된 자로서 온 나라 사람들이 모두 날이 가는 줄을 모르게 만들었으니 천하가 위태롭구나. 온 나라 사람들이 모두 날짜를 모르는데, 나만 홀로 안다면 내가 위태롭게 될 것이다."

술에 취해 알지 못한다고 하면서 사양하였다.

《한비자》〈설림 상〉

물론 기자는 그 이유를 모르지 않았다. 이미 주왕이 상아 젓가락을 만들어 사용할 때부터 기자는 은나라의 최후를 예감하고 있었다. 그리고 주왕에게 간언하기도 했다. 주왕은 포락지형炮烙之刑(뜨겁게 달군 쇠로 살을 지지는 형벌)을 즐길 만큼 잔인무도한 군주로 유명하다. 공자는 "은나라에 어진 이가 세 명 있다."고 했는데, 주왕에게 힘써 간언한 기자·미자微子·비간比干을 꼽아 말한 것이다. 미자는 주지육림酒池肉林에 빠져 지내던 주왕에게 여러 번 간언했으나 듣지 않자 나라를 떠나버렸다. 비간은 "신하 된 자는 목숨 바쳐 간언해야 한다."라며 더욱 강하게 주왕에게 주청했다. 이에 주왕은 "나는 성인의 심장에는 일곱 개의 구멍이 있다고 들었다."며 비간의 심장을 꺼내 죽여버렸다. 기자 역시 소신껏 간언했지만 주왕은 이미 누구의 말도 들으려 하지 않았다. 그러자 누군가가 기자에게 은나라를 떠날 것을 권하기도 했다.

"신하 된 자가 간언하였으나 듣지 않는다고 떠나버리면 이것은 군주의 잘못을 기리는 것이니 나는 차마 떠날 수 없다."

기자는 머리를 풀고 미친 척하다 노비가 되었지만 결국 주왕은 그를 다시 가두었다. 은나라에 있었던 세 명의 어진 이들처럼 신하 된 자는 목숨을 바쳐 간언해야 하지만 그 간언을 받아들일 군주가 주왕 같다면 그 간언들은 공허할 뿐이다. 그래서 군주의 마음을 알아도 군주가 경청할 자세가 되어 있지 않다면 알아도 아는 척을 하지 말라고 한비자는 역설적으로 말하고 있다. 오히려 때를 기다리는 편이 낫다는 것이다. 손뼉도 마주

쳐야 소리가 나듯 제아무리 훌륭한 간언도 그것을 받아들일 수 있는 사람
을 만나야 빛이 나는 법이다.

04

결정할 때까지 의중을 드러내지 마라

권세를 잘 장악하는 자는 간사한 싹을 일찍 잘라버린다.

善持勢者蚤絶其姦萌.

《한비자》〈외저설 우상〉

군주는 신하의 이해관계가 집중되는 표적이다. 그만큼 군주의 마음에 맞추려는 자가 많기 때문에 군주는 관심과 주목의 대상이 될 수밖에 없다. 그러므로 군주의 감정이 밖으로 드러나게 되면 신하는 그것을 이용하려고 든다. 그런 까닭에 신하의 눈들은 늘 군주에게 쏠리게 되어 있다. 군주가 어떤 신하의 말을 다른 신하에게 누설하게 되면 신하들은 말하기를 꺼릴 것이며, 군주 자신도 그 신묘한 위력을 지킬 수 없게 된다.

감무甘茂는 진秦나라 혜왕惠王의 재상이었다. 혜왕은 공손연公孫衍을 총애했는데, 그와 은밀한 대화를 나누다가 이렇게 말하였다.

"과인은 장차 당신을 재상으로 삼으려고 하오."

감무의 벼슬아치가 벽의 구멍을 통해 이 말을 듣고 감무에게 보고하였다.

감무는 궁궐로 들어와 왕을 알현하고 말하였다.

"왕께서 어진 재상을 얻었다고 하기에 신이 감히 재배하며 축하드립니다."

왕이 말하였다.

"과인은 나라를 그대에게 의탁하려고 했는데, 어찌 또 현명한 재상을 얻겠소?"

[감무가] 대답해 말하였다.

"장차 서수犀首(공손연)를 재상으로 삼으려 하신다면서요."

왕이 말하였다.

"그대는 어떻게 그 말을 들었소."

[감무가] 대답해 말하였다.

"서수가 신에게 말하였습니다."

왕은 서수가 누설한 것에 노여워하면서 곧바로 그를 쫓아냈다.

《한비자》〈외저설 우상〉

공손연이 좋은 기회를 놓친 것은 비밀이 새어나갔기 때문이다. 물론 감무가 자신의 이익을 빼앗기지 않으려고 선수를 친 탓이지만 말이다. 그래서 한비자는 신자의 말을 빌려, 군주가 현명하다는 것을 알게 되면 사람들은 그에 대해서 조심하고, 군주가 현명하지 못하다는 것을 알게 되면 사람들은 군주를 기만하려고 한다고 했다. 군주가 어떤 일을 알고 있다는 것을 알게 되면 사람들은 그 일에 대해 과장된 평가를 하여 마음에 들려고 꾸밀 것이며, 군주가 모르고 있음을 알게 되면 사람들은 그 일을 한사코 숨긴다. 군주가 욕심이 없다는 것을 알게 되면 사람들은 그 실정을 탐지하려고 할 것이며, 군주가 욕심이 있다는 것을 알게 되면 사람들은 그 욕심을 미끼로 삼아 자기 이익을 도모한다.

군주는 인재를 등용하거나 일을 도모할 때 완전히 결정을 내리기 전까지 자신의 생각을 감출 수 있어야 한다. 군주가 조금이라도 속내를 드러내는 순간 더는 비밀이란 존재할 수 없게 된다. 신하들의 눈과 귀가 군주를 향하고 있기 때문이다.

또한 현명한 군주라면 앞으로 일어날 분쟁의 소지를 미리 파악해서 대비해야 한다. 문제를 미리 파악하지 못하여 큰 문제로 확대되면 해결하기가 더 어렵기 때문이다.

05

어떤 상황이라도 역린은 건드리지 마라

> 군자는 말하는 것을 어려워합니다. 또한 충성스런 말은 귀에 거슬리고 마음에 상반되는 것이니, 현명하고 어진 군주가 아니면 아무도 들어주지 않습니다.
>
> 君子難言也. 且至言忤於耳而倒於心, 非賢聖莫能聽.
>
> 《한비자》〈난언難言〉

한비자는 군주는 논리가 아니라 마음으로 설득하라고 권한다. 상대방이 무엇을 원하고 있는지 먼저 알고, 그에 맞게 설득해야 한다는 것이다. 법가 사상의 대가인 한비자의 설득 방법이 감성을 자극하라는 것이라니 의외라고 여길 수도 있다.

위의 인용구는 한비자가 십여 명의 충신들의 죽음이나 박해를 말하면서 내린 최후의 결론이다. 결국 인생이란 누가 누구를 만나느냐에 따라

정해지는 법이다. 현명하고 어진 리더를 만나는 것이 가장 이상적이겠지만 세상사가 어디 그런가? 어리석은 군주를 설득하다 보면 굴욕을 당하거나 심지어 죽임을 당하게 되는 것은 당연지사다.

그런 의미에서 탕왕湯王과 이윤伊尹의 만남은 이상적인 조합이라 하겠다. 탕왕은 훌륭한 성군이고, 이윤은 지식이 많고 사리에 밝았다. 하지만 그들의 만남도 처음부터 순탄하지는 않았다. 이윤은 뛰어난 지혜로 탕왕에게 무려 일흔 번에 걸쳐 의견을 내놓았지만 받아들여지지 않았다. 그래서 이윤은 탕왕의 요리사가 되어 신뢰를 쌓은 후 탕왕으로부터 자신의 현명함을 인정받게 되었다. 아무리 뛰어난 사람이라도 애초에 군주의 마음에 들지 못하면 어떤 제안도 수용되지 않는다는 것을 이윤은 깨달았던 것이다.

이는 현대에도 다르지 않다. 상대방이 겉으로는 받아들이는 것으로 보이나 마음으로는 거부할 수 있으며, 설득이 되어 속으로는 받아들이겠다고 결정해도 겉으로 물리치며 거절할 수 있다. 그래서 설득할 때는 상대방의 심리 상태를 잘 파악해야 한다.

한비자는 설득할 때 점검해야 할 사안으로 다음의 내용을 거론하고 있다. 하나씩 새겨보면 오늘날에도 염두에 두어야 할 사항들이다.

꼭 그 자신이 누설한 것이 아니어도 대화하는 가운데 그만 숨겨진 일을 내비치는 경우가 있다. 이렇게 되면 신변이 위태로워질 것이다.

상대가 겉으로 어떤 일을 하는 척하며 다른 일을 기도하고 있는데, 설득하려는 자가 겉으로 드러난 일을 알고 있을 뿐만 아니라 그렇게 하려는 까닭도 알고 있는 경우가 있다. 이렇게 되면 신변이 위태로워질 것이다.

군주와 두터운 친밀관계가 아닌데도 아는 것을 모두 말해 그 말이 실행에
옮겨져 공로를 세우게 되면 잊히게 될 것이나, 그 말이 실행되지 못하고 실
패하면 의심을 받게 되는데 이렇게 되면 신변이 위태로워질 것이다.

군주가 일을 잘못했을 때 세객이 공개적으로 예의를 논하면서 그의 잘못을
드러낼 경우에는 곧 신변이 위태로워질 것이다.

군주가 좋은 계책이라고 생각해서 자신의 공적이라고 자랑하고자 할 때 유
세객이 이 내막을 알고 있다면 곧 신변이 위태로워질 것이다.

군주에게 할 수 없는 일을 억지로 강요하거나 멈출 수 없는 어떤 일을 억지
로 저지한다면 목숨이 위험해질 것이다.

《한비자》〈세난說難〉

설득을 한다는 것은 시간이 필요한 일이다. 상대방의 마음을 파악해야
하고, 상대방의 마음에 들어야 하며, 상대방의 심리 변화를 따라가야 설
득을 수월하게 할 수 있다. 한비자는 상대방의 심리 변화에 따르는 설득
의 어려움을 말하고자 〈세난〉 편에서 '여도지죄餘桃之罪'라는 고사를 예로
들었다.

옛날 미자하彌子瑕는 위衛나라 왕에게 총애를 받았다. 위나라의 법에 왕의
수레를 몰래 타는 자에게는 발이 잘리는 형벌을 내리도록 하였다. 미자하
의 어머니가 병들었을 때 어떤 사람이 밤에 몰래 와서 미자하에게 알려주
었다. 그러자 미자하는 슬쩍 왕의 수레를 타고 나갔다. 왕은 이 일을 듣고
그를 칭찬하며 말하였다.

"효자로구나. 어머니를 위하느라 발이 잘리는 벌도 잊었구나!"

다른 날 미자하는 왕과 함께 정원에서 노닐다가 복숭아를 따먹게 되었는데, 맛이 아주 달자 반쪽을 왕에게 주었다. 왕이 말하였다.

"나를 사랑하는구나. 맛이 좋으니 과인을 잊지 않고 맛보게 하는구나."

세월이 흘러 미자하의 미모가 쇠하고 왕의 사랑도 식게 되었을 때 한번은 [미자하가] 왕에게 죄를 지었다. 그러자 왕은 이렇게 말하였다.

"이놈은 옛날에 과인의 수레를 몰래 훔쳐 타기도 하고, 또 자기가 먹던 복숭아를 과인에게 먹으라고 내밀기도 하였다."

미자하의 행동은 변함이 없었으나 전에는 칭찬을 받았지만 뒤에는 벌을 받은 까닭은 사랑이 미움으로 바뀌었기 때문이다.

《한비자》〈세난〉

똑같은 행동이라도 상대방에게 사랑을 받을 때와 미움을 받을 때가 각기 다르게 받아들여질 수 있다는 것을 보여주는 일화다. 이를 통해 군주에게 간언하고 설득하는 자는 군주가 자기를 사랑하는지, 미워하는지 살펴본 후 설득해야 한다는 것을 알 수 있다. 《한비자》에서는 미자하의 이야기를 마친 후 '역린'에 대한 한마디를 덧붙이며 〈세난〉 편을 마무리한다.

용이라는 동물[龍]은 유순해 길들이면 탈 수 있다. 그러나 턱밑에 직경 한 자쯤 되는 역린이 있는데, 만약 사람이 그것을 건드리면 반드시 그 사람을 죽인다. 군주에게도 역린이 있어, 설득하려는 자는 군주의 역린을 건드리지 않을 수 있어야만 성공을 기대할 수 있다.

《한비자》〈세난〉

'역린'이란 임금의 노여움, 군주의 비위를 말하는 것이며, 위의 이야기는 이것을 건드리지 않고 슬기롭게 대처할 것을 충고하는 말이다. 왕의 역린을 건드렸다가 멸문지화滅門之禍를 면치 못하는 끔찍한 결과를 초래한다는 것은 역사를 통해 알 수 있다.

비단 왕뿐 아니라 사람에게도 저마다 역린이 있다. 누군가를 설득할 때에는 상대방이 수치심을 느끼거나 부끄러워하는 감정을 건드리지 말아야 한다. 아무리 논리적으로 설득할지라도 외면당할 수 있기 때문이다. 결국 상대방의 마음을 잘 헤아려 나의 의도를 그에게 맞추려면, 상대방의 역린을 읽어낼 수 있는 감수성이 필요하다. 설득은 마음을 움직이는 일이므로 논리보다는 감성이 앞선다고 할 수 있다.

인간 불신의 철학, 비정한 리더십을 강조한 한비자는 군주가 신하를 성악설의 관점에서 보아야만 한다고 생각했다. 한비자가 말하는 설득의 기술은 아랫사람이 어떤 이론을 내세워 논리적인 의견을 제시하는 것과는 차원이 다른 문제다. 또한 탁월한 언변으로 막힘없이 풀어가는 것도 아니다. 설득의 핵심은 상대(군주)의 마음을 알고 거기에 따라 대처하는 데에 있다. 한비자는 상대가 명성을 원하는지 이익을 원하는지 미리 읽어내야만 한다고 본다. 아니면 겉으로는 명성을 원하는 척하면서 속으로는 이익만을 따지는 군주인지도 살펴보아야 한다.

군주를 설득할 때 이러한 미묘한 문제를 제대로 파악하지 못하면 한순간에 목숨을 잃게 될 수밖에 없다. 더구나 윗사람의 신임을 잃기는 쉬워도 믿음을 오래 간직하기란 어렵기 때문에 신뢰 관계를 유지하기 위해서는 아랫사람이 몇 배로 신경 써야 한다.

06

밝은 눈과 예민한 귀가 세치 혀를 이긴다

> 내가 청렴과 반듯함으로 법을 받들지 않고 탐욕스런 마음으로 법을 어기며 사사로운 이익을 취하려고 한다면, 이는 높은 구릉의 꼭대기에 올라가 험준한 계곡 아래로 굴러떨어지면서 살기를 바라는 것과 같으니, 도저히 기대할 수 없다.
>
> 我不以淸廉方正奉法, 乃以貪汚之心枉法以取私利, 是猶上高陵之顚墮峻谿之下而求生, 必不幾矣.
>
> 《한비자》〈간겁시신姦劫弑臣〉

성인들이 나라를 다스릴 때는 세속의 말에 얽매이지 않고, 측근들의 거짓말과 속임수에 넘어가지 않으며, 간사함과 이기적인 행동을 멀리한다. 많은 벼슬아치가 자기의 이익만을 취하려 하면 군주는 결코 안락함을 얻을 수 없다.

세상은 평탄한 길과 위험한 길이 분명하지 않으므로 신하들은 거짓으로 군주를 현혹하게 된다. 군주는 이루離婁처럼 밝은 눈을 갖고 있지도 않으며, 사광(師曠)처럼 예민한 귀도 갖고 있지 않기에 보고 듣는 것이 정확하지 않으니 주변의 신하에 의지할 수밖에 없다. 군주는 총애의 싹을 잘라 주변의 신하들이 경계하도록 해야 하는데, 이는 결코 쉬운 일이 아니다.

'간겁시신(姦劫弑臣)'이란 간사한 계략으로 군주를 시해하는 신하를 말한다. 간신이란 군주의 뜻에 영합함으로써 신임과 총애를 얻는 지위를 차지하려는 자다. 군주가 총애하는 자가 있으면 신하도 추종하여 그를 칭찬하고, 군주가 미워하는 자가 있으면 신하도 핑계 삼아 그를 비방한다. 간신은 인간의 이러한 속성을 이용해서 군주가 옳다고 여기는 것은 찬성하고 그르다고 생각하는 것은 반대하면서 신임과 총애를 받으며 자신의 욕심을 채운다. 따라서 그들은 끝내 군주에게 위험을 끼치게 된다.

세 치 혀의 진실을 알아내기란 쉽지 않다. 사람들은 귀에 듣기 좋은 소리만 듣고 싶어 하기 때문이다. 달콤한 말로 다가오는 사람의 속마음을 제대로 파악하고 경계할 사람이 몇이나 있겠는가.

초나라 장왕(莊王)의 동생 춘신군(春申君)에게는 여(余)라는 애첩이 있었고, 춘신군의 정실 소생으로 갑(甲)이라는 아들이 있었다. 여는 춘신군이 정실부인을 버리게 하려고 스스로 몸에 상처를 내고는 그에게 보이면서 눈물을 흘리며 말하였다.

"군왕의 첩이 될 수 있었던 것은 소첩으로서는 매우 큰 행운입니다. 그렇지만 정실부인의 뜻을 따르고자 하면 군왕을 섬길 수 있는 이치가 아니고, 군왕의 뜻을 따르면 [정실]부인을 거스르게 되는 이치입니다. 소첩이 어리석은 까닭에 두 주인을 섬기기에는 힘이 부족한 듯합니다. 두 분을 모두 섬길 수 있는 상황이 아니고, 부인에게 죽임을 당하느니 군왕 앞에서 죽는 것만 못합니다. 소첩이 죽고 나서 만일 군왕 곁에 [총애 받는 여인이] 다시 있게 되된다면, 바라옵건대 군왕께서는 이 일을 잘 살피시어 사람들에게 비웃음을 당하는 일이 없도록 하십시오."

춘신군은 여가 꾸며낸 말만 믿고서 [정실]부인을 버렸다.

여는 또 [적자] 갑을 죽이고 자기 아들로 뒤를 잇게 하려고 자신의 속옷을 찢어서 춘신군에게 내보이고 눈물을 흘리며 말했다.

"소첩이 군왕의 총애를 얻은 지 오랜 날이 되었으니 갑이 모를 리 없을 텐데, 오늘 소첩을 강제로 희롱하려고 하여 첩이 그와 다투다가 옷이 이 지경으로 찢어졌습니다. 자식 된 자로서 불효가 이보다 더 클 수는 없습니다."

그래서 여의 농간 때문에 정실부인은 버림을 받았고 그의 아들은 죽임을 당하였다.

《한비자》〈간겁시신〉

한비자는 부모 자식 간에도 다른 사람의 모함으로 죽이기까지 하는데, 하물며 군주와 신하 사이는 어떠하겠느냐고 말한다. 더군다나 군주와 신하는 아비와 아들만큼 친하지 않으며, 많은 신하가 입을 모아 중상모략을 하면 한 사람의 첩에 비할 바가 아니라는 것이다. 현인이나 성인이 죽임을 당하는 것은 그리 괴이한 일이 아니다. 그래서 상앙은 진나라에서 거열형을 당했으며, 오기는 초나라에서 능지처참을 당한 것이다.

한비자는 간신이 생기는 이유에 대해 무릇 인간은 자신에게 유리하고 안정된 것을 추구하며, 위험하고 해로운 것을 피하는 습성을 갖고 있기 때문이라고 말한다. 신하가 지혜를 모아 진심으로 충성을 다해도 그 몸과 가족은 해를 입고 가난해진다. 반면 간악한 일로 이익을 도모하여 군주의 눈을 속이고 뇌물로 권문의 중신에게 인정받는 자는 부와 명예를 얻게 되어 가족이 맘껏 영화를 누리니 누가 구태여 위험하고 손해 보는 일을 택하겠느냐는 것이다.

결국 이 모두가 군주의 책임이라 할 수 있다. 달콤한 말에 넘어가 제대로 된 인재를 찾을 수 없다면 이것이야말로 군주의 부덕이라고 한비자는 경고하는 것이다. 그러므로 현명하고 지혜로운 군주라면 궁전 깊숙한 곳에서 세상을 꿰뚫어보아야 한다고 충고한다. 군주가 고요한 상태에 있을 때 총명함을 잃지 않을 수 있기 때문이다.

진실한 사람을 제대로 볼 수 있는 안목이란 무엇일까? 일단 내 귀에 달콤한 말만 하여 괜히 마음을 들뜨게 하고 판단을 흐리게 하는 사람부터 경계해야 한다. 이루처럼 밝은 눈이나 사광처럼 예민한 귀를 갖고 있지 않더라도 마음의 눈을 밝히고 마음의 깊은 소리에 귀 기울인다면 진실한 사람이 보이지 않겠는가.

07

힘을 아껴야 쓰일 곳이 많다

> 진실로 지나치게 다 써버리면 정신을 많이 낭비하게 되고, 정신을 많이 낭비하면 맹인·귀머거리·미치광이와 같은 재앙에 이르게 될 것이다.
>
> 苟極盡, 則費神多 費神多, 則盲聾悖狂之禍至.
>
> 《한비자》〈해로解老〉

노자는 정신과 지식을 낭비하지 말고 아껴야만 오히려 쓰일 곳이 많아지고 소모가 줄어든다고 했다. 마치 성인이 소모하지 않으면서 아끼는 것처럼, 자연의 도리를 따라야 한다는 것이다. 그 전제조건은 먼저 덕을 쌓는 일인데, 덕을 쌓아야만 고요해지고 조화롭게 되며, 종래에는 만물을 제어할 수 있게 된다. 전쟁으로 적을 이기면 천하를 합병할 수 있고, 말로 세상을 제압하면 백성을 따르게 할 수 있다. 왜냐하면 한비자의 말처럼 "덕은 인간의 생명을 지탱하는 기초이고, 봉록은 인간의 생명을 유지시켜주는 요소"이기 때문이다.

《장자》〈소요유〉 편에서, 장자의 친구 혜자가 장자에게 말했다.

"내게 큰 나무가 있는데 사람들은 그걸 가죽나무라고 한다네. 줄기는 울퉁불퉁하여 먹줄을 칠 수가 없고, 가지는 비비 꼬여서 자[R]를 댈 수가 없다네. 길에 서 있지만 모두가 거들떠보지도 않지. 그런데 자네 말은 이 나무처럼 크기만 하지, 쓸모가 없어 모두 거들떠보지 않는 걸세."

그러자 장자가 말했다.

"자네는 너구리나 살쾡이를 본 적이 없는가? 몸을 낮게 웅크리고서 놀러 나오는 닭이나 쥐를 노려 이리 뛰고 저리 뛰며 높고 낮은 곳을 가리지 않다가, 결국은 덫에 걸리거나 그물에 걸려서 죽게 되지. 그런데 검은 소는 크기가 하늘에 드리운 구름 같아 큰일은 하지만 쥐를 잡을 수는 없네. 지금 자네는 저 큰 나무가 쓸모가 없어 걱정인 듯하지만, 어째서 아무것도 없는 고을[無何有之鄕]에 심고 그 곁에서 하는 일 없이 배회하면서, 그 그늘에 유유히 누워보지는 못하는가? 도끼에 찍히는 일도 누가 해를 끼칠 일도 없을 걸세. 쓸모가 없다고 어찌 괴로워하겠는가?"

정신을 낭비하면 쓸모 있는 일을 하기 힘들어지고, 제아무리 쓸모없는 것이라 하더라도 어디에 쓰이느냐에 따라 자기 값어치를 할 수 있다. 그러므로 스스로 정신을 밝혀 쓸모 있는 사람이 되어야 한다는 말이다.

그런데 자기에게 어떤 능력이 있는데도 그것을 제대로 활용하지 못하면 허사가 된다. 세상 이치에 너무 밝아서도 안 되겠지만, 너무 어리석거나 눈치가 없어 분위기를 파악하지 못해서도 곤란하다. 어떤 사람에게 지위를 부여하고 그에 합당한 봉록을 주는 데는 다 그만한 이유가 있다. 그런데 어리석은 사람들은 종종 자신의 업적을 과신해 오판하거나 심지어 최고경영자의 심기를 건드리는 일을 저지르기도 한다.

진정한 강자는 주변을 돌아보며 상하와 좌우 관계에도 눈을 돌리는 지혜를 갖추고 있는 사람이다. 자신의 힘과 의지만 믿고 분위기 파악에 서투르면 자칫 희생물이 될 수도 있음을 알아야 한다. 버려야 할 것과 집중하고 드러내야 할 것을 제대로 안다면 그 능력은 꽤 쓸모 있는 것이라는 점을 잊지 말자.

08

사람을 믿는 순간 걱정이 시작된다

> 군주의 근심은 사람을 믿는 데서 비롯된다. 사람을 믿으면 그에게
> 제압당하게 된다.
>
> 人主之患在於信人. 信人, 則制於人.
>
> 《한비자》〈비내備內〉

서로 신뢰할 수 있는 관계라면 더없이 좋겠지만, 그런 관계를 만들기는
어려울 뿐 아니라 지속하기도 쉽지 않다. 그래서 한비자는 자식, 부인도
예외가 아닐진대 신하들 역시 군주와는 혈연으로 이루어진 것이 아니므
로 그들을 절대 믿어서는 안 된다고 거듭 강조했다. 사람은 이기적인 존
재라서 자신에게 득이 되는 말만 골라서 들으려 한다. 더구나 절대 권력
자는 궁 안에만 있다 보니 듣기 좋은 말에 현혹되어 잘못된 판단을 하기

가 쉽다. 권력을 쥐게 되면 판단은 흐려지고 능력은 등 뒤로 사라진 채 오만의 그림자만 드리워지게 마련이다. 그래서 인간이 눈앞의 욕망에 사로잡히면 대사를 그르치게 된다.

'비내備內'란 내부를 방비하라는 말로, 내부란 군주가 거처하는 곳을 말한다. 군주가 방비해야 하는 내부의 적은 왕비, 태자뿐 아니라 측근의 신하에 이르기까지 광범위하다. 일반적으로 이들은 항상 군주 곁에 있으면서 총애를 받고 있기 때문에 그들이 음모를 꾸며도 알아채기 힘들다.

《사기》〈진시황본기〉에 나오는 진시황 이야기는 한비자의 경고를 생각나게 한다. 진시황은 중국 최초의 황제로 이름은 정政이며, 서른아홉에 중국을 통일하고 스스로 시황제라 칭했다. 군현제 실시, 도량형과 화폐의 통일, 만리장성 축조 등 수많은 업적을 남겼다.

그가 동방 순행에 나섰다가 사구沙丘에서 객사하고 난 후 그의 제국은 그가 생각했던 것과는 다른 방향으로 흘러갔다. 그가 죽기 전에 맏아들 부소扶蘇에게 제위를 계승하라고 남긴 유서는 이미 밀봉된 채로 환관 조고趙高의 손에 넘겨졌다. 그러나 여름 더위 속에 썩어가는 그의 시신 곁에는 막내아들 호해胡亥와 승상 이사李斯, 환관 대여섯 명이 있었다. 그들이 유서를 위조하여 제위를 계승했어야 할 부소와 진시황의 충실한 장수 몽염은 자결하게 되고, 진 제국은 호해에게 넘어갔다.

스물한 살에 제위에 오른 호해는 갖은 폭정을 일삼다가 반란군의 압박에 못 이겨 자살하고 만다. 뒤를 이은 자영子嬰도 46일 만에 유방劉邦에게 투항했으니 결국 통일 제국 진나라를 멸망하게 만든 자는 외부의 적이 아닌 내부의 적이었던 셈이다. 겉으로는 제국으로 칭할 만큼 단단한 진나라도 내부를 방비하지 못해 한순간에 무너지고 만 것이다. 천하를 호령했던 진시황도 정작 가까운 이들의 마음을 제대로 알지 못했던 것이다.

> 수레를 만드는 사람은 수레를 만들면서 사람들이 부귀해지기를 바라며, 관을 짜는 사람은 관을 만들면서 사람이 요절해 죽기를 바랄 것이다.
>
> 《한비자》〈비내〉

〈비내〉 편에 나오는 구절이다. 수레를 만드는 사람이 인자한 것도 아니고, 관을 만드는 사람이 악한 것도 아니다. 단지 이익이라는 목표를 추구하는 방법이 다를 뿐이다. 그러므로 후비나 부인이 데리고 있는 자식들이 군주가 되기를 바라는 것은 자신이 세운 군주를 통해 이익을 볼 수 있다는 확신 때문이다.

왕량王良이 말을 사랑하고 월나라 구천句踐이 사람을 아꼈던 것은 전쟁에 출전시키고 전쟁에서 잘 타고 달리기 위해서였다. 의사가 환자의 고름을 뽑아내기 위해 상처를 빨아서 나쁜 피를 입안에 머금는 것은 그 환자와 골육의 정이 있어서가 아니라 이익을 얻기 위해서다. 한비자가 사람의 마음을 극단적으로 재단한 것이 아니냐고 할 수도 있겠지만, 역사 속에서 바라본 현실이 그렇다. 병사의 고름까지 빨았던 장수 오기의 일화를 보면 수긍이 갈 것이다.

처음 오기吳起가 위魏나라 문후文侯를 찾아 왔을 때 문후는 이극李克에게 그의 사람됨을 물었다. 이극이란 자가 이렇게 대답했다. "오기는 탐욕스럽고 여색을 밝히지만 병사를 다루는 일만큼은 사마양저도 따라갈 수 없을 정도입니다."

《사기》〈손자오기열전〉

좋은 성품이라고는 찾아볼 수 없었던 오기는 어떻게 문후의 신망을 얻은 것일까?

오기吳起가 위魏나라의 장수가 되어 중산中山을 공격할 때 병사들 중에 악성 종기를 앓는 자가 있었다. 오기는 무릎을 꿇고 앉아 직접 종기를 빨았다. 상처가 있는 자의 어머니가 그 자리에서 바로 울음을 터뜨렸다.

사람들이 그녀에게 물었다.

"장군이 당신의 아들에게 이와 같이 했는데, 오히려 우는 것은 무엇 때문인가?"

[그녀가] 대답하였다.

"오기가 저 아이 아버지의 등창을 빨아주어 그 아버지는 싸움터에 나가 죽었습니다. 오늘 이 아들 또한 장차 죽게 될 것이므로 나는 이 때문에 우는 것입니다."

《한비자》〈외저설 좌상〉

참으로 섬뜩한 일화가 아닐 수 없다. 병사의 어머니는 오기의 내면을 예리하게 꿰뚫고 있었던 것이다. 물론 군주의 입장에서는 병사의 고름을 빨아주면서까지 군대를 통솔하는 오기에게 신뢰를 보낼 수밖에 없겠지만 병사의 어머니 입장은 다른 것이다.《한비자》〈내저설 하內儲說下〉 편에 있는 다음의 말은 이를 잘 설명해준다.

> 어떤 일이 일어나 이익이 발생할 경우에는 그 일에서 이익을 얻는 자가 주
> 재자이고, 그것이 해로움을 준 경우라면 반드시 이익을 얻은 자를 살펴야
> 한다.
>
> 《한비자》〈내저설 하〉

이처럼 모든 일은 상대적으로 존재한다. 한쪽이 손해를 보면 또 다른 쪽은 이익을 보게 되고, 반대의 경우도 마찬가지다. 따라서 대체로 상대에게 위해를 가한 쪽은 그 위해로 인하여 자신이 이득을 취하게 되는 경우가 많으므로 이해관계에서 당사자가 누구인지 분명하게 살펴보라는 말이다. 이는 궁정 사회에서 외부의 적보다는 내부의 적이 훨씬 더 무섭다는 것을 의미하며, 그러한 내부의 적을 찾아낼 수 있는 리더의 혜안이 반드시 필요하다는 것을 의미한다. 아랫사람의 충정이 순수한지 어떤 목적이 있는 것인지 그 의도를 알아야 비로소 행동에 감춰진 진실이 제대로 보이는 법이다.

09

희로애락을 겉으로 나타내지 마라

> 군주는 [자신이] 좋아하는 것을 버리고 싫어하는 것도 버려야 신하들
> 이 본바탕을 드러낸다. 신하들이 본바탕을 드러내면 군주의 [눈과 귀
> 는] 가려지지 않을 것이다.
>
> 去好去惡, 群臣見素, 群臣見素, 則大君不蔽矣.
>
> 《한비자》〈이병二柄〉

흔히 중용의 정신 혹은 미덕은 희로애락을 얼굴에 나타내지 않는 것을 의
미한다. 군주는 자신의 감정이 밖으로 드러나는 것을 경계해야 한다. 이
는 유능한 인물이 군주의 곁에 머무는 것을 방해하고, 저마다 군주의 기
호에 맞추려 속내를 숨기기 때문이다.

　모든 인간관계가 이익에 바탕을 둔 것이라는 한비자의 시각은 특히 군
신 관계에서 두드러진다. 군주는 밝은 눈과 예민한 귀를 갖고 있지 않다.

따라서 법에 의거하지 않고 빛의 밝음에만 의지해서 보게 되면, 볼 수 있는 바가 적다. 그렇기에 간신들의 간사함을 막기에는 역부족이다. 군주가 모르는 사이에 주위는 예스맨으로 가득 차고, 자신의 말을 거역하는 자가 한 명도 없게 된다. 고독한 자리에 있기에 판단이 흐려지게 되고 더러는 자신의 틀에 갇히게 되어 편파적으로 돌변하거나 난폭하게 변하기도 한다. 높은 자리에 올라가면 갈수록 대화를 나눌 상대가 없어지기 때문이다.

군주가 호오好惡를 드러냈을 때 주위 상황이 어떻게 바뀌는지를 보여주는 사례는 많다. 예전에 월越나라 왕 구천句踐이 용맹함을 좋아하자 백성들 가운데에는 죽음을 가볍게 여기는 사람이 많아졌고, 초楚나라 영왕靈王이 허리가 가는 여자를 좋아하자 도성 안에 음식을 먹지 않는 사람이 많아졌다. 제濟나라 환공桓公이 남자를 질투하고 여색을 매우 밝히자 수조竪刁라는 자는 스스로 거세해 후궁들을 관리하는 내시가 됐고, 환공이 진기한 맛을 즐겨 찾자 역아易牙는 자신의 맏아들을 쪄서 진상했다. 연燕나라 왕인 자쾌子噲가 어진 사람을 좋아하자 자지子之는 나라를 물려주어도 받지 않을 것처럼 거짓을 부렸다.

이런 환난이 생긴 이유는 군주가 신하들을 경계하지 않고 자신의 속내를 보였기 때문이다. 그래서 신하들은 오직 군주의 마음에 들기 위해 처신하게 되는 것이다. 반대로 군주의 속내를 볼 수 없을 때 신하들은 자신들의 본마음을 드러낸다. 이 사례들을 통해 알 수 있는 것은 군주가 싫어하는 기색만 보여도 신하들은 무조건 감추게 되고, 군주가 어떤 것을 좋아하면 신하들은 물불을 가리지 않고 따르는 척을 한다는 것이다. 현명한 군주라면 자신의 감정을 드러내지 말고 신하들로 하여금 아부의 싹을 잘라버려야 한다.

한비자는 나쁜 신하가 군주에게 저지르는 여덟 가지 간사한 행동을 뜻하는 〈팔간八姦〉을 통해 구체적인 방법을 드러냈다. 그 내용은 각각 동상同床·재방在旁·부형父兄·양앙養殃·민맹民萌·유행流行·위강威强·사방四方이다.

동상同床이란 정실부인과 총애하는 후궁, 군주의 귀여움을 받는 미인들이 군주를 현혹시키는 것을 말한다. 군주가 편안히 쉬려고 할 때 혹은 만취했을 때를 틈타 원하는 바를 반드시 얻어내는 방법이다.

재방在旁이란 광대, 난쟁이 등 가까이서 군주를 모시는 자들이 입에 발린 소리로 군주의 마음을 움직이는 것을 말한다. 이들은 군주가 명령을 내리기도 전에 '예, 예' 하고, 시키기도 전에 '네, 네' 한다. 이들은 군주의 뜻을 앞질러 알아서 대령하며, 군주의 낯빛과 기분을 미리 살펴 비위를 맞추려고 한다. 또한 이들은 모두 군주와 함께 나아가고 물러서며, 군주의 부름에 똑같이 응대하며, 말과 행동을 똑같이 해서 군주의 마음을 바꾸게 만들 수 있다.

부형父兄이란 군주의 적자와 그 밖의 자식들로 군주가 사랑하는 사람들, 즉 군주의 친인척들이 군주의 마음을 돌리는 것을 말한다. 대신들은 조정의 벼슬아치로 군주와 함께 나라의 일을 상의할 때, 친인척들과 함께 힘써 진언을 하면 군주는 반드시 따르게 마련이다.

양앙養殃이란 군주가 궁궐과 누각 그리고 연못 가꾸기를 좋아하거나, 미녀나 개나 말을 꾸미는 것을 즐거워하는 것을 뜻한다. 이것이 바로 군주의 재앙이다. 그럴 경우 신하란 자는 백성들의 힘을 전부 동원해 아름다운 궁궐과 누각을 짓고, 마구 세금을 거둬들여 미녀들을 내세워 군주의 환심을 산다. 또한 군주의 사리 판단을 흐려 놓아 군주가 하고 싶은 대로 욕망을 충족시켜주고, 그들은 따로 사사로운 이득을 채우려 한다.

민맹民萌이란 신하가 공적인 재물을 허투루 쓰면서 자신의 목적을 달성하는 것을 말한다. 공적 재물로 백성들의 환심을 사고, 작은 은혜를 베풀어 백성들의 마음을 얻음으로써 조정의 벼슬아치나 저잣거리의 백성들이 모두 자신을 칭송하게 만든 뒤에 군주를 가로막아 자신의 목적을 이루는 것이다.

유행流行이란 교묘한 말로 군주의 마음을 허물고, 판단을 흐리게 하는 것을 말한다. 군주는 본래 궁궐 밖의 사람들과 접촉할 기회가 매우 적다. 다양한 의견을 듣기 어려우므로 유세객의 말주변에 쉽게 넘어간다. 신하란 자가 제후국의 뛰어난 변론가를 불러들이고 나라 안에서 유세에 뛰어난 자를 양성하여, 그들을 군주 앞에 세워 신하에게 이익이 되도록 말하게 하거나, 교묘한 언변으로 판단을 흐리게 만든다. 그리고 이 말만 따르면 모든 일이 유리하게 될 것처럼 보이게 만들고, 환난이 닥쳐올 수 있다고 위협도 하며, 허망한 말로 군주의 마음을 허문다.

위강威强이란 위세를 빌려 권력을 휘두르는 것을 말한다. 군주는 신하나 백성에게 의지하여 위세를 떨치는 자다. 신하와 백성이 좋아하면 군주도 그것을 좋아하며, 신하와 백성이 나쁘다고 하면 군주도 좋아하지 않는다. 그런데 신하란 자는 칼을 차고 다니는 협객들을 모으고 죽음도 두려워하지 않는 무사를 길러 자신의 위세를 뽐낸다. 자신을 위하여 일하는 자는 반드시 이익을 주며, 자신을 위하여 일하지 않는 자는 반드시 죽임을 당한다는 점을 밝힘으로써 백성들을 공포에 떨게 하고 개인적인 이익을 추구한다.

사방四方이란 신하가 나라의 재물을 사용하여 군주가 큰 나라를 섬기도록 하고, 큰 나라의 위세를 이용하여 군주를 좌지우지하는 것을 말한다. 군주는 자신의 나라가 작으면 큰 나라를 섬기고, 군사력이 약하면 강한 군대를 두려워한다. 강대국에서 요구하는 것이 있으면 약소국은 반드시 응해야 하며, 강력한 군대가 출병하면 약한 군대는 이에 복종해야 한다고 여기기 때문이다. 신하란 자는 자주 세금을 걷고 나라의 재물을 전부 써버려 국고를 텅텅 비게 하면서까지 큰 나라를 섬기도록 하고, 그 큰 나라의 위세를 이용해 군주를 좌지우지한다. 심하게는 큰 나라의 군대를 변방에 모이게 하여 국내를 제압하고, 약하게는 큰 나라의 사신을 자주 맞아들여 군주의 마음을 혼란과 두려움에 떨게 만든다.

한비자가 제시한 이 여덟 가지는 신하 된 자가 간사한 행동을 하는 방법이다. 앞에서 열거한 팔간을 제대로 다스리지 못한 리더는 늘 구설수에 시달리게 되고, 군주의 이목이 가려지며 협박을 받거나 갖고 있던 권세를 잃어버리는 원인이 되므로 신중하게 잘 살펴봐야 한다고 한비자는 지적했다.

한비자가 말한 이 팔간은 고금을 떠나서 리더가 경계해야 할 함정과 같은 것이다. 팔간처럼 리더에게 치명적인 악이 될 수 있는 장해가 무엇인지 명심하고 반드시 뿌리쳐야 한다.

10

쓸모없는 것이 쓸모 있는 것이다

감히 천하의 앞이 되려고 하지 않으므로 큰일을 할 우두머리가 된다.

不敢爲天下先, 故能爲成事長.

《한비자》〈해로〉

대도大道는 정도正道다. 숙청을 한다는 것은 소송이 많다는 것이다. 소송이 빈번하면 전답은 황폐해지고 창고가 비게 되며, 나라는 가난해지고 백성들은 음란하거나 사치스러워지며 생계마저 끊기게 된다. 그렇게 되면 백성들은 자기도 모르게 교묘하게 속이려 든다.

적翟나라 사람이 진晉나라 문공文公에게 여우 털과 검은표범 모피를 바쳤다.

문공은 손님으로부터 모피를 받으면서 감탄하며 말하였다.

"이 짐승은 가죽이 아름답기 때문에 스스로 재앙을 초래하였구나!"

무릇 나라를 다스리는 사람 중 명예 때문에 재앙을 초래한 자가 있으니, 서徐나라 언왕偃王이 그러하다. 성과 영토 때문에 재앙을 초래한 자가 있으니, 우虞와 괵虢나라가 이 경우이다.

그래서 말하였다.

"욕심을 내는 것보다 큰 재앙은 없다."

지백智伯은 범씨范氏와 중항씨中行氏를 병합하고 조趙나라를 공격하려고 하였으나, 한韓나라와 위魏나라가 지백에게서 등을 돌려 지백의 군대는 진양晉陽에서 패하였다. 지백 자신은 고량高粱 동쪽에서 죽었으며, 영토는 마침내 세 나라로 갈라졌다. 지백의 머리는 잘려 옻칠이 된 뒤 요강으로 만들어졌다. 그래서 말하였다.

"재앙 중에서 만족할 줄 모르는 것보다 큰 것은 없다."

우나라의 군주는 굴산屈山의 명마와 수극垂棘의 옥을 탐하고 궁지기宮之奇의 말을 듣지 않았기 때문에 나라는 망하고 자신은 죽게 되었다.

《한비자》〈유로〉

《장자》〈인간세人間世〉 편에 나오는 이야기다.

산에 있는 나무는 사람들에게 쓰이기 때문에 잘려 제 몸에 화를 미치고, 등불은 밝기 때문에 불타는 몸이 된다. 계수나무는 먹을 수 있기 때문에 베이고, 옻나무는 그 칠을 쓸 수 있기 때문에 잘리고 찍힌다. 사람들은 모두 유용有用의 용用만을 알 뿐, 무용無用의 용用을 알려하지 않으니 한심한 일이다.

이것은 초나라의 미치광이 접여가 공자가 주장한 인의와 도덕을 비판한 말이다. 이렇듯 인간에게 쓸모가 있으면 오히려 명대로 살 수 없게 된다. 따라서 이런 나무들의 특징은 나무 입장에서 보면 결코 쓸모가 있는 게 못 된다. 그들이 자신을 망치는 것은 모두 다 유용한 것이기 때문이다. 또 다른 면에서 《장자》에 이런 말이 있다.

혜자惠子가 장자에게 "당신 말은 쓸모가 없소."라고 하자, 장자는 "쓸모가 없음을 알고 나서 비로소 쓸모 있는 것을 말할 수 있소. 저 땅은 턱없이 넓고 크지만 사람이 이용하여 걸을 때 소용되는 곳이란 발이 닿는 땅바닥뿐이오. 그렇다고 발이 닿은 부분만 재어 놓고 그 둘레를 파내려가 황천黃泉까지 이른다면 과연 사람들에게 그래도 쓸모가 있겠소?"라고 대답했다. 그러자 혜자는 "쓸모가 없소."라고 했다. 이에 장자는 "그러니까 쓸모없는 것이 실은 쓸모 있는 것임이 분명하지 않소!"라고 했다.

유용의 용有用과 무용의 용無用 가운데 어느 것이 더 중요한가에 대한 장자의 입장은 《장자》〈산목山木〉 편의 다음과 같은 말에 나타난다.

장자가 산속을 가다가 잎과 가지가 무성한 거목을 보았다. 그런데 나무꾼이 그 곁에 머문 채 나무를 베려 하지 않으므로 그 까닭을 물었더니 "쓸모가 없습니다."라고 대답했다. 장자가 말했다. "이 나무는 재목감이 안 되므로 천수를 다할 수 있구나." 장자가 산을 나와 옛 친구 집에 머물렀다. 친구는 매우 반기며 심부름하는 아이에게 거위를 잡아 대접하라고 일렀다. 아이가 "한 마리는 잘 울고 또 한 마리는 울지 못합니다. 어느 쪽을 잡을까

요?"라고 묻자, 주인은 "울지 못하는 쪽을 잡아라."라고 했다.

다음 날 제자가 장자에게 물었다. "어제 산속의 나무는 쓸모가 없어서 그 천수를 다할 수가 있었는데, 지금 이 집주인의 거위는 쓸모가 없어서 죽었습니다. 선생님은 대체 어느 입장에 머물겠습니까?" 장자가 웃으면서 말했다. "나는 쓸모 있음과 없음의 중간에 머물고 싶다. 그러나 쓸모 있음과 없음의 중간이란 도와 비슷하면서도 실은 참된 도가 아니므로 화를 아주 면하지는 못한다. 만약 이런 자연의 도에 의거하여 유유히 노닌다면 화를 면하게 될 것이다. 영예와 비방도 없고 용이 되었다가 뱀이 되듯이 신축자재伸縮自在하며, 때의 움직임과 함께 변하여 한군데에 집착하지 않는다. 올라갔다 내려갔다 하며 남과 화합됨을 자기 도량으로 삼는다. 마음을 만물의 근원인 도에 노닐게 하여 만물을 뜻대로 부리되 그 만물에 사로잡히지 않으니 어찌 화를 입을 수 있겠느냐!"

장자의 논리에 비추어 본다면 지혜로운 사람은 어떻게 처신할까? 훌륭한 군주와 올곧은 신하가 만나면 별 문제가 되지 않는다. 그러나 반대의 경우에 택할 수 있는 길은 많지 않다. 대부분은 적당히 아부하면서 권세를 누리는 방식을 택하지만, 스스로 삶의 원칙을 정하다가 극단적인 선택을 하는 사람도 있다.

사마천의 《사기열전》에 나오는 인물 유형 중 굴원屈原이 그런 경우다. 《사기》의 〈굴원가생열전〉에 의하면 굴원의 이름은 평平이고, 전국시대 초나라 사람으로 초회왕楚懷王과 경양왕頃襄王을 섬겼고, 삼려대부라는 고위직에 올랐다가 자살한 인물이다.

사마천은 굴원에 대해 "진흙 속에서 뒹굴다 더러워지자 매미가 허물을 벗듯이 씻어내고, 먼지 쌓인 속세 밖으로 헤쳐나와 세상의 더러움에 물들지 않았다. 그는 진흙 속에 있으면서도 더러워지지 않은 사람이다. 이러한 그의 지조는 해와 달과 그 빛을 다툴 만하다."고 극찬했다. 또한 사마천은 불우하게 살다간 굴원에게 한없는 동병상련의 감정을 갖고 그의 문학엔 '원怨'과 '분憤'이 삭혀진 한의 정서가 깊이 배어 있다고 평했다.

자신이 겪었고 굴원도 겪어야 했던 원망과 울분의 정서는 시속時俗에 쉽게 물들지 못하는 여린 마음의 소유자들에 대한 한없는 애정 표현인 셈이다.

간혹 세상과 타협하지 않으려는 사람들이 있다. 사실 그들은 스스로 세상과 타협하지 않는다고 주장하는 경우가 더 많다. 그런데 세상과 타협한다는 것이 반드시 부정적인 의미로 해석될 수는 없다. 나무는 사람들에게 쓸모가 있기 때문에 천수를 다하지 못하고, 거위는 쓸모가 없어서 죽는 것이 바로 세상사이기 때문이다. 너무 한쪽으로 치우치는 것은 그 또한 집착이다. 그래서 균형을 이루기 위해 때로 타협도 필요하다.

11

가장 경계해야 할 것은 자신이다

첫째, [군주의] 권력이 신하의 손안에 있는 것이다. 둘째, [군주와 신하
의] 이해가 달라 [신하들이] 외국에서 힘을 빌리는 것이다. 셋째, [신하
가] 유사한 부류에 의탁하여 속이는 것이다. 넷째, 이해가 상반되는
것이다. 다섯째, 윗사람과 세력이 비슷한 자가 있어 내부에 다툼이
일어나는 것이다. 여섯째, 적국이 대신의 폐출과 등용에 관여하는
것이다. 이 여섯 가지는 군주가 살펴보아야 할 일이다.

一曰權借在下, 二曰利異外借, 三曰託於似類, 四曰利害有反,

五曰參疑內爭, 六曰敵國廢置. 此六者, 主之所察也.

《한비자》〈내저설 하內儲說下〉

군주가 주의해야 할 여섯 가지 기미가 있다. '미微'는 신하들에게 감추어
진 기미를 뜻하는 것으로, 군주는 이 미묘한 낌새를 잘 관찰해야 한다.

　첫째, 군주의 권세는 다른 사람에게 빌려줄 수 없다.

　둘째, 신하가 이로움을 얻으면 군주는 이로움을 잃게 된다. 이 때문에
간사한 신하는 적국의 병사를 불러들여 나라 안의 경쟁자를 제거하려고
하고, 나라 밖의 일로 군주의 마음을 어둡게 만든다. 진실로 이들은 개인

적인 이익만을 이루려 할 뿐 나라의 근심은 돌아보지 않는다. 군주가 자신의 권력 가운데 하나라도 잃게 되면 신하는 그것을 100배로 휘두르게 될 것이다.

셋째, 비슷하여 혼동하기 쉬운 일은 군주가 올바르게 처벌하지 못하게 되는 원인이고, 대신이 사사로운 이익을 만들게 되는 원인이 된다. 정수鄭袖는 새로운 애첩이 왕의 냄새를 싫어한다고 말해 그녀의 코가 잘리게 했다. 비무기費無忌는 극완郤宛에게 무기를 전시하도록 해서 영윤을 처벌받게 했고, 진수陳需는 장수張壽를 죽이고는 서수犀首가 죽였다고 모함해 그를 달아나게 했다.

넷째, 반사이익의 문제다. 초나라 병사가 쳐들어왔을 때 진수陳需가 재상에 오른 일이 있고, 기장의 씨앗이 비싸지자 창고 담당 벼슬아치를 조사한 일이 있다. 그래서 소해휼昭奚恤은 사료가 불타자 건초 파는 자를 잡아들였고, 소희후昭僖侯는 요리사의 조수를 문책했다. 진晉나라 문공文公은 내시를 추궁했고, 양후襄侯는 왕에게 제위에 오를 것을 요청했다.

다섯째, 내부에 혼란이 발생하는 원인 문제다. 진晉나라의 여희驪姬는 태자 신생申生을 죽였고, 정鄭나라의 부인夫人은 독약으로 왕을 죽였으며, 위衛나라의 주우州吁는 군주 완完을 죽였고, 공자 근根은 동주東周를 취했다.

여섯째, 내부의 문제를 적국이 주관하게 하는 것이다. 문왕文王은 아첨 잘하고 재물을 탐내는 비중費仲에게 옥판玉版을 주어 주왕紂王을 홀렸고, 진秦나라 왕은 초나라 사자의 현명함을 걱정했으며, 여저黎且는 공자를 제거했고, 간상干象은 감무甘茂를 진秦나라로 보내지 못하도록 했다. 그래서 자서子胥는 역으로 말을 퍼뜨려 자상子常을 등용시켰으며, 진晉나라는 미인을 바쳐 우虞나라와 괵나라를 멸망시켰다. 또한 숙향叔向이 거짓으로 편지를 보내 장홍萇弘이 죽게 됐으며, 환공桓公은 닭과 수돼지로 회鄶나라의 호걸들을 죽게 했다.

군주가 자신의 권력을 지키고, 나라를 부강하게 하려면 경계해야 할 것이 많다. 특히 한비자가 제시한 여섯 가지 기미는 물론이고, 군주 스스로도 약한 점을 드러내지 말아야 할 것이다. 그래야 위기의 순간이 오더라도 그것을 이겨낼 수 있는 힘을 가지게 된다. 그런 점에서 쉬운 길을 가는 이들에게 구천의 와신상담臥薪嘗膽을 배울 것을 권한다.

오르막이 있으면 내리막이 있는 것은 당연한 이치이다. 세상에 영원한 승리란 없다. 오늘의 패배 역시 얼마든지 극복할 수 있다는 말이다. 항우는 단 한 번의 실패에 좌절하여 목숨을 끊었지만, 월왕 구천은 은인자중隱忍自重하며 때를 노려 최후의 승리를 거머쥐었다. 책임 있는 리더라면 구천과 같아야 하리라.

한번쯤 들어봤을 '오월동주吳越同舟'니 '와신상담'이니 하는 고사성어가 바로 구천과 연관이 있다. 오월동주의 원래 의미는 평소 원수처럼 지내는 사이라도 이해관계가 생기면 협력할 수밖에 없다는 말이다. 구천句踐은 소강少康의 배다른 아들로 태어나 우여곡절을 겪으며 와신상담했다.

오와 월 두 나라는 초나라의 동맹국으로 사이좋게 지내다가 패권욕에 사로잡히면서 갈라섰다. 월나라에 비해 힘이 월등한 오나라는 초나라와 빈번한 전쟁을 치렀다. 이때 월나라가 초나라에 붙자 오나라로서는 눈엣가시였다.

먼저 월나라를 공격한 자는 오왕 합려闔閭였다. 그는 구천의 아버지 윤상允常이 세상을 떠나자 상사를 이용해 공격했다. 전세가 불리해지자 월왕 구천은 사형수들을 거느리고 열을 지어 오나라 군대 진영 앞에서 자살하게 하는 공격법을 선택해 기겁하는 오나라 군대를 대파했다. 이 전투에서 부상을 당해 죽게 된 오왕 합려는 "월나라를 절대 잊지 말라."는 말을 남기고 아들 부차夫差에게 자리를 물려줬다. 부차는 유언을 받들어 오자서伍子胥와 백비를 임용하고 섶 위에서 잠을 자며 월나라에 복수하고자 했다. 그것이 바로 '와신상담'의 '와신臥薪'이다.

월왕 구천 역시 초나라 출신 문종文種과 범려范蠡를 등용해 정치를 개혁하고 국력을 길렀다. 즉위한 지 3년째 되던 기원전 494년 봄, 범려의 만류에도 섣불리 오나라를 공격했다가 대패해 병사 5,000명만 데리고 회계산會稽山으로 도주하면서 목숨을 구걸하는 치욕을 겪었다. 구천은 또 백비에게 미녀들과 재물을 보내 속국이 될 수 있도록 힘써달라고 부탁했다.

몇 년 후 범려가 월나라로 돌아왔고, 회계산의 치욕을 겪은 지 7년이 되자 구천은 다시 오왕을 공격하려 했다. 그러나 대부 봉동逢同의 만류로 공격을 단념했다. 2년 뒤 구천은 오왕 부차에게 공격당해 애릉에서 패배했다. 구천은 부차에게 식량을 빌려달라고 하는 등 스스로를 낮추고 오왕을 섬기며, 백비와 오자서를 이간하는 계책을 병행하면서 어둠 속에서 때를 기다리며 준비하고 있었다.

구천은 먼저 상처 입은 백성들을 위로하고 전쟁에서 죽은 병사들의 유족들을 보살폈다. 그는 쓰디�쓴 쓸개를 걸어놓고 밥 먹을 때도 그것을 맛보면서 복수의 칼을 갈았다. 이것이 구천의 '상담嘗膽'이다. 그가 택한 위민정책은 이러했다. 여자가 임신해 관청에 보고하면 의원을 보내주고, 사내아이를 낳으면 술 두 병과 개 한 마리를 상으로 내렸다. 여자아이를 낳으면 술 두 병과 새끼 돼지를 주었다. 세쌍둥이를 낳으면 유모를 불러다

주었고, 두 쌍둥이를 낳으면 양식을 지원해주었다. 내정을 개혁하고 형벌과 부세를 줄이고 백성들이 황무지를 개간하도록 독려하자 10년 만에 백성들에게 세금을 거두지 않게 되었고 집집마다 3년 치의 양식을 비축했다.

월나라의 이런 대비와 달리 부차는 자만에 빠져 지냈다. 백비와의 갈등 속에서 충신 오자서는 "내 눈을 오나라 동쪽 문에 매달아 놓아 월나라 군사가 쳐들어오는 것을 지켜보도록 하겠다."는 저주를 퍼부으며 자살했다.

구천은 모사 범려의 계책에 귀 기울이고 기회를 엿보다 공격했다. 3년의 공방전 끝에 고소산에서 목숨을 구걸하는 부차를 자결하게 만들고 태재 백비도 주살했다.

22년 만에 구천은 오나라를 평정하고 제나라와 회맹하며, 초나라·송나라·노나라와의 우호 관계도 구축하면서 패왕霸王이란 명망을 얻으며 역사의 전면에 화려하게 등장했다. 그야말로 '상담嘗膽'이 '와신臥薪'을 이긴 것이다. 부차는 '와신'의 세월을 잊고 거듭된 오자서의 간언을 받아들이지 않다가 결국 패망했지만, 구천은 몸을 낮추고 '상담'하며 오랫동안 상황을 자신에게 유리하게 만들어 승리를 쟁취했다.

부차와 구천의 일화를 통해 알 수 있는 것은 군주가 경계해야 할 것은 '육미'와 더불어 바로 자기 자신이라는 것이다. 구천이 단지 자신의 권력을 찾기 위해 와신상담의 세월을 보냈다면 그다지 감동이 없었을 것이다. 그는 리더로서 자신이 찾아야 할 것이 무엇인지 알았다. 군주로서 백성에 대한 책임감과 무한한 애정이 있었기에 끝까지 살아남아 자신이 원하던 목적을 이룬 것이다. 바로 이런 마음가짐이 리더의 자질 아니겠는가.

12

배짱을 무기로 삼아야 승부를 낼 수 있다

> 사람을 물에 빠뜨려 죽이려고 하는데 물을 한 번만 먹이고 그만두
> 면 결코 죽지 않습니다. 그러므로 쉬지 않고 해야 합니다. 이 기회
> 를 틈타 완전히 빠뜨리는 것이 좋습니다.
>
> 溺人者一飮而止, 則無逆者, 以其不休也, 不如乘之以沈之.
>
> 《한비자》〈설림 하說林下〉

위의 말은 어떤 일을 함에 있어 결정타를 날리거나 승부수를 던져야 한다
는 것을 강조한다. 사람이란 어떤 상황이 닥쳤을 때, 때로는 마음이 약해
져 자신이 추구하는 것을 제대로 얻지 못하는 경우가 있다. 그런데 이런
순간적 나약함이야말로 상대에게는 절호의 기회가 될 수 있다.

정곽군靖郭君이 설薛 땅에 성을 쌓으려고 하자, 빈객들 중 [이 일에 대해] 간언

하는 사람들이 많았다.

정곽군이 알자謁者에게 말했다.

"빈객들이 오지 못하게 하라."

제나라 사람 중 만나기를 청하는 자가 있었는데, 이렇게 말하였다.

"신은 세 글자만 말하기를 청합니다. 세 글자를 넘으면 신을 삶아 죽이십시오."

정곽군은 그래서 그를 만나보았다.

빈객은 종종걸음으로 나아가 말하였다.

"해대어海大漁."

그러고는 돌아가려고 하였다.

정곽군이 말하였다.

"그 말의 뜻을 듣고 싶소."

빈객이 말하였다.

"저는 감히 죽음을 장난으로 생각하지 않습니다."

정곽군이 말하였다.

"원하건대 과인을 위해 말해주시오."

[빈객이] 대답하였다.

"군왕께서는 대어大漁에 대해 들어보셨습니까? 대어는 그물로도 붙잡을 수 없고 작살로도 잡을 수 없지만, 튀어올라 물에서 벗어나게 되면 개미라도 제 마음대로 할 수 있지요. 지금 제나라는 군왕에게는 바다와 같습니다. 군왕께서 오랫동안 제나라에 있다면 설 땅으로 무엇을 하겠습니까? 군왕께서 제나라를 잃는다면 비록 설 땅의 성을 높인다 해도 오히려 이익이 없을 것입니다."

정곽군이 말하였다.

"옳소."

그러고는 [공사를] 멈추게 하고 설 땅에 성을 쌓지 않았다.

《한비자》〈설림 하〉

이 일화에서 정곽군에게 간언을 한 빈객은 나름대로 목숨을 거는 승부수를 던진 것이다. 그는 정곽군의 호기심을 자극하는 승부수로 자신의 뜻을 이룰 수 있었다. 이는 배짱이 있었기에 가능한 일이라고 하겠다. 만약 이 빈객에게 배짱이 없었다면 말도 못 꺼내거나 죽음을 당하게 됐을지도 모른다.

중국 난징에는 웅장한 무덤이 있다. 유달리 의심이 많아 자신의 무덤이 있는 장소를 알리지 말라고 유언했다는 그 무덤의 주인은 바로 명 태조 주원장朱元璋이다. 그 무덤도 가짜라는 말이 전해질 정도로 그에게는 정적이 많았다.

건달 출신으로 황제의 자리에까지 오른 주원장, 그는 명태조가 되기 전에 거지, 도적, 승려 등 파란만장한 삶을 살았다. 혼란한 원나라 말기, 빈한한 집에서 태어난 주원장은 동가식서가숙東家食西家宿하는 떠돌이 부모와 함께 지대 징수자들을 피해 이삿짐도 여러 번 꾸려야 했다. 형제들마저 뿔뿔이 흩어졌다. 열여섯 살에 홍수와 기근, 전염병 때문에 부모를 잃고 혼자 성장한 그는 절에 들어가 서너 해 동안 탁발승 노릇을 했다.

글도 배우지 못하며 참담한 유년 시절을 보내던 그에게 인생의 전기가 찾아왔다. 스물다섯 살 되던 해인 1352년, 천년왕국을 신봉하는 백련

교白蓮教의 분파인 홍건군紅巾軍 산하 반란 단체 중 하나에 가입한 것이다. 여러 여건상 웅지를 펼치기 어렵다고 생각한 주원장은 홍건군의 부장 곽자흥郭子興의 부하가 됐고, 그의 수양딸과 결혼해 인생을 개척하기 시작했다. 그것이 그의 첫 번째 기회였다. 그는 곽자흥의 리더십에 문제가 생겨 군대가 분열되자 독자적으로 군대를 결집해 세력을 확장했다.

당시 홍건적 군벌 중에는 두각을 드러낸 강력한 세력이 있었는데, 장사성과 진우량 그리고 주원장이었다. 주원장도 인정했듯이 장사성은 재정이 풍부했고, 진우량은 병력이 막강했지만 주원장에게는 특별히 내세울 장점이 따로 없었다. 사람들은 주원장에게 주목하지 않았지만 그에게는 두 세력과 달리 그를 돕는 선비들이 있었다. 두 세력에 비해 눈에 보이는 힘은 없었지만 주원장의 잠재력을 믿는 선비들이 모여들었던 것이다. 글을 모르던 그는 선비들의 조언을 귀담아들었다.

주원장은 명분을 세우고 민심을 잡으라는 조언을 충실히 따랐고, 북방 오랑캐, 즉 원의 압제를 물리치고 중화를 회복한다는 구호를 내세웠다. 그러면서도 원나라 조정과 싸우는 것보다 강남을 평정하기 위해 세력을 키워나갔다.

결국 그 덕분에 천하쟁패의 싸움에서 최후의 승리자가 될 수 있었다. 그는 다른 사람에 미치지 못하는 것에 눈을 돌리기보다 자신이 더 잘할 수 있는 것에 힘을 쏟았다. 비록 큰 재주는 없었지만 자신에게 찾아온 기회를 배짱 있게 밀고 나갔다.

치밀한 준비 끝에 주원장은 1363년 중원 서쪽의 한왕漢王 진우량陳友諒, 1366년 화북 홍건농민군紅巾農民軍의 중심이었던 대송大宋 한림아韓林兒, 유복통劉福通을 무너뜨렸다. 1367년 절동浙東 지역의 방국진方國珍과 동쪽의 오왕吳王 장사성張士誠을 정복하고 1368년 송나라의 수도였던 남경에 명나라를 세우고 연호를 홍무洪武라고 했다. 그의 나이 마흔 때였다. 그는 25만여 명의 군대를 이끌고 원나라를 공격해 마지막 황제 순제를 북경에서 몰아내고 북벌 여덟 달 만에 천하를 장악했다.

그는 예악을 제정하고 강력한 왕권 중심의 통치 체제를 만들어나갔지만 편파적인 역사 서술을 강요하면서 많은 문인을 학살하는 이중적인 인격을 드러내기도 했다. 주원장은 오직 자신의 피붙이밖에 없다는 생각을 갖고 있었기에 자신을 도와준 창업 동지들까지 사정없이 숙청했다. 그래서 2만 명이나 그의 손에 목숨을 잃었다고 한다. 황위 승계를 원활하게 하려는 의도였으나 맏아들의 급작스러운 죽음에 손자인 건문제가 어린 나이에 황권을 물려받았다. 이 때문에 스무 명이 넘는 그의 아들들이 강력한 위협 세력으로 떠오르면서 피비린내 나는 권력 투쟁이 일어났다.

동양학 전문가인 퍼트리샤 에브리Patricia Ebrey 케임브리지 대학교 교수가 "중국 역사상 한 개인이 역사에 큰 영향을 끼친 예로 명태조 주원장보다 더 두드러진 경우는 없다."고 말했듯이 주원장은 팍스몽골리카로 대변되는 몽골제국의 멸망과 중화제국 회복의 상징처럼 각인돼 있다.

그는 분명 성현의 모습과 호걸의 기풍을 동시에 갖춘 역사의 거물이었으나 만년은 고독했다. 공포와 불신만으로 가득한 군신 관계 탓에 역량 있는 인재들을 기회주의적인 소인배로 전락시켜버렸기 때문이다.

진정한 배짱은 겉으로 요란하게 드러내는 허장성세가 아니라 주원장처럼 자신의 원칙을 굳건히 지키면서 주위의 상황을 돌아보는 지혜가 바탕일 때 빛을 발한다. 주원장이 보여준 배짱은 그저 소리만 높여서 되는 것이 아니라 그만한 수양과 내공이 있을 때 발휘된다. 비록 그를 성군으로 평가할지 폭군으로 평가할지 모호하게 만드는 행적이 있긴 하지만, 한 나라를 세우는 일에서만큼은 그의 배짱을 무시할 수 없다. 이렇듯 사회생활을 하면서는 승부수를 던져야 할 때가 많다. 그럴 때 상대를 제압할 만한 내공을 갖추고 배짱을 부린다면 자신이 원하는 결과를 얻을 수 있을 것이다.

13

지혜가 있어도 자신의 눈썹은 보지 못한다

> 지혜는 눈과 같아 백 보 밖은 볼 수 있지만 자신의 눈썹은 볼 수 없
> 습니다.
>
> 智之如目也, 能見百步之外而不能自見其睫.
>
> 《한비자》〈유로喩老〉

남의 문제를 거론하기보다는 먼저 자신의 상황을 살펴본 후 상대를 거론
하는 것이 순서다. 지피지기란 말도 있지 않은가?

　초나라 장왕이 월나라를 정벌하려고 하자 두자杜子가 간언하였다.
　"왕께서는 무엇 때문에 월나라를 정벌하려고 하십니까?"
　왕이 말하였다.

"월나라는 정치가 어지럽고 병력이 약하기 때문이오."

두자가 말하였다.

"저는 사람의 지혜가 눈과 같은 것이 될까 두렵습니다. 지혜는 눈과 같아 백 보 밖은 볼 수 있지만 자신의 눈썹은 볼 수 없습니다. 왕의 병사는 진秦나라와 진晉나라에 패배해 수백 리의 영토를 잃었는데, 이것은 병력이 쇠약한 것입니다. 장교莊蹻가 국내에서 도적질을 하고 있지만 벼슬아치들은 이를 금지할 수 없는데, 이것은 정치가 어지러운 것입니다. 왕의 병력이 쇠약하고 정치가 어지러운 것은 월나라보다 더한데도 월나라를 정벌하려고 하니, 이것은 지혜가 눈과 같은 것입니다."

왕은 월나라를 공격하려는 계획을 멈추었다.

《한비자》〈유로〉

한비자는 이 구절을 논평하며 지식의 어려움은 다른 사람을 보는 데 있는 것이 아니라 자신을 보는 데 있다고 했다. 그리고 노자의 "스스로를 아는 것을 명明이라고 한다."라는 구절을 덧붙였다. 남을 살피는 것이 자신을 살피는 것보다 훨씬 더 쉽다는 것을 보여주는 말이다. 손자가 말한 "지피지기 백전불태"란 말 역시 자신의 역량을 제대로 파악하는 것이 승리의 기본 조건임을 알려준다. 노자도 "남을 아는 자는 지혜롭고 자기를 아는 자는 명철하다."는 말을 하였으니 이것은 상대를 꿰뚫어보는 통찰력의 문제다.

위나라를 창업한 난세의 영웅 조조와 제국의 몰락을 앞당긴 제왕 조예曹叡 사이에는 조비曹丕가 있다. 그는 우여곡절 끝에 제위에 올랐지만 요절한 '수성의 제왕'으로 불린다.

진수의 정사《삼국지》의〈문제기文帝紀〉에 따르면 위나라 문제文帝는 휘를 비丕라 하고 자를 자환子桓이라 했다. 조조의 쫓겨난 본처 정부인丁夫人의 뒤를 이어 가기歌妓 출신으로 황후에 오른 무선변황후武宣卞皇后의 맏아들이다. 후한後漢 영제 중평中平 4년인 187년 겨울 초현에서 태어났다. 조비가 태어날 때 푸른색 운기雲氣가 둥근 모양으로 수레 덮개처럼 걸쳐 있다가 하루 만에 없어졌는데, 이것을 본 사람들은 지극히 존귀한 거목이 탄생한 증거라고 생각했다.

조비는 나이 여덟 살에 이미 글을 잘 지었고, 재주가 뛰어나 경전과 제자백가 서적을 두루 꿰뚫었다. 또한 말타기와 활쏘기에도 뛰어났고 검술을 좋아했다. 하지만 여러 자식을 두고 있던 아버지 조조는 맏아들인 조비보다 막내인 조식을 후계자로 점찍어 두었다.

건안 13년(208년)에 한수韓遂와 마초馬超를 무찌른 공으로 오관중랑장五官中郎長이 된 조비는 조식과 제위 계승 문제를 놓고 보이지 않는 전쟁을 치르고 있었다. 그런 조비에게 관도대전官渡大戰의 일등공신인 가후賈詡가 이렇게 말했다. "바라건대 장군께서는 인덕과 관용을 발휘하고 숭상하며, 평범한 선비의 업을 행하고, 아침부터 저녁까지 바쁘게 하며, 아들의 도리를 그르치지 않으면 됩니다."《삼국지》〈가후전〉)

조비는 가후의 가르침에 따라 은인자중하며 때를 기다렸다. 조조의 신임을 받은 가후는 결국 조조에게 원소袁紹와 유표劉表를 거론하며 그들의 멸망 원인이 후계자 문제에 있다는 말을 건의해 조비를 후계자로 지명토록 했다.

당시 저명한 관상가 고원려高元呂의 평에 따르면 조비는 나이 마흔이 고

비일 만큼 단명의 상을 타고났다. 그는 고원려의 말을 믿고 고뇌하는 아버지 조조 때문에 정신적인 갈등을 겪고 있었다.

위왕魏王이 된 조비는 어진 정치를 펼쳤다. 아랫사람들의 의견을 듣고 법규와 제도에 따른 정치를 하고, 사대부들에게는 육예六藝를 잘 살펴보라고 했다. 심지어 출정했다 사망한 병사들을 위해 작고 얇은 관을 만들었고, 전사한 유해를 집으로 보내 장례와 제사를 지내도록 영을 내리기도 했다.

권력을 잡고 있던 그는 서른셋의 나이로 헌제의 뒤를 이어 제위에 올라 한나라 조정의 역법을 계승하면서 순조롭게 권력을 승계했다. 점진적으로 개혁 체제를 구축한 그는 인구 10만 명당 한 명을 효렴孝廉이란 벼슬에 추천하도록 한 제도에 얽매이지 말고 우수한 인재를 활용하라고 명했다. 당시 거들떠보지 않던 성현 공자를 위해 제사를 받들도록 하고, 서역의 국가들을 두루 포용하는 정책을 추진하며 교역도 활발하게 했다.

그는 특히 집안 관리에 엄격했다. 부인이 정치에 관여하는 것은 혼란의 근본이 된다며 모든 신하에게도 태후에게 나랏일을 상주하지 말라고 했다. 황후 일족도 조정의 요직을 보좌하는 임무를 맡을 수 없게 했다. 자신이 죽으면 안장하지 말고 식물조차 살 수 없는 척박한 땅에 묻어 후대들도 장소를 알아보지 못하게 하고, 무덤 안에 어떤 패물도 넣지 말라는 명을 내렸다.

마흔 살에 세상을 떠난 조비는 문학을 애호하고 저술에 힘썼다. 지은 작품이 100편에 이를 정도로 인문학적 소양이 풍부했다. 그러나 친동생 조식뿐 아니라 주위 인물까지 정치적으로 탄압하는 등 자신의 신상과 관련된 문제에는 냉철함을 잃고 범인凡人과 다를 바 없는 면모를 보였다. 노자의 말을 빌자면, 조비는 남을 아는 지혜로움은 갖추고 있었으나, 자기 자신을 냉철하게 볼 줄 아는 '명明'은 부족한 군주였다. 진수는 "조비가 좀 더 도량 있고 공평한 마음 씀씀이를 갖고 있었다면 현명한 제왕이 되었을 것"이라고 평가했다. 제왕을 꿈꾸는 자라면 반드시 새겨두어야 할 말이다.

정치를 하는 사람이나 조직의 리더는 책임이 있는 자리에 있는 만큼 스스로를 제대로 보고 경계해야 한다. 그러려면 스스로에게 엄격해야 한다. 자기 자신을 제대로 보는 사람이 다른 사람도 볼 수 있는 법이다. 스스로에게 엄격한 사람은 만인을 위해 훌륭한 일을 할 수 있는 자산을 갖고 있기 때문이다.

14

의심을 신뢰로 돌리는 법

> 확실하면 월나라 사람도 예를 의심하지 않고, 확실하지 못하면 어머니도 어린 자식을 피한다.
>
> 可必, 則越人不疑羿 不可必, 則慈母逃弱子.
>
> 《한비자》〈설림 하〉

한비자는 "활의 명수인 예羿가 활을 잘 쏜다는 것을 알고 있었기 때문에 월越나라 사람들도 예를 위하여 과녁을 들고 서 있을 수 있었다. 그러나 어린아이가 활을 쏠 때에는 화살이 어느 쪽으로 날아올지 모르기 때문에 그의 어머니도 도망칠 것이다."는 혜시惠施의 말로, 능력이 뛰어난 사람이 일을 잘하는 것은 당연하다고 여기지만, 아직 검증되지 않은 이에게는 의심의 눈초리를 보낼 수밖에 없다는 것을 말하고 있다.

양주楊朱의 동생 양포楊布가 흰옷을 입고 나갔다가 비를 만나자 흰옷을 벗고 검은 옷으로 갈아입고 돌아왔다. 그의 개가 양포를 알아보지 못하고 짖었다. 양포는 화가 나서 개를 때리려고 하였다.

양주가 말하였다.

"너는 때리지 마라. 너 또한 이렇게 할 것이다. 너의 개가 나갈 때는 하얀색이었는데 검은색이 되어 돌아왔다면, 너도 어찌 괴이하게 여기지 않을 수 있겠느냐?"

《한비자》〈설림 하〉

앞의 예화는 겉모습이 변한 것을 보고, 속까지 변해버렸다고 판단하는 사람을 일컫는 양포지구楊布之狗의 고사성어이다. 이 말처럼 사람들은 대체로 겉모습을 보고 속까지 판단하는 경우가 많다. 하지만 속이 꽉 찬 사람은 겉모습에 신경을 쓰지 않고, 속에 채워진 게 없는 사람은 겉모습으로 보상을 받고자 하는 경우가 더 많다. 그러므로 겉모습만으로 사람을 판단해서는 안 된다.

그렇다면 능력이 검증되지 않은 사람이 의심의 눈초리를 거두게 만들려면 어떻게 해야 할까? 삼국시대 동오東吳의 권신인 제갈각諸葛恪의 일화를 통해 알아볼 수 있다. 정사《삼국지 오서三國志 吳書》〈제갈각전諸葛恪傳〉에 다음과 같은 일화가 나온다.

남다른 재능과 민첩한 사고로 손권孫權의 인정을 받은 제갈각이 절도節度라는 직책을 잠시 맡은 적이 있었다. 그러나 군대의 식량을 관장하며 번잡한 문서를 다루는 직책이 자신에게는 어울리지 않는다고 생각한 제갈각은 직책을 버리고 장수의 길로 들어섰다.

당시 오나라에는 난공불락의 지형으로 둘러싸인 단양丹陽이 골칫거리였다. 산세도 험하고 백성들의 성향이 강팍해 조정의 손이 닿지 않아 도무지 관리가 안 되는 곳이었다. 제갈각은 이곳을 다스려보겠노라고 호언장담했다. 3년만 시간을 주면 그곳의 백성들을 교화시키겠다는 것이었다. 그러나 조정의 중론은 대체로 이러했다.

"단양군은 지세가 험준하고 오군, 회계, 신도, 파양 네 군과 인접해 있으며 주위가 수천 리에 산과 계곡이 무수히 포개져 있습니다. 그리고 외지고 깊은 산속에 사는 사람들은 일찍이 성읍으로 들어오지 않았으며 도망자나 오랫동안 사악한 행위를 한 자는 모두 이곳으로 달아나 숨어 있습니다. 산속에서는 구리와 철이 생산되므로 직접 병기를 만듭니다. 그곳 습속習俗은 무예를 좋아하고 싸움을 익히며 기력氣力을 높이 숭상합니다. (…) 그들은 싸울 때는 벌이 이르는 것처럼 하고 지면 새처럼 사방으로 달아나버립니다. 그래서 이전 시대부터 지금까지 제어할 수가 없었습니다."

지형학적으로 보더라도 도저히 평정할 수 없는 곳이라는 생각이 압도적이었다. 제갈각의 아버지 제갈근諸葛瑾도 아들이 이런 곳에 부임하면 집안을 일으키기는커녕 망하게 할 수 있다며 탄식했다. 그러나 제갈각은 단호했다. 결국 손권은 제갈각을 무월장군撫越將軍으로 임명해 기병 300명을 주어 산월山越족 토벌을 담당하는 동시에 단양 태수를 겸하도록 했다. 그때 제갈각의 나이 서른둘이었다.

제갈각은 임지에 이르러 네 군에 딸린 성의 관리들에게 편지를 보냈다. 각자 자신들이 관할하는 지역을 지키되 현지인들에게 어진 마음으로 교화하라고 전했다. 관문을 지키는 장수들에게도 병사들을 험준한 곳에 배치, 방어만 하고 토호들의 군대와 교전을 피하도록 지시했다.

곡식이 다 익으면 씨앗 한 톨도 남기지 않고 수확해 조정에 불만이 있는 자들에게는 곡식을 배부하지 못하도록 단호한 조치를 취했다. 그러자 험준한 산속에서 생활하며 굶주린 자들이 한두 명씩 투항하기 시작했다. 제갈각은 또 수하들에게 명령을 내려 투항한 사람들을 핍박하거나 진정성을 의심하지 말고 교화하고 위로하라고 명했다.

그런데 단양현의 호항胡伉이란 자가 투항한 주유州遺를 체포하는 일이 벌어졌다. 주유는 사악한 무리 중 한 명인데, 겉으로는 복종하는 척하면서 딴마음을 품고 있었다. 이를 눈치 챈 호항이 그를 붙잡아 제갈각이 머무는 관소로 보내온 것이다. 제갈각은 호항이 자신의 명을 어겼다며 목을 베 사람들에게 보이고 이 사실을 조정에 보고했다.

이 같은 사실이 단양 사람들에게 알려지면서 제갈각의 진심이 통하기 시작했다. 노인들도 어린아이들의 손을 잡고 나와 오나라의 백성으로 거듭났다. 불과 1년 만에 1만여 명이 복종했다. 손권은 그의 공로를 인정하고는 상서복야 설종薛綜을 보내 제갈각의 노고를 치하하도록 했다.

제갈각의 일화를 통해 생각할 수 있는 것은 많다. 그중에서도 제갈각은 모두가 어려울 것이라는, 의혹을 씻는 방법을 알고 있었다. 그는 한비자가 말한 성인이라면 할 수 있다는 두 가지 능력, 사태의 변화와 사람의 마음을 꿰뚫어보는 능력을 발휘함으로써 의혹을 신뢰로 돌려놓게 되었다.

이렇듯 조직의 리더는 분명한 원칙과 소신에 따라 일을 추진해나가면서도 보이지 않는 지점을 바라보아야 한다. 때론 자신에게 적의를 품거나 경계하는 마음을 품고 있는 사람에게도 인내심을 갖고 그 이면의 벽을 허물도록 배려하는 마음을 갖춰야 하는 것이다.

15

높은 산 위에 있어야
천 길 계곡을 내려다볼 수 있다

> 術術을 아는 인사는 반드시 멀리 내다보고 명확하게 꿰뚫는다. 명
> 확하게 꿰뚫지 않으면 사적인 음모를 밝혀낼 수 없다. 법法에 능한
> 인사는 반드시 굳세며 강직하다. 굳세고 강직하지 않으면 간사한
> 자들을 바로잡을 수 없다.
>
> 智術之士, 必遠見而明察, 不明察, 不能燭私
> 能法之士, 必强毅而勁直, 不勁直, 不能矯姦.
>
> 《한비자》〈고분孤憤〉

군주가 지혜롭고 법도를 잘 지키는 인재를 만나는 것은 나라를 위해서는
이상적인 일이다. 그러나 군주 곁에는 명령을 무시하고 멋대로 일을 처리
하며 법령을 어기면서까지 자신의 이익을 챙기는 '중인重人'들만 득실거
리기 때문에, 군주가 원하는 인재를 만나기란 쉽지 않다. 한비자는 중인
혹은 중신들의 음모를 정확히 꿰뚫어 군주의 통치를 방해하는 장해를 제
거할 수 있다고 했다. 이들은 자신의 의도를 관철시키기 위해 군주에게

인재를 천거할 리가 없으며, 그러므로 군주의 눈과 귀는 더욱더 가려지고 위험해지는 것이다.

'고분孤憤'이란 '홀로 분격해 한다'는 뜻이다. 즉 자신의 주장을 알아주는 이가 없어 홀로 울분에 찬 마음을 터트린다는 뜻이다. 〈고분〉 편에는 진실을 아는 사람은 외롭다는 의미가 담겨 있다.

통치술에 정통한 인재는 미래의 일을 미리 알며, 법도를 준수하는 인재는 강인하고 강직하다. 이들이 군주의 신임을 받아 임용된다면 법령을 어기면서 자기 이익만을 추구해 나라를 좀먹는 사람들의 행동을 바로잡을 수 있다.

통치술에 정통한 인재나 법도를 잘 준수하는 인재는 정론만을 내세워 군주의 편협하고 왜곡된 생각을 바로잡으려 하기 때문에, 군주의 총애를 받거나 높은 자리에 뽑히는 경우가 드물다. 진실을 말하고 바른말을 하는 사람을 좋아하는 군주가 많지 않기 때문이다. 그래서 이들은 지위가 낮고 따르는 자도 없으며 항상 신변의 위협을 느끼므로 홀로 울분에 가득 차 있는 것이다. 이렇게 된 까닭은 군주가 신하에게 상벌을 내릴 때 실제 공적에 따르지 않은 탓이다.

신하들은 사사로이 패거리를 지어 제멋대로 권력을 휘두르면서 군주의 권위를 가리고, 현명한 선비들에 대한 평가마저도 왜곡시킨다. 한비자가 말하는 개혁가와 기득권의 관계는 대립이고 충돌이며, 서로 반드시 멸해야 하는 대상으로 본다. 권세를 가진 자들은 늘 군주의 측근들이고, 개혁가는 군주 곁에 가기도 힘들다. 그들이 가는 것을 곁에서 방해하는 간신들은 수없이 많기 때문이다.

측근에게 약점을 잡히지 않는다는 것은 리더에게 대단히 중요한 문제다. 마치 사당 안의 쥐처럼 간신들은 궁정에서 군주를 위협하는 지경에 이르러도 제거되지 않는다. 흔히 춘추전국 시대는 약육강식의 논리가 지배하고, 군주 한 사람이 모든 것을 결정하는 제왕적 전횡의 시대였을 법하나 늘 그런 것은 결코 아니었다.

환공이 관중管仲에게 물었다.

"나라를 다스리는 데 무엇을 가장 걱정해야 하오?"

대답하여 말하였다.

"사당의 쥐를 가장 걱정해야 합니다."

공이 말하였다.

"무엇 때문에 사당의 쥐를 걱정해야 하오?"

대답하여 말하였다.

"군주께서도 사당 세우는 것을 보신 적이 있으시지요? 나무를 세우고 칠을 하는데 쥐가 그 사이에 구멍을 뚫고 들어가 그 안에서 삽니다. 그것을 불태우자니 나무가 탈까 두렵고, 그곳에 물을 대자니 칠이 벗겨질까 두렵습니다. 이것이 사당의 쥐를 잡지 못하는 이유인 것입니다. 지금 군주의 좌우에 있는 자들이 밖에서는 권세를 부려 백성들로부터 이익을 거두어들이고, 안에서는 패거리를 지어 군주에게 사악함을 감춥니다. 궁궐 안에서 군주의 사정을 엿보아 궁궐 밖으로 알리고, 안팎으로 권세를 키워 신하와 벼슬아치들에게 기대어 부유해지고 있습니다. 벼슬아치가 그들을 주살하지 못하면 법을 어지럽힐 것이고, 그들을 주살하면 군주가 불안해하므로 이에 근거해서 그대로 두는 것입니다. 이 또한 나라와 사당 속 쥐인 것입니다. 그러므로 신하 된 자가 권력을 잡고 멋대로 금령을 행사하며 자기를 위하는 자는 반드시 이롭게 되고 자기를 위하지 않는 자는 반드시 해로울 것임을 밝히고 있으니, 이 또한 사나운 개입니다. 무릇 신하가 사나운 개가 되어 도에 정통한 인재를 물어버리고, 주위에 있는 자들이 또 사당의 쥐가 되어 군주의 사정을 엿보고 있는데도 군주는 깨닫지 못하고 있습니다. 이와 같다면 군주가 어찌 가려지지 않겠으며, 나라가 어찌 망하지 않겠습니까!"

《한비자》〈외저설 우상〉

환공의 말처럼 그들은 이미 군주의 뱃속에 똬리를 틀고 앉아 있기에 군주의 명령 따위는 아무런 힘을 발휘하지 못한다. 흔히 배신을 당한 자가 절치부심하지만 한비자는 당해도 싸다는 입장이다. 지나친 중용으로 말미암아 측근들의 권한은 비대해지고 군주는 자신도 모르는 사이 그들에게 이용당할 수밖에 없는 것이다.

따라서 사람을 보는 안목과 부하를 조종하는 기술이 모두 필요함을 한비자는 힘주어 말하고 있는 것이다. 한비자는 심지어 부하뿐 아니라 아내, 자식도 의심을 해야 한다고 말한다. 아내는 혈연으로 맺어진 것이 아니기 때문에 군주의 사랑을 받는 동안만 유효 기간이 지속된다. 한비자가 예시하듯 여자가 서른이 되어 용모가 퇴색하면 남편의 마음을 붙잡기 어렵고, 시기하는 마음에서 정부인이나 첩은 군주의 죽음을 바라게 되는 것이다.

처든 첩이든 자기가 낳은 자식이 군주의 자리를 이어받기를 바라는 것은 과연 나라를 위한 것인가, 아니면 남편인 군주를 위하는 것인가? 바로 자기 자신을 위하는 것이라는 게 한비자의 시각이다. 그래서 음식에 독을 넣기도 하고 심지어 여태후呂太后가 척부인戚夫人에게 했던 것처럼 눈알을 빼고 돼지우리에 가둘 정도로 가혹한 행위가 쉼 없이 이어졌다.

신하가 요직을 차지하고 있으면서 군주에게 신임과 사랑을 받지 못하는 경우는 드물다. 이들은 군주의 마음에 따라 좋아하고 싫어하는 것을 맞추는 아부에 익숙해 있다. 그렇기에 승진을 위해 권력을 따라가는 것은 당연한 수순이다.

오히려 인재는 군주의 왜곡된 생각을 바로잡으려 하기 때문에 군주의 총애를 받기 힘들고, 심지어 낮은 지위에 머물거나 한을 품은 채 생을 마감할 수밖에 없다. 이들은 간신들의 모략에 빠져 신변상의 위협도 느끼게 되므로, 은둔하면서 울분에 차 있게 된다. 그렇다면 인재는 어떻게 얻을 수 있을까?

현명한 인재는 두터운 봉록을 받으며 높은 자리에 임명되며, 공이 큰 자는 높은 작위를 얻으며 두터운 상을 받는다.

《한비자》〈팔간〉

군주에게는 진실을 말해주는 인재가 필요하다. 인재를 얻으려면 능력에 따라 평가하고, 능력에 따라 벼슬을 주어야 한다. 그래야만 현명한 자가 군주를 섬길 수 있고, 공이 있는 자가 군주를 위해 공적을 쌓는다. 측근을 중용하지 말고, 능력에 따르라는 말은 이래서 중요하다.

진실의 눈을 가져야 능력 있는 인재를 얻을 수 있는 법이다. 능력 있는 자는 군주를 속이지 않으며, 공이 있는 자는 군주를 위해 충성하기 마련이다. 군주의 측근과 신하 패거리들이 등용되면 군주의 권세는 약해지고 물만 흐려진다. 신하들이 재물을 탐하느라 혈안이 되어 있으니 나라가 잘

될 리 없다. 주변이 그렇게 흘러가면 현명한 자도 노력하지 않고 공을 세우던 자들도 태만히 자신의 일을 게을리 하기 마련이다. 이는 바로 망국의 조짐이다.

군주에게 권세가 있다는 것은, 마치 한 자밖에 안 되는 나무라도 높은 산 위에 서 있으면 천 길의 계곡을 내려다볼 수 있는 것과 같은 이치다. 그래서 한비자는 권세가 있으면 설령 재능이 부족하고 현명하지 못할지라도 현명한 사람들까지 굴복시킬 수 있다고 보았다. 물론 한비자는 세상이 혼란스러워졌을 때 어질고 현명한 사람이 나타나 혼란을 평정한다면 좋겠지만, 그렇지 못할 경우는 군주가 권세를 쥐고 법을 시행하면 빠른 시일 안에 안정을 찾을 수 있다고 보았다.

16

자기 자신을 이겨야 강한 사람이다

스스로를 이기는 것을 강强이라고 한다.

自勝之謂强.

《한비자》〈유로〉

진정으로 강한 자는 남이 아니라 자기 자신과의 싸움에서 승리한 사람이다. 세상에서 가장 어려운 싸움이 자신과의 싸움이기 때문이다. 겉으로는 아무리 성공했다 하더라도 자기 자신과의 싸움에서 패한 사람은 머지않아 모든 것을 잃게 될 수 있다.

자하子夏가 증자曾子를 만났을 때 증자가 말하였다.

"어째서 살이 쪘소?"

자하가 대답하였다.

"전쟁에서 승리했기 때문에 살이 쪘소."

증자가 말하였다.

"무슨 말이오?"

자하가 말하였다.

"나는 선왕의 의義를 보게 되면 영광으로 생각하고, 밖에 나가 부귀의 즐거움을 보게 되면 또 영광으로 생각하였습니다. 이 두 가지가 가슴속에서 싸울 때는 승부를 알지 못했으므로 여위었지만, 지금 선왕의 의가 승리했으므로 살이 찐 것이오."

《한비자》〈유로〉

뜻을 이루기가 어려운 것은 타인과의 싸움에서 승리하는 것보다 자기 자신과의 싸움에서 이겨야 하기 때문이다. 그래서 노자는 자기 자신을 이기는 것을 '강強'이라고 했다.

청조는 100만 명에 불과한 만주족이 세우고 유지한 왕조다. 이는 만주인 황제들이 중국의 문화유산을 보호하면서 특유의 무인 기질로 강력한 리더십을 보여주었기에 가능한 일이었다. 이들은 오랜 기간(1680~1770) '팍스 시니카Pax Sinica'의 평화와 번영을 이룩했다. 그 중심에는 일곱 살에 제위에 올라 61년간 나라를 통치한 위대한 군주 강희제康熙帝가 자리하고 있었다. 그는 만주족이었으나 중국 역사상 가장 위대한 황제로 손꼽힌다.

순치제順治帝의 뒤를 이은 강희제는 소닝, 에비룽, 스쿠사하, 오보이 등 순치제 때의 비주류 인사들을 과감히 기용해 정치의 기틀을 다지고 과학적인 사고와 철저한 문치를 표방하면서 중국을 다스리는 데 성공했다. 강희제는 점쟁이들이 백성들의 불안감을 조성하는 예언을 못 하도록 했다. 가령 온화한 남동풍이 길한 징조라는 흠천감欽天監의 말을 믿지 않고 대신 궁궐 안의 관측 기구로 불길한 조짐을 직접 알아보고, 신하들에게 나쁜 징조든 좋은 징조든 함부로 상상하거나 과장하지 말고 사실 그대로 보고하라고 명했다.

부황의 죽음으로 여덟 살에 즉위한 강희제는 은근히 강한 면모를 드러냈다. 어린 나이에 정치를 할 수 없었기에 또래의 소년들처럼 노는 모습을 보였다. 그러나 나름대로 속셈은 있었다. 오보이, 소닝, 에비룽, 스쿠사하 네 명의 보정대신이 섭정을 하며 세력을 다투고 있던 상황이라 자칫 목숨을 위협 받을 수도 있다고 여겼기 때문이다. 그는 그들의 눈을 벗어나 놀이처럼 무예를 익히며 결사대를 키워내기도 했다. 그의 기우대로 보정대신의 권력 다툼에서 승자가 된 오보이는 마치 황제처럼 구는 등 온갖 월권과 배임을 저질렀다. 준비가 끝난 강희제는 오보이와 그의 일파들을 조정에서 쓸어내게 되었는데, 그때 나이 열여섯이었다.

강희제의 뛰어난 점 중 하나는 스스로 강한 군주가 되기 위해 노력했다는 것이다. 그는 지독한 공부벌레에다 무예도 뛰어났고, 서양 학문까지 두루 익혔다. 또한 칠순의 나이에도 원칙에서 벗어나지 않게 일을 처리했으며, 초심을 잃지 않으려고 스스로 경계했다.

특히 그의 재위 기간에도 '반청복명反淸復明'의 기치를 내걸고 이민족에게 지배당한다는 민족적 반감을 이용한 반란의 움직임은 끊이지 않았다. 그는 그런 움직임을 무력으로 제압하기도 했지만, 한인 관료들과 사대부들의 존경을 얻어야 할 필요성에 따라 유교 경전을 읽고 토론하기도 했다. 무엇보다 강한 나라를 만들어 태평성대라 할 여러 정책을 펼쳐 백성들의 지지를 얻어냈다.

강희제는 백성들을 교화하고 질서를 바로잡고자 '성유십육조聖諭十六條'를 공포하기도 했다. 그는 자국의 영토 확장에도 힘을 쏟아 서역까지 세력을 넓혔다. 대만을 중국에 복속시키고 남중국을 여섯 번이나 두루 살피며 돌아다녔다. 회수와 황하의 범람을 막고 운하를 통해 북경으로 곡물을 옮기는 등 체제를 유지하는 데도 적지 않은 노력을 기울였다.

중화사상이 강한 한족과 문화적 열등감을 지닌 만주족 사이의 보이지 않는 불신과 다툼을 무마하기 위해 두 민족이 힘을 합쳐 '만한전석滿漢全席'이란 궁중 요리를 만들게 하기도 했다. 가히 강함의 제왕이라 할 만하다.

이 덕분에 아들 옹정제雍正帝와 손자 건륭제乾隆帝에게 권력을 순조롭게 이양하면서 강건성세康乾盛世란 치세를 이룩하고 중국화 된 만주 국가를 확고하게 구축할 수 있었다.

그는 62년(중국 역사상 가장 오래 다스린 기록)이나 재위하면서도 "몸을 아끼지 않고 최선을 다하여 죽기까지 힘쓴다."는 말을 자신의 신조로 삼았다. 스스로 자신의 위치를 알고 상대를 존중하면서 리더십을 발휘한 강희제는 분명 최고 경영자로서 손색이 없다.

수많은 중국의 역사적 인물 중 리더십의 전형으로 강희제를 꼽는 데는 여러 이유가 있겠지만, 가장 큰 이유는 그가 스스로를 이긴 강한 리더였기 때문일 것이다. 초기에 성군 소리를 들었던 군주들이 종래에는 성군이라는 평가가 무색할 만큼 초심을 잃게 되는 경우가 많았다. 그러나 강희제의 경우 3대에 걸쳐 최고의 황금기를 이룩할 만큼 헌신적인 선정을 펼쳤다.

17

원하는 것을 얻으려면 상대를
움직이게 하라

> 최상의 덕은 덕이라고 하지 않으니 이 때문에 덕이 있게 된다.
>
> 上德不德, 是以有德.
>
> 《한비자》〈해로〉

전혀 어울릴 것 같지 않은 도가와 법가에도 공통분모는 존재할까? 한비자는 노자의 주장을 받아들여 〈유로〉와 〈해로〉 편에 자신의 생각과 합치하여 기술했다. 이 〈해로〉 편에서는 노자 자체보다는 도가와 법가의 절충지점을 주목할 필요가 있다. 이 인용구도 노자에서 따온 것이다.

춘추시대의 냉혹한 시대 분위기에서 오직 자연의 도와 덕만이 영원히 변치 않는 보편 진리라고 말하는 사상가가 있었으니, 그가 바로 노자다.

그가 말하는 특유의 모순 어법은 얼핏 보면 알 듯 모를 듯하지만, 그것은 만물을 음양의 역동적인 상호작용으로 파악하는 태도요, 대립과 모순을 역설적인 조화로 설명해내는 어법이다.

노자는 초나라 사람으로 성은 이李, 이름은 이耳이며, 자는 백양伯陽, 시호는 담聃이다. 주나라의 장서藏書를 관리하던 사관史官 출신이었다. 사마천은 "해박한 역사 지식의 소유자였던 노자가 도道와 덕德을 닦고 스스로 학문을 숨겨 헛된 이름을 없애는 데 힘썼다."고 평가하면서(《사기》〈노자한비자열전〉) 그가 주나라의 몰락을 싫어해 은둔하러 길을 떠났다가 함곡관函谷關의 관령關令 윤희尹喜와의 만남을 통해 위대한 사상서《도덕경》이 탄생했다고 적었다. 사마천의 지적대로 노자는《도덕경》상·하편을 지어 '도'와 '덕'의 의미를 5,000여 자로 말하고 떠나갔다. 노자가 양생술養生術을 터득해 200세 넘게 살았다고 하는 사마천의 말은 노자란 인물이 위대한 철학자이면서도 신화적 이미지가 강한 인물임을 암시한다.

《도덕경》을 통치술의 근본으로 파악한 것은 한비자가 최초다. 한비자는 노자의 영향을 많이 받아 〈해로〉와 〈유로〉 편에서 이를 다루고 있다. 도가에서 말하는 무위의 철학적 성격을 정치적으로 해석한 것이 한비자의 무위론이다. 군주는 나라를 다스리는 근본이므로 효율적인 정치를 하라는 것으로 너무 법석을 떨지 말라는 경고다.

노자는 통치술의 첫째로서, 통치가의 존재 그 자체를 부정하고 있다. 앞에 나서서 설치는 자는 최상의 군주가 아니고 뒤에서 조용히 조종하는 자가 최상이라는 것이다. 물론 그 존재 자체도 느끼지 못할 때 그것이 최상이다. 노자가 공자에게 말했듯이 깊숙이 감추면서 어리석어 보이는 모양새를 좀 갖추라는 것이다. 인간관계를 좀 더 원활하게 하고자 만든 예가 오히려 인간을 속박하는 굴레로 자리 잡은 것은, 공자가 내세우는 예가 이미 그 한계에 직면한 것임을 의미한다.

도가의 사유는 기본적으로 언어에 대한 불신에서 나온다. 사물의 본질을 보려 들지 않고, 피상적인 모습에 이끌려 본질을 파악하는 것을 방해해서는 안 된다는 것이다. 덕을 덕이라고 말하는 순간 이미 그것은 최상의 가치를 획득한 것이 아니다.

덕德이란 내면적인 것이며, 득得이란 외향적인 것이다. 정신이 외부 사물에 의해 어지럽혀지지 않으면 그 몸은 완전하게 되는데, 이것을 덕이라고 한다. 덕이란 스스로 얻는 것이다. 무릇 덕이란 무위無爲함으로써 모인 것이고, 욕심이 없는 상태無欲에서 만들어지며, 사고하지 않는[不思] 가운데 평온해지고, 수단을 사용하지 않음[不用]으로써 고정된다. 그러므로 하고자 하는 욕망이 있으면 덕은 머무를 곳이 없고 덕이 머무를 곳이 없으면 완전하지 못하다. 생각을 깊게 하면 덕이 확고해지지 않는데, 확고하지 않으면 효과가 없게 된다.

노자의 사상은 한비자에 의해 계승되면서 한 무제가 "겉으로는 도가요, 안으로는 법가" 통치 스타일을 유지하게 하는 원동력이 됐다. 도가와 법가의 대표 격인 노자와 한비자를 함께 다룬 〈노자한비자열전〉을 통해 사마천은 진나라의 법체계를 이어받은 한나라의 시대적 분위기와 사상적으로는 황로사상을 추존하는 시대 분위기를 반영하였다.

한비자의 스승 순자는 유가이면서도 반反유가적 인물이다. 한비자의 가슴에는 노자의 '무위자연설', 머리에는 순자의 '성악설', 몸에는 상앙商鞅의 '법法'과 신불해申不害의 '술術', 신도愼到의 '세勢'를 조화하여 법술法術사상을 집대성했다.

사실상 한비자가 말하는 '술'이란 임무에 따라 벼슬을 주고 명목에 따라서 내용을 따지며 죽이고 살리는 실권을 다투고 여러 신하들의 능력을 시험하는 방법이며 군주가 신하들을 다스리는 통치 수단이다. 그가 말하는 '술'은 '법'과는 달리 성문화되지도 않았고 신하와 백성들의 행동 준칙도 아니므로 군주 혼자 독점해야 하는 수단이다.

그래서 《한비자》에는, 군주는 신하들에게 속마음을 내보여서는 안 된다는 '무위술無爲術', 신하들의 이론적인 주장과 행동이 부합되는지를 따져야 한다는 '형명술形名術', 남의 말만 듣지 말고 사실을 잘 검토해야 한다는 '참오술參伍術', 신하들이나 남의 말을 듣는 방법을 논한 '청언술聽言術', 사람을 등용하는 방법을 논한 '용인술用人術' 등 '술'에 관한 이론이 많이 나온다.

이와 같이 한비자가 제시한 '술'은 그 종류가 다양한데, 이는 술이 군주가 신하들을 탄핵하거나 임용할 때 쓰는 수단이면서 군주의 통치권이 약해지거나 빼앗기는 것을 미연에 방지하는 방법이기 때문이다.

한비자는 술을 통해 노자가 말한 덕을 실현하고자 했던 것으로 보인다. 노자는 나라를 다스리는 일에 지나치게 정신을 소모하면 안 된다고 했다. 정신을 많이 소모하면 재앙에 빠질 수도 있다는 것이다. 그래서 고유의 덕을 잃지 않고, 새롭고 조화로운 기운이 나날이 생길 수 있게 하면 부단히 덕을 쌓는 것이라고 했다. 무위와 무사, 그리고 진정 무를 이루려고 하는 것을 최상의 덕으로 보고, 군주가 그런 덕의 상태에 이르렀다면 술로써 통치하는 데 어려움이 없을 것임을 역설하고 있다.

예나 지금이나 덕이 있는 리더는 여러 사람들로부터 존경을 받는다. 덕이 있어야 사람을 얻을 수 있다. 그런 인물로 한 고조 유방을 들 수 있다.

중국의 역사상 처음으로 하층민 출신에서 제왕이 된 유방은 일자무식으로 내세울 것이 없는 인물이었다. 그런 그가 천하를 통일할 수 있었던 것은 세 가지 장점이 있었기 때문이다. 첫째, 다른 사람의 마음을 잘 헤아렸다. 둘째, 능력 있고 어진 사람을 적재적소에 잘 썼다. 셋째, 마음을 비우고 간언을 잘 받아들였다. 유방은 이런 장점 덕에 많은 인재를 가까이에 둘 수 있었다. 그가 용인술에 뛰어난 사람으로 평가받는 것은 그의 말에서 찾을 수 있다.

"군막 속에서 계책을 짜내 천 리 밖에서 승리를 결판내는 것은 내가 장량張良만 못하오. 나라를 어루만지고 백성들을 위로하며 양식을 공급하고 운송 도로를 끊기지 않게 하는 것은 내가 소하蕭何만 못하오. 백만 대군을 통솔해 싸우면 어김없이 이기고 공격하면 어김없이 빼앗는 것은 내가 한신韓信만 못하오. 이 세 사람은 모두 빼어난 인재지만 내가 그들을 임용할 수 있었으니 이것이 내가 천하를 얻을 수 있었던 까닭이오. 항우는 범증 한 사람만 있었으면서도 그를 중용하지 않았으니 이것이 그가 나에게 사로잡힌 까닭이오."

《사기》〈고조본기〉

고조는 자신의 부족함을 알았고, 주변 충신들의 말을 귀담아들을 줄 알았다. 그래서 상대로 하여금 존중받고 있다는 느낌을 받게 했다. 막강한 권력을 쥐고 있었음에도 힘만을 내세우지 않았고, 신하들이 자신을 대등한 인격체로 느끼게 해주었다. 유방에게는 다른 칼자루도 있었다. 신하들의 장점을 이용하는 재주만 있는 게 아니라 신하의 단점을 이용하여 그 사람을 통제하는 고도의 술책도 갖고 있었던 것이다. 또한 소용이 없어지거나 위협이 된다고 판단하면 선택의 시기를 고려하여 상대를 제거하는 냉혹한 용인술을 발휘하기도 했다. 재주를 아끼던 한신을 제거한 일이 바로 그렇다.

최상의 덕이란 얻는 것이 있어야 한다. 리더가 아랫사람에게 신뢰를 보내는 것은 아랫사람 스스로 움직이게 해서 자신이 원하는 것을 얻기 위해서다. 냉혹하지만 얻는 것이 없는 덕은 존재하지 않는다는 것이 한비자의 주장이다.

2장

사람을 경계하라

01

다른 사람의 능력으로 나를 빛나게 하라

> 군주가 좋아하는 것을 버리고 싫어하는 것을 버리면 신하는 바로
> 본심을 드러낼 것이며, 지혜를 버리고 옛 경험을 버리면 신하들은
> 바로 스스로 대비하게 될 것이다.
>
> 去好去惡, 臣乃見素 去舊去智, 臣乃自備.
>
> 《한비자》〈주도〉

군주는 지혜를 드러내지 말아야 하고, 현명함을 과시하지 않아야 하며, 쉽게 분노하거나 용맹함을 내비쳐서도 안 된다. 오히려 군주가 이런 것들을 감추면 감출수록 신하들은 저마다 소임을 다하고 벼슬아치들도 법규를 지키게 되는 것이다.

한비자는 군주가 처신을 어떻게 하느냐에 따라서 신하를 원하는 대로 부릴 수 있음을 역설적으로 말한다. 군주가 너무 뛰어나서 뭐든 알아서

다 해버리면 군주와 신하의 사이는 벌어질 수밖에 없다. 혼자 모든 일을 처리하는 것보다는 능력에 맞게 사람을 부리는 리더가 현명한 법이다.

한비자는 지혜 있는 자에게 생각을 짜내게 해서 그를 근거로 일을 결단하기 때문에 군주의 지혜를 유지할 수 있다고 말한다. 또한 현명한 자에게 일을 맡김으로서 군주의 재능을 아낄 수 있고, 잘못이 있으면 그 일을 한 사람에게 책임을 물을 수 있으니 군주의 명성 또한 유지할 수 있다는 것이다.

그러므로 군주는 슬기롭지 않으면서도 슬기로운 자를 거느리게 되고, 지혜롭지 않으면서도 지혜로운 자들의 우두머리가 된다. 아랫사람에게는 수고를 되풀이하게 하고 군주는 그 성과를 누리는 것, 이것이 현명한 군주의 도라고 말한다. 신하는 신하로서의 본분을 다해 일할 수 있게 하고, 군주는 그것을 운용할 수 있으므로 결국 다른 사람의 능력으로 자신을 빛나게 만드는 셈이다.

한비자는 〈주도〉 편에서 군주가 자신을 내비치지 않으면 의견이 있는 자들이 스스로 말하게 되고, 일하는 자들의 공적이 저절로 드러나게 된다고 했다. 그렇다고 이러한 방식이 권모술수 같은 얕은 수라고 말할 수는 없다. 때로 권모술수는 난세에 의지할 수 있는 비책처럼 보이지만, 이 방법은 길게 갈 수 없고 리더십에는 부정적인 영향을 미친다. 리더는 권모술수를 부려도 안 되고, 권력욕의 화신이 되어서도 안 된다. 노자의 말처럼 지나친 말과 행동은 오히려 제약이 될 수 있다. 신중한 언행은 엄정한 자기 관리를 의미하며, 군주는 비장의 카드를 감추고 있어야 한다.

다른 사람의 능력으로 자신을 빛나게 하는 방식은 《손자병법》에 있는 '허실虛實'이라는 말과 통한다. 힘이 잘 모인 상태가 '실', 그 반대가 '허'다.

충분히 대비가 있는 것을 '실'이라고 하고, 대비가 되어 있지 않은 것을 '허'라고 한다. 그런데 허실이란 단순히 이런 고정된 상태를 의미하는 것이 아니다. '허허실실虛虛實實'이라는 말처럼 '허실'에는 진짜와는 반대의 모습으로 위장하라는 뜻이 담겨 있다. 군주에게는 다 알고 있으면서도 모르는 체하여 상대방을 역으로 이용하는 허허실실의 전법이 필요하다. 고조가 앙숙이었던 옹치雍齒를 분봉한 사례는 일종의 허허실실 전법에 가깝다고 하겠다.

항우와 천하를 건 싸움에서 이긴 유방, 그는 천하통일 후 1년 동안이나 논공행상을 제대로 하지 못하고 있었다. 저마다 공이 있다고 논의가 분분한 가운데, 줄 식읍은 정해져 있고 공신들은 많아 이러지도 저러지도 못하자 불만을 토로하는 이들이 많아졌다.

불안한 유방이 장량에게 해결책을 물었다. 장량은 고조 유방과 사이가 가장 좋지 않은 자를 말하였다. 즉 고조가 옹치란 자를 지목하면서 죽이고 싶을 정도로 미운 자라고 말하니 장량은 대뜸 그를 최우선으로 봉하라고 조언한 것이다. 내키지 않았지만 고조가 옹치를 위해 친히 술자리를 마련하여 십방후什方侯로 봉하고, 급히 승상丞相과 어사御史를 재촉해 그의 공을 정하고 봉상을 진행했다. 그러자 불만을 토로하던 신하들은 "옹치가 오히려 후侯가 되었으니 우리들도 근심할 게 없다."《사기》〈유후세가〉며 더 이상 말을 하지 않았다. 물론 그 나머지 공신들은 논공행상에서 제외됐다.

이처럼 허허실실은 작은 것으로 큰 것을 얻으며 소수로 다수를 이길 수 있다. "적을 조종하고, 적에게 조종당하지 말라."는 손자병법의 허실을 운용하게 되면 군주는 주도권을 장악해서 신하를 이끌 수 있다. 군주는 신하를 조종하는 역할이지, 신하에게 조종당해서는 안 된다.

"그러므로 전쟁을 잘하는 자는 적을 끌어들이지, 적에게 끌려가지 않는다故善戰者, 致人而不致於人"는 《손자병법》〈허실〉의 말처럼 주도권은 리더가 쥐고 있어야 한다. 모름지기 리더라면 마음을 비워서 기다릴 줄 알아야 하고, 부하들이 자기의 재능을 다하도록 이끌어야 한다. 이것이 바로 권력의 핵심은 리더에게 있음을 말하는 한비자의 통찰이다.

한비자는 뛰어난 군주가 '법法'을 운용하여 신하들을 부리는 것을 '술術'이라 했다. 리더는 핵심만 챙기고 있으면 되고, 나머지는 부하들이 능력을 발휘하도록 하면 된다. 자기 능력으로 모든 것을 다 하려는 리더는 무능함 그 이상이라는 것이 한비자의 논지다.

지금도 '나 아니면 안 된다'는 생각으로 모든 일에 나서는 리더들을 볼 수 있다. 리더가 직접 주도하고 일을 하게 되면 자신도 피곤하지만 아랫사람의 일하는 방식에도 쉽게 만족하지 못하게 된다. 결국 본인이나 다른 사람에게 좋지 않은 결과만 가져올 뿐이다.

02

칼자루를 함부로 넘기지 마라

> 무릇 호랑이가 개를 복종시킬 수 있는 까닭은 발톱과 이빨을 지녔기 때문이다. 만일 호랑이에게서 발톱과 이빨을 떼어 개에게 사용하게 한다면 호랑이가 도리어 개에게 복종할 것이다.
>
> 夫虎之所以能服狗者, 爪牙也. 使虎釋其爪牙而使狗用之,
> 則虎反服於狗矣.
>
> 《한비자》〈이병〉

한비자는 군주가 자신의 권한인 상벌권을 움켜쥐고 있어야만 신하들이 군주를 가볍게 여기지 않는다고 했다. 반면 간신들이 활개를 치는 것은 군주의 상벌권을 얻어내 행사하기 때문이다. 군주의 상벌권이 없어지면 백성들도 신하들에게 복종할 것이다.

한비자는 군주와 신하의 관계를 서로의 권력욕이 충돌하는 관계로 보았다. 즉 군주와 신하가 서로 이해타산을 따져 자신의 세계를 구축해나가는 관계라는 말이다. 그래서 한비자는 군주가 백성과 신하를 다스리는 유일한 방법은 바로 상벌이라고 강조한다.

'병柄'이란 물건의 손잡이 또는 칼자루를 뜻한다. 그러므로 '이병二柄'은 두 개의 칼자루 또는 두 가지 도구를 의미한다. 여기서 두 가지 도구란 신하들을 다스리는 방법인 형刑과 덕德, 상賞과 벌罰을 말한다. 한비자는 유가사상의 핵심 개념인 '인仁'이니 '덕德'이니 '서恕'와 같은 것들에 주목하지 않았다. 단지 원칙에 따라서 통솔해나가는 것이 나라를 다스리는 지름길이라고 생각했다.

그가 주장하는 핵심은 법을 어긴 자에게는 벌을 주고, 법을 잘 지킨 사람에게는 상을 줘야 한다는 것이다. 물론 상벌의 모든 권한은 군주에게 있으며, 그 권한은 두 개의 칼자루와 같으므로 잡는 이의 마음에 따라 휘두를 수 있다. 한비자가 살던 시대 역시 신하들이 상벌의 권한을 제멋대로 휘둘렀기 때문에 군주들에게 닥칠 위험을 짐작하는 것은 어려운 일이 아니었다.

예를 하나 들어보자. 전상田常은 군주에게 작위와 봉록을 요청하여 벼슬아치들에게 주었다. 그는 백성들에게 곡물을 꿔줄 때는 큰 말로 퍼주고, 거두어들일 때는 작은 말로 받아 은혜를 베풀었다. 이렇게 되자 제나라의 군주 간공簡公은 덕을 잃고 전상이 그 권한을 잡게 되었으며, 간공은 끝내 시해당하고 말았다.

다음으로《한비자》〈외저설 우하〉에 실려 있는 자한子罕의 예를 보자.

사성司城 자한子罕이 송宋나라 군주에게 말하였다.

"칭찬하여 상을 내리는 것은 백성들이 좋아하는 것이므로 군주께서 직접 시행하시고, 사형에 처하거나 벌을 주는 것은 백성들이 싫어하는 것이므로 신이 그 일을 담당하겠습니다."

송나라 군주가 말하였다.

"허락하노라."

그래서 위엄 있는 명령을 내리거나 대신들을 처형할 때 군주는 [이렇게] 말하였다.

"자한에게 물어보시오."

이 때문에 대신들은 자한을 두려워하게 되었고, 일반 백성들도 자한을 따르게 되었다.

한 해가 지나자 자한은 송나라 군주를 살해하고 정권을 빼앗았다.

《한비자》〈외저설 우하〉

전상이 단지 덕을 베푸는 권한만을 사용해 간공을 시해했다면, 자한은 단지 형벌의 권한만을 사용해 송나라 왕을 위협했다. 한비자는 지금의 신하들 중에도 형과 덕의 권한을 모두 사용하는 자들이 있으니, 지금의 군주는 간공이나 송나라 왕보다 더욱 위태롭다고 했다.

이 일화에서 알 수 있는 것은, 일반적으로 백성들이 왕의 인자함을 존경하고 따를 것 같지만, 자신에게 위해를 가하는 자한에게 먼저 복종하게 된다는 것이다. 군주는 인자함으로 무장할 것이 아니라 상벌의 권한을 갖고 강한 카리스마를 보여야 한다. 그러므로 한비자는 군주가 자신의 상벌권을 확실하게 잡고 있어야 한다고 본 것이다.

신하에게 권력을 이양하게 되면 그 과정에서 법이 문란해질 수 있는데, 그럴 경우 군주의 신변은 위태롭게 된다. 이 때문에 한비자는 은殷 나라와

주周나라가 망할 때, 제齊나라가 주권을 빼앗길 때, 연燕나라와 송宋나라의 군주가 신하들에게 시해당했을 때의 상황을 예로 들어 군주가 처한 위험의 심각성을 일깨워주고자 했다.

> "위로는 밝은 군주가 있고 아래로는 법령이 갖추어져 있어, 사람들은 각자 자신의 직업에 충실하고 사방에서 사람들이 모여들고 있는데, 어찌 감히 반란을 일으키는 자가 있겠습니까! 이것은 단지 쥐나 개가 물건을 훔쳐가는 것에 지나지 않습니다. 어찌 이야기할 가치가 있겠습니까! 지금 군수와 군위가 그들을 잡아들여 죄를 다스릴 텐데, 어찌 걱정하십니까!"
>
> 《사기》〈유경 숙손통열전〉

한 고조를 도와 조정의 예식을 완비한 숙손통叔孫通의 말이다. 숙손통은 설薛 땅 사람으로 진나라 때에는 문학文學으로 불려와 박사로 임용되었다. 숙손통이 한 고조를 만나기 전 여러 나라의 신하를 거쳤는데 그가 내세운 통치술의 기본은 이런 것이다.

그러므로 군주는 나라를 다스리는 데 형刑과 덕德, 상賞과 벌罰이라는 두 가지의 칼자루를 함부로 신하에게 넘겨서는 안 된다. 군주는 군주로서의 직분이 있는 것이고, 신하는 신하로서의 직분이 있는 것이니 그것을 혼동하여 사용해서는 안 된다는 것이 한비자의 경고라 하겠다.

칼자루를 쥐고 있다는 것은 일의 주도권을 갖고 있다는 것이다. 이는 국가를 경영하는 일에만 국한되는 것은 아니다. 예를 들어 협상을 할 때도 칼자루를 쥐고 있는 쪽이 유리하게 국면을 이끌어갈 수 있다. 순간의 잘못된 판단으로 칼자루가 아니라 칼날을 잡게 된다면 그 칼은 심장을 노리는 비수로 바뀔 수 있음을 인식해야 한다.

상대방에게 칼자루를 넘기면 언제든 자신의 목숨을 겨눌 비수가 되어 돌아올 수 있듯이 군주는 신하에게 권한을 쉽게 넘기지 말아야 한다. 물론 주도권을 갖는다는 것은 그만큼의 책임을 진다는 것이다. 책임을 지기 위해선 희생하고 준비해야 하며, 감당해야 할 일들도 많아진다. 책임을 회피하기 위해 칼자루를 넘긴다면 이미 리더의 자격을 잃는 것과 같다.

03

가까운 사람부터 경계하라

> 군주가 신하를 지나치게 가까이하면 반드시 그 자신을 위험에 빠뜨
> 릴 것이며, 대신을 너무 귀하게 대우하면 반드시 군주의 자리를 갈
> 아치우려고 할 것입니다. 왕비와 후궁 간에 차등을 두지 않으면 반
> 드시 적자嫡子를 위험에 빠뜨릴 것이고, 왕실의 형제들을 복종시키
> 지 못하면 반드시 사직을 위태롭게 할 것입니다.
>
> 愛臣太親, 必危其身 人臣太貴, 必易主位
> 主妾無等, 必危嫡子 兄弟不服, 必危社稷.
>
> 《한비자》〈애신愛臣〉

한비자는 가까이에 있는 사람들을 더욱 경계해야 한다고 말한다. 대체로
자신과 가까이에 있는 사람을 믿고 의지하는 것이 인지상정이다. 더구나
군주처럼 큰 책임을 맡고 있는 입장이라면 당연히 측근에게 의지하게 된
다. 하지만 한비자는 측근이 오히려 군주를 위험에 빠뜨릴 수 있다고 경
고한다.

애초에 군주는 자신보다 더 존귀하거나 자신의 권위보다 더 무겁거나

자신의 위세보다 강한 것이 없다는 것을 분명히 인지하고 대책을 세워야 한다. 군주가 총애하는 신하의 권세나 지위가 높아지면, 힘의 방향이 군주에게서 신하에게로 옮겨갈 것이기 때문이다. 그러면 법이 문란해지고 군주의 신변은 위태로워진다. 현명한 군주라면 아무리 총애하는 신하일지라도 그 분수에 맞는 봉록과 권한만을 갖게 해서 사악한 마음이 일어나는 것을 미연에 방지하는 데 힘써야 한다.

우리는 늘 외부의 적을 대비하려고 담장을 쌓고 경계한다. 그러나 우리의 인생사를 보면 외부의 적보다는 내부의 적이 더 무서움을 종종 보게 된다. 한비자는 모함처럼 위험한 것이 없음을 예화를 통해 분명하게 보여주고 있다.

《한비자》〈내저설 하〉에 나오는 이야기다.

비무극費無極은 초나라 영윤令尹의 측근이다. 극완郄宛이 새로 영윤을 섬기게 되었는데, 영윤은 그를 매우 아꼈다.

그래서 비무극이 이틈에 영윤에게 일러 말하였다.

"당신은 극완을 매우 아끼시는군요. 어째서 그의 집에서 주연을 열도록 하지 않습니까?"

영윤이 말하였다.

"좋소."

그러고는 비무극을 시켜 극완의 집에서 [주연을] 준비하도록 하였다. 비무극은 극완에게 가르쳐 말하였다.

"영윤은 매우 오만하며 병기를 좋아하니 당신은 반드시 신중하고 공경스럽게 하여야 합니다. 먼저 빨리 당 아래와 앞뜰에 병기를 진열해놓도록 하십시오."

그래서 극완은 그렇게 하였다.

영윤은 [극완의 집에] 와보고는 크게 놀라서 말하였다.

"이것이 무엇이냐?"

비무극이 말하였다.

"군주께서는 위험하니 빨리 떠나십시오. [무슨] 사태인지 아직은 알 수 없습니다."

영윤은 매우 노여워하며 군대를 일으켜 마침내 그를 죽였다.

서수犀首는 장수張壽와 원한을 맺고 있었다. 진수陳需가 새로 [조정에] 들어왔을 때 [그 또한] 서수와 잘 지내지 못하였다. 그래서 사람을 시켜 은밀히 장수를 죽이도록 하였다. 위나라 왕은 서수가 한 짓으로 생각하고 곧 그를 죽였다.

《한비자》〈내저설 하〉

앞의 일화들을 통해 한비자는 영원한 아군은 없다는 것을 일러주었다. 자기보다 더 군주의 총애를 받는 이를 모함으로 없애기도 하고, 자기와 원한이 있는 자를 다른 사람을 이용해 없애기도 한다. 자신의 이익을 위해서라면 모두가 적인 셈이다.

신하는 죄를 지어도 벌을 면하려는 데 급급하고, 공도 없이 상만 탐하고자 한다. 그래서 신상필벌이 어려운 법이다. 상을 줄 때는 아랫사람에게 주는 것이 더 효과적이고, 벌은 윗사람에게 가했을 때 더 효과적인 법이다.

그러나 현실적으로는 어려운 일이다. 왜냐하면 윗사람은 군주를 가까이 모시며 늘 상대하기 때문에 군주의 주위에는 아첨하는 신하가 득실거려도 군주는 알아차리지 못한다.

군주와 신하는 상반된 관계다. 한비자는 군신 관계를 비정적 관계, 어떤 인간적 유대감도 없는 관계로 보았다. 윗사람이 권력을 갖고 있을 때 아랫사람들이 충성하는 것은 결코 진정한 충성이 아니다. 정승이 죽었을 때보다 그 집의 개가 죽었을 때 문상객이 더 많다는 말이 무엇을 의미하겠는가? 한비자는 군주에게 부하의 충성을 믿지 말고 객관적인 규정을 만들어야 한다고 경고하는데, 조직의 안정은 사람에 의해서 만들어지는 것이 아니라고 보았기 때문이다.

유가에서는 리더가 갖추어야 하는 덕목으로 덕을 말한다. 요순으로 대변되는 겸허하고 인자한 덕목을 갖추라는 것이다. 하지만 한비자는 그것에 대해 현실을 모르는 소리라고 한다. 아비의 자식에 대한 사랑도 다른 사람의 모함하는 말 때문에 해를 입을 수 있다. 군주와 신하는 아비와 아들만큼 친하지 않으며, 여러 신하들의 모함은 단지 한 명의 첩의 입에서 나오는 정도에 불과하지 않으니 현인이나 성인이 죽음을 당하는 것은 그리 괴이한 일이 아니라는 것이다. 그러므로 군주는 신하의 심리를 잘 파악해야 한다고 말한다.

방공龐恭은 태자와 함께 한단邯鄲에 인질로 가면서 위魏나라 왕에게 일러 말하였다.

"지금 어떤 한 사람이 시장에 호랑이가 있다고 말하면 왕께서는 그것을 믿으시겠습니까?"

[왕이] 말하였다.

"그렇지 않소."

방공이 말하였다.

"두 사람이 시장에 호랑이가 있다고 말하면 왕께서는 믿으시겠습니까?"

[왕이] 말하였다.

"그렇지 않소."

방공이 말하였다.

"세 사람이 시장에 호랑이가 있다고 말하면 왕께서는 믿으시겠습니까?"

왕이 말하였다.

"그렇소."

방공이 말하였다.

"무릇 시장에 호랑이가 나타나지 않을 것은 분명합니다. 그런데도 세 사람이 말하자 호랑이가 나타난 것이 되었습니다. 지금 한단은 위나라에서 시장보다 멀리 떨어져 있고, 신을 비난하는 자는 세 사람보다 많을 것이니 원컨대 왕께서는 이 점을 살펴주십시오."

《한비자》〈내저설 상〉

방공은 자기가 없는 동안 왕이 다른 신하들의 꾐에 넘어갈까 염려되어 일러둔 말이었는데, 결국 방공을 모함하는 신하들이 많아지자 왕은 방공을 의심하게 되었다. 그 후 방공이 한단에서 돌아왔을 때 끝내 위나라 왕을 만나지 못했다. '삼인성호三人成虎'는 세 사람이면 없던 호랑이도 만든다는 말로, 반복해서 들으면 거짓말도 사실이 된다는 것이다.

반복의 효과는 무섭다. 군주 주변에 있는 인물들이 위험하다고 경고하는 이 성언은 중간자적 위치가 얼마나 중요한 자리인지 알려준다. 전달자의 입장에 따라 그것이 군주에게 전해졌을 때 완전히 달라지는 현실은 너무나도 많다. 군주의 마음에 드는 정보만을 전달하려는 자들 때문에 아랫사람은 자신의 말이 군주의 귀에 들어가기도 전에 목숨을 달리 하는 경우도 적지 않다.

그러므로 한비자는 군주에게 측근들을 믿지 말라고 한다. 아랫사람은 틈만 생기면 군주의 마음에 들려고 하기 때문에 군주가 조종당하지 않으려면 측근을 경계해야만 한다. 마치 '구맹주산狗猛酒酸'이란 성어처럼 간신에 의해 군주의 눈이 가려지고 유능한 신하가 그 지위를 잃게 되면, 뛰어난 인재가 적재적소에 등용되지 못하게 된다.

결국 한비자는 리더십이란 권력의 역학 관계를 어떻게 운용할 것이냐의 문제로 보았다. 리더가 가장 가까이에 있는 이를 경계하고 견제하면 힘의 균형을 이룰 수 있다는 것이다.

04

바닷물로는 가까이 있는 불을 끌 수 없다

멀리 있는 물로는 가까이 있는 불을 끌 수 없다.

遠水不救近火也.

《한비자》〈설림 상〉

사회적으로 책임 있는 위치에 있거나 한 조직의 리더라면, 주변 관리 못지않게 자기 관리를 잘해야 한다. 역사를 살펴보면 자기 관리를 제대로 하지 못해 한순간에 매장돼버린 리더들을 심심찮게 볼 수 있다. 이는 개인의 문제만이 아니라 조직 단위에서도 마찬가지다.

노魯나라 목공穆公이 공자들 중 어떤 이는 진晉나라에서 벼슬을 하게 하고,

어떤 이는 초나라에서 벼슬을 하게 하자 여서^{犁鉏}가 말하였다.

"월나라에서 사람을 빌려 물에 빠진 아들을 구하려고 하는데, 월나라 사람이 비록 수영을 잘하더라도 아들은 반드시 살지 못할 것입니다. 불을 끄려고 바다에서 물을 길으려고 한다면, 바닷물이 비록 많더라도 불은 반드시 꺼지지 않을 것입니다. 멀리 있는 물로는 가까이 있는 불을 끌 수 없습니다. 지금 진나라와 초나라는 비록 강하지만 [적국인] 제나라가 가까이 있으니, 노나라의 근심은 해결하지 못할 것입니다."

《한비자》〈설림 상〉

아무리 월나라 사람이 수영을 잘한다고 해도 아이를 구할 수 없고, 불이 나도 먼 곳의 물은 아무런 소용이 없는 법이다. 결국 기댈 수 있는 것은 자기 자신밖에 없다는 것이다. 목공은 제나라와 담판을 지어 두 나라가 선린 우호 조약을 맺었다. 그런 후 진나라, 형나라와 유대를 강화하기로 했다.

역사는 반복되는 법, 역사의 전철을 밟는 일은 종종 찾아볼 수 있다. 은나라에 폭군 주왕^{紂王}이 있었다면 주나라에는 유왕^{幽王}이 있었다. 주왕에게는 달기^{妲己}라는 희첩이 있었고, 유왕에게는 포사^{褒姒}라는 희첩이 있었다.

재위 46년 동안 주나라를 반석에 올린 선왕^{宣王}의 뒤를 이어 유왕이 즉위했다. 그가 즉위한 지 2년째 되던 어느 날 지진이 일어났다. 당시 백양보^{伯陽甫}란 자가 "양기가 자리를 잃고 음기 아래 있으면 반드시 근원이 막히고, 그것이 막히면 나라는 반드시 망한다."면서 주나라의 멸망을 예언했고 그 시기는 10년 이내라고 못 박았다.

그러나 폭군의 기질이 다분했던 유왕은 그 말을 귀 기울여 듣지 않았다. 재위 3년째 되던 해에 포사라는 희첩이 생기자 그는 주지육림에 빠져들었다. 포사라는 여인이 세상에 등장하게 된 계기를 사마천은 매우 신비롭게 그려내고 있다.

하 왕조의 뒤를 이어 은나라가 등장하고 다시 주나라에 이르기까지 3대 동안 전해 내려온 한 상자가 있었는데, 그 속에는 소장하고 있으면 나라에 길조가 든다는 용의 침이 있었다. 금기 사항은 어떤 경우든 함부로 열어 보아서는 안 된다는 것이었다. 그런데 선왕의 바로 직전 왕인 폭군 여왕厲王이 말년에 이 상자를 열었다. 상자를 여는 순간 용의 침이 궁궐의 뜰로 흘렀는데 아무리 없애려 해도 없어지지 않았다. 물론 이런 것에 개의할 여왕이 아니었다.

여왕이 아녀자들을 발가벗겨 큰 소리로 떠들게 하자 침이 문득 검은 자라로 변해 후궁으로 들어가는 것이었다. 때마침 후궁에 있던 예닐곱 살가량의 어린 계집이 자라와 마주쳤는데 시집 갈 나이가 되어 아비도 없이 아이를 잉태하여 낳았다. 그 계집은 두려워 아이를 내다버렸다. 그런데 유왕의 선친인 선왕 때 어린 여자애들이 부르는 동요가 있었다.

"산뽕나무로 만든 활과 기箕(콩대)로 만든 화살 통이 주나라를 망하게 하리라."

마침 이 노래를 들은 선왕이 길에서 활과 화살 통을 파는 부부가 지나간다는 소식을 듣더니 그들을 즉시 죽이라고 명령했다. 이들 부부는 도망을 치다 우연히 길에서 한 여자아이의 울음소리를 듣고는 거두어 길렀다. 그녀가 바로 계집이 버린 아이였다.

116

이들 부부는 결국 포나라에 몸을 맡기고 숨어 살았는데 아이를 버리지 않고 길렀다. 그러고는 포나라에서 성장했다고 하여 아이의 이름을 '포사'라고 불렀다. 그 후 부부는 여자를 좋아한다는 유왕에게 포사를 죗값으로 바쳤다.

유왕은 포사를 보자마자 반했고 백복伯服이란 아들도 얻었다. 유왕은 기쁜 마음에 태자 의구宜臼를 폐위하고 왕후마저 폐위시키더니 포사를 왕후로 삼고 백복을 태자 자리에 두고자 하였다. 이에 주나라 태사 백양伯陽이 역사책의 기록을 들어가며 주나라가 망할 것을 탄식했다.

사마천의 기록에 의하면 포사는 잘 웃지 않았다고 한다. 그녀의 웃는 모습을 보려고 유왕은 온갖 방법을 다 썼으나 끝내 웃길 수 없었다. 단 한 가지, 거짓으로 봉화를 올리고 북을 쳐 전쟁이 일어났다고 했을 때 사방의 제후들이 나라를 구하겠다고 나섰다가 헛걸음치는 걸 보고서야 비로소 웃었다.

포사의 미소에 넋을 잃은 유왕은 이런 짓을 여러 차례 일삼았다. 더구나 유왕은 아첨만 일삼는 괵석보虢石父에게 나라의 정치를 맡기고 신후를 쫓아내는가 하면 태자를 폐위했다. 그러자 민심이 들끓었다.

결국 무너진 민심을 등에 업고 신후가 적국인 증繒나라, 서이西夷, 견융족과 함께 유왕을 공격했다. 유왕이 봉화를 들어 군대를 소집했으나 제후들의 군대는 도우려 하지 않았다. 신후는 여산驪山 밑에서 유왕을 살해하고 포사를 사로잡았으며 폐위된 태자 의구를 왕으로 옹립하니 이 사람이 바로 평왕平王이었다.

포사처럼 미소 한 번으로 왕실을 무너뜨리거나 서시西施처럼 왕의 총기를 가려 나라를 망친 '경국지색傾國之色'의 사례는 역사에 종종 등장한다.

군주가 여색에 빠지게 되면 결국 패망의 길만 열릴 뿐이다. 그래서 군주가 가장 경계해야 할 대상 중 하나가 여색인 것이다.

리더는 늘 자기 관리를 잘해야 도움을 받을 수 있다. 어떤 일이 발생했을 때 리더의 처신이 대단히 중요한 부분을 차지한다. 조직은 리더의 판단 하나하나에 따라 위기를 극복하기도 하고 위기에 빠지기도 하기 때문이다.

05

얻고자 하면 먼저 내주어라

대체로 위급한 나라를 도와주는 공덕은 멸망하는 나라를 살려내는 덕보다 큰 것이 못됩니다. 군주께서는 구원할 때를 늦추어 진나라가 지칠 때를 기다리는 것이 좋습니다. 그렇게 하면 [제나라에는] 실제적인 이로움이 있게 되고, 형나라가 망했을 때 다시 살려내면 높은 명성이 있을 것입니다.

且夫持危之功, 不如存亡之德大. 君不如晚救之, 以敝晉, 齊實利.
待邢亡而復存之, 其名實美.

《한비자》〈설림 상〉

인간의 욕망은 만족을 모른다. 채우면 채울수록 욕망은 더 커진다. 그런데 욕망의 건전성이라는 것과 탐욕적 욕망은 다르다. 권력자들은 대부분 일단 권력을 갖게 되면 더 많은 이익을 취하고자 욕심을 부리게 되는데, 이는 어쩌면 당연한 일인지도 모른다. 그럼에도 전체의 이익을 위해서라면 때로는 손해를 감수해야 할 경우가 있다. 이 편에서는 바로 그런 예를 들고 있다.

《한비자》〈설림〉편은 '이야기 숲'이라는 그 뜻에 맞게 많은 일화로 이루어져 있다. 예화들을 통해 한비자는 독자들에게 유세를 펼치고 있는 셈이다.

앞에서 인용한 글은 진晉나라가 형邢나라를 공격하자 제나라 환공이 형나라를 구원하려고 할 때 포숙아鮑叔牙가 한 말이다. 그래서 환공은 포숙아의 말을 듣고 형나라를 구해주지 않았다.

오자서伍子胥가 [초나라에서] 달아나는데, 국경의 수비병이 그를 붙잡았다. 오자서가 말하였다.

"왕이 나를 잡으려고 하는 것은 나에게 아름다운 구슬이 있다고 여겼기 때문인데, 지금 나는 이미 그것을 잃어버렸다. 나를 붙잡으면 장차 그대가 구슬을 뺏어 삼켰다고 말할 것이다."

수비병은 오자서를 풀어주었다.

경봉慶封이라는 자가 제나라에서 난을 일으키고 월나라로 달아나려고 하자, 그의 일족 중 한 사람이 말하였다.

"진晉나라가 가까운데, 어째서 진나라로 가지 않습니까?"

경봉이 말하였다.

"월나라는 멀리 있으니 재난을 피하기에 유리하다네."

일족이 말하였다.

"마음을 바꾸면 진나라에서 살아도 되지만, 그 마음을 바꾸지 않는다면 비록 멀리 있는 월나라라고 하더라도 어찌 안전할 수 있겠습니까?"

지백智伯이 위魏나라의 선자宣子에게 땅을 요구했을 때, 위나라 선자가 내어주려고 하지 않았다. 임장任章이 말하였다.

"무슨 이유로 주지 않으십니까?"

선자가 말하였다.

"이유 없이 땅을 요구했기에 주지 않으려는 것이오."

임장이 말하였다.

"이유 없이 땅을 요구했으므로 이웃 나라들이 반드시 두려워할 것입니다. 그가 욕심이 많아 만족할 줄 모르니 천하가 반드시 두려워할 것입니다. 군주께서 그에게 땅을 주시면 지백은 반드시 교만해져서 적을 가볍게 볼 것이고, 이웃 나라들은 반드시 두려워서 서로 친해질 것입니다. 서로 친해진 병사들로 적을 얕보는 나라에 대항하면 지백의 운명은 길지 않을 것입니다. 《주서周書》에 '장차 상대를 쳐부수려고 한다면 반드시 잠시 그를 도와주어야 한다. 장차 그것을 취하려고 한다면 반드시 잠시 그에게 주어야 한다.'고 하였습니다. 군주께서는 땅을 주시어 지백이 교만해지도록 하는 것이 더 낫습니다. 또한 군주께서는 어찌하여 천하와 함께 지씨를 도모하려 하지 않고, 유독 우리나라가 지씨의 인질이 되게 하십니까?"

선자가 대답하였다.

"좋소."

그러고는 지백에게 만 가구가 사는 고을을 주니 지백이 대단히 기뻐하였다. 조趙나라에도 땅을 요구했으나 [조나라가] 땅을 주지 않자, [지백이] 진양晉陽을 포위하자 한나라와 위나라가 밖에서 배반하고 조씨(조나라)가 안에서 맞받아치니, 지백은 이로 인해 멸망하였다.

위魏나라의 문후文候가 조趙나라의 길을 빌려 중산국中山國을 공격하려고 하였지만 조나라 숙후肅候는 이를 허락하지 않으려고 하였다.

[신하] 조각趙刻이 말하였다.

"군주께서는 잘못하고 계십니다. 위나라가 중산을 공격해 빼앗지 못하면 위나라는 반드시 지치게 될 것입니다. 지치게 되면 위나라가 하찮게 될 것이고, 위나라가 하찮게 되면 조나라는 중시될 것입니다. 위나라가 중산을 함락시킨다고 하여도 반드시 조나라를 넘어서서 중산국을 다스릴 수는 없을 것입니다. 그러므로 군대를 동원하는 것은 위나라이지만 이득을 취하는 것은 조나라입니다. 군주께서는 반드시 그렇게 하도록 허락하십시오. 그런데 허락하면서 너무 기뻐하면 그들이 군주께 이로움이 생긴다는 점을 알아채고 반드시 행군을 멈추려고 들 것입니다. 군주께서 만일 그들에게 길을 빌려주더라도 어쩔 수 없는 것처럼 보이는 것이 좋습니다."

치이자피鴟夷子皮가 전성자田成子를 섬겼는데, 전성자가 제나라를 떠나 연燕나라로 달아날 때 치이자피는 국경 통과 증서를 등에 지고 따라왔다.

망읍望邑(국경의 경비를 위해 만든 고을)에 이르자 치이자피가 말하였다.

"당신은 물이 마른 연못에 사는 뱀을 들어본 적이 있습니까? 못에 물이 말라 뱀이 [다른 곳으로] 옮겨가려고 하는데 작은 뱀이 큰 뱀에게 말하기를 '네가 [앞서] 가고 내가 따라가면 사람들은 뱀들이 간다고만 생각하고 반드시 너를 죽일 것이다. 그러나 내가 너의 머리를 물고 네가 나를 업고 지나가면 사람들은 우리를 신군神君(신神)으로 여길 것이다.'라고 하였습니다. 그래서 서로 물고 지고서 큰길을 지나가게 되었는데, 사람들은 모두 뱀을 피하며 말하기를 '신군이다.'라고 하였습니다. 지금 당신은 아름답고 저는 초라합니다. 당신이 저를 상객으로 삼으면 [사람들은 당신을] 천승을 가지고 있는 제후로 생각하겠지만, 당신이 저의 시종이 된다면 저를 만승의 수레를 가지고 있는 재상으로 여길 것입니다. 당신께서 저의 사인舍人(왕공귀족의 시종이나 빈객)이 되는 것이 훨씬 좋은 방법입니다."

그래서 전성자는 국경 통과 증서를 등에 지고 치이자피를 따랐다. 이들이 여관에 이르자 여관 주인은 매우 정중하게 대접하려고 술과 고기를 바쳤다.

《한비자》〈설림 상〉

이 다섯 편의 이야기에는 하나의 공통점이 있다. 진정 얻고자 한다면 내줄 수 있는 것은 내주어도 된다는 교훈이 그것이다. 욕심이란 더 큰 욕심을 부리기에 탈이 되는 법이다. 그리고 눈앞의 이익이나 손해를 생각해서 오히려 크게 잃는 경우가 많다. 그러나 한두 개쯤 내주어도 크게 손해 나지 않는다면 그것을 아까워해서는 안 된다. 오히려 그 덕분에 자신을 지키고, 조직을 보호하며, 나아가 더 큰 이익을 얻을 수 있다.

06

공을 자랑하는 순간 공은 사라진다

> 무거운 것은 가벼운 것의 근본이 되고, 고요한 것은 조급함의 임금이 된다.
>
> 重爲輕根, 靜爲躁君.
>
> 《한비자》〈유로〉

신하를 통제할 수 있는 권한이 군주에게 있는 경우를 무겁다[重] 하고, 군주가 별 탈 없이 권좌에서 물러나지 않는 것을 안정[靜]됐다고 한다. 노자는 중重이 되면 경輕한 사람을 쓰고, 정靜이 되면 조躁한 사람을 쓰게 된다고 했다. 경輕은 권세가 없음을 말하고, 조躁는 함부로 지위에서 떠나는 것을 의미하기도 한다.

　군주가 무거운 위세를 잃게 되면 회복할 수 없음을 잊지 말아야 한다.

신하에게 위세를 빼앗긴 군주들은 나라를 잃고 죽음에 이르렀다.

상벌이 나라를 다스리는 이로운 무기인 만큼 군주의 수중에 있으면 신하를 제어할 수 있지만, 신하의 수중으로 가게 되면 반대로 군주가 제어당하게 된다. 그러므로 한비자는 군주가 자신이 행사할 수 있는 무기를 결코 다른 이에게 보여서는 안 된다고 강조한다.

신하의 입장에서도 경박함은 스스로를 망치게 만든다. 한비자는 고요皐陶, 이윤伊尹, 주공 단周公 旦, 태공망太公望, 관중, 범려 등 열다섯 명의 신하들에게 공통점이 있다고 했다. 밤늦게까지 정진했고, 겸허한 태도로 책임을 완수했으며, 법을 관철하고 인재를 등용하여 주군을 잘 섬겼으며, 도리에 따라 진언했다. 주공 단은 식사하다가 인재가 찾아오면 먹던 음식을 뱉어내고 손님을 맞이했다고 한다. 이는 그의 인품을 말하는 것이다.

그러나 이보다 더 중요한 것이 하나 있다. 이들은 자신의 공적을 자랑하지 않았고, 큰 공적을 세워도 떠벌리지 않았다. 이것은 처세의 문제다. 오히려 이렇다 할 공적을 세우지도 않은 채 잘난 척을 하다가 갖고 있던 지위마저 잃게 되는 경우가 적지 않다. 또한 공적을 세웠다 하더라도 그것으로 자만하게 되면 그 공적은 한순간에 사라지게 되는 법이다. 그 예를 한신에게서 찾을 수 있다.

한나라의 명장 한신은 한고조 유방을 도와 중국 천하를 통일한 일등공신이다. 한신은 항우의 군중에 들어갔지만 중용을 받지 못했다. 그러다 유방의 진영에서 승상을 맡고 있던 소하의 눈에 들어 대장으로 임명되고, 그때부터 승승장구하게 되었다. 이로부터 한신의 공로를 논한다면 누구도 비할 사람이 없을 정도였다.

그러던 어느 날 한신은 자신의 경박함을 유방에게 들키고 만다. 유방은 한신의 능력으로는 얼마나 되는 군대를 이끌 수 있겠는지 물었다. 이에 한신은 10만 명 정도라고 답한 다음 많으면 많을수록 좋다는 '다다익선'을 내세웠다. 순간 말실수를 했다고 느낀 한신은 유방을 치켜세우는 말로 마무리했지만 이미 유방은 마음속으로 한신을 경계하게 되었다.

만족을 모르고 강한 과시욕을 내뿜었던 한신은 결국 자신을 파멸의 길로 몰아넣었다. 천하를 통일한 유방은 한신을 불편한 존재로 여기며 그의 권한을 빼앗기 시작했다. 한신도 자신의 목을 조여 오는 위험을 느끼고 유방에게 잘 보이기 위해 유방이 원한을 품고 있던 종리매鍾離昧의 목을 바치기까지 했다.

그러나 한신은 유방이 자신을 견제하고 있다는 사실에 매우 분개했다. 결국 모반을 꿈꾸며 반란을 일으키려 했으나 그 계략마저 물거품이 되어 죽음을 맞이하고 만다. 한신은 자신의 감정과 계획을 숨기지 못하였을 뿐 아니라 정치에도 서툴렀다. 유방의 삼인방 중 장량, 소하와는 다른 길을 걷게 된 한신은 왕의 견제를 받는다는 걸 알았을 때 마땅히 근신하며 날카로운 칼날을 숨겨서 살길을 찾아야 했다. 한신이 겸양한 태도로 자기 공로를 뽐내지 않고 능력을 자랑하지 않았다면, 오래도록 제후왕으로 영광을 누릴 수 있었을 것이다. 제아무리 성공했다 한들 자기를 과신하여 몸가짐을 조심하지 않으면 한순간에 몰락할 수 있음을 한신을 통해 알 수 있다.

07

인내를 약으로 써야 진실을 인정받는다

> 저는 발이 잘리는 형벌을 받아 슬퍼하는 것이 아닙니다. 무릇 보배
> 로운 옥을 돌이라 하고, 정직한 인사를 거짓말쟁이라고 지칭하는
> 것이 슬픕니다. 이것이 제가 슬퍼하는 까닭입니다.
>
> 吾非悲也, 悲夫寶玉而題之以石, 貞士而名之以, 此吾所以悲也.
>
> 《한비자》〈화씨和氏〉

옥을 왕에게 바쳤으나 옥으로 인정받지 못하고, 두 발이 잘리고 나서야
진정 옥으로 인정을 받은 화씨和氏가 있었다. 옥은 옛날부터 군주들이 갖
고 싶어 하는 보물이었다. 그런데 옥을 바친 이가 돌을 바쳤다 하여 군주
를 속인 죄로 발이 잘렸다. 군주가 갖고 싶어 하는 옥을 바쳐도 발이 잘리
는 불행을 겪게 되는데, 하물며 군주가 그다지 좋아하지 않는 '법술'을 바
친 이의 운명은 어찌 될 것인가? '화씨지벽'이라는 고사성어의 유래가 되

는 이 이야기에서 한탄 섞인 한비자의 심정을 엿볼 수 있다.

같은 사물을 두고도 평가하는 사람에 따라 다른 결과가 나올 수 있겠지만 분명 하나는 거짓을 말하고 있는 것이다. 누구나 알 수 있는 사실도 감별하고 평가하는 단계를 거치면서 왜곡되기도 하고, 진실을 받아들이려 하지 않는 군주의 마음에 따라 진실이 외면당하기도 한다.

이 〈화씨〉 편에 나온 일화처럼 역사에서는 진실이 왜곡되고 외면당한 일이 많다. 그만큼 권력은 소통을 거부하게 되어 있다. 서로 소통할 수 있는 주체가 동등한 입장에서 대화를 하는 게 아니라 상하 관계 혹은 갑을 관계로, 이미 한쪽으로 균형이 기울어져 있기 때문이다. 그래서 강한 자에 의해 진실이 왜곡되는 것도 비일비재했다.

'화씨지벽'이라는 고사도 진실이 제대로 인정받지 못한 채 왜곡되고 외면되는 것을 보여주고 있다. 이 고사를 통해 한비자는 군주가 세워야 할 법술이 더욱 가혹하게 외면당하는 모습을 알리고 싶었던 것이다.

'화씨和氏'는 춘추시대 초나라 사람 변화卞和를 가리킨다. 그는 군주에게 옥을 바쳤다가 두 발이 모두 잘린 뒤에야 옥의 진가를 알아주는 또 다른 군주를 만난 인물이다.

초나라 사람 화씨가 초산楚山에서 옥덩어리를 발견하여 여왕厲王에게 바쳤다. 여왕은 옥을 다듬는 사람에게 감정하게 하였다. 옥을 다듬는 사람이 말하였다.

"돌입니다."

왕은 화씨가 자기를 속이려 했다고 생각하고는 그의 왼쪽 발을 자르는 벌을 내렸다. 여왕이 죽고 무왕武王이 즉위하자 화씨는 또 그 옥덩어리를 무왕에게 바쳤다. 무왕은 옥을 다듬는 사람을 시켜 감정하게 하였는데, 또 이렇게 말하였다.

"돌입니다."

그러자 무왕 또한 화씨가 자기를 속이려 하였다고 여기고 오른쪽 발을 자르는 벌을 내렸다.

무왕이 죽고 문왕文王이 즉위하자 화씨는 초산 아래에서 그 옥덩어리를 끌어안고 사흘 밤낮을 울었고, 나중에는 피눈물을 흘렸다. 왕이 이 소식을 듣고 사람을 시켜 그 까닭을 물었다.

"천하에 발이 잘리는 형벌을 받은 이가 많은데, 그대는 어찌 그리 슬피 우는가?"

화씨가 말하였다.

"저는 발이 잘리는 형벌을 받아 슬퍼하는 것이 아닙니다. 무릇 보배로운 옥을 돌이라 하고, 정직한 인사를 거짓말쟁이라고 지칭하는 것이 슬픕니다. 이것이 제가 슬퍼하는 까닭입니다."

그러자 왕은 옥을 다듬는 사람에게 그 옥을 다듬게 하여 보배를 얻어 마침내 이를 '화씨지벽'이라고 이름 붙이게 되었다.

《한비자》〈화씨〉

이 화씨의 옥은 소문을 통해 알게 된 진나라 왕이 열다섯 성과 바꾸고 싶다고 제안할 정도로 훌륭한 옥이었다. 그런데도 이 옥을 바치려 했던 화씨는 두 발이 잘리는 불운을 겪게 되었다. 이 말은 유세가가 어떤 혁신안을 제안할 때 그것을 실현하기가 얼마나 어려운지 비유하고 있다. 한비자는 자신이 이 일화를 들게 된 배경에 대해 이렇게 설명했다.

"대체로 주옥珠玉은 제왕들이 조바심내는 것이다. 비록 화씨가 바친 옥덩어리가 아름답지 못할지라도 왕에게 해로움이 될 것은 없다. 그러나 오히려 두 발을 잘리고 나서야 보배로 인정을 받았으니, 보물로 인정받기란 이처럼 어려운 것이다. 지금의 군주들에게 법과 술은 결코 화씨의 옥을 얻는 것만큼 조바심내지 않는 것이다. 하지만 그 법술이 있어야 여러 신하와 사민들이 사사로움과 간사한 행동을 하는 것을 막을 수 있다. 법과 술의 이치에 밝은 자가 죽임을 당하지 않았던 것은 단지 제왕의 보옥이라고 할 법술이 아직 바쳐지지 않았기 때문이다.

《한비자》〈화씨〉

인재가 자신의 가치를 제대로 평가받는다는 것은 참으로 어려운 일이다. 법의 올바른 시행을 제안했다가 사지가 찢기는 벌을 받은 오기吳起와 상앙商鞅의 고사도 이런 경우에 해당한다. 이 이야기를 통해 한비자는 옥감정사 같은 간신들에 의해 차단되고, 소통을 거부하는 군주에 의해 외면당한 '법술'이 제 몫을 못하고 있음을 통탄하고 있다. 우매한 군주는 옥 같은 인재를 못 알아보는 정도가 아니라 두 발을 자르는 만행까지 저지른다. 한비자는 이런 상황을 안타까워한 것이다.

결국 한비자는 것은 옳은 길을 간다는 게 결코 쉬운 일이 아님을 애써 강조하고 있는 것이다. 개혁이란 기득권의 강한 저항에 부딪힐 수밖에 없다. 경우에 따라서는 자신의 목숨마저도 담보해야 하는 위험한 일이다. 오늘날 민주주의가 정착하게 된 것은 수많은 화씨의 투쟁이 역사를 이루고 있었기 때문이다.

진실을 인정받고자 한다면 화씨처럼 두 발을 잘리는 고통을 당할지라도 인내하며 때를 기다려야 한다. 어쩌면 돌과 구분하기 어려운 옥이지만

갈고 닦을수록 빛나는 보석이 되듯이, 개혁의 길은 고통이나 인내 없이
얻어지는 것은 아니다.

08

큰일은 작은 일에서 시작된다

> 병이 골수에 있을 때는 운명을 관장하는 신이 관여한 것이라서 어
> 찌할 방법이 없습니다.
>
> 在骨髓, 司命之所屬, 無奈何也.
>
> 《한비자》〈유로〉

입술이 없으면 이가 시린 법이다. 병이 피부에 있을 때와 골수에 있을 때
는 엄연히 다르다. 인간은 골수에 병이 침투할 때까지 모르는 법이다. 그
리고 알았을 때는 이미 늦었다. 실체가 드러나지 않은 채 느껴지는 기운
을 조짐兆朕이라 하는데, 이것을 미리 알고 대처하는 사람이 명의다. 그중
"나는 죽은 사람을 살려내지는 못한다. 이는 내가 스스로 살 수 있는 사람
을 일어날 수 있도록 한 것뿐이다."(〈편작·창공열전〉)라는 명언을 남긴 중

국의 편작扁鵲처럼 신비스러움을 간직한 의사도 있다.

편작은 발해군勃海郡 막읍 사람이다. 성은 진秦이고 이름은 월인越人이다. 그는 젊었을 때 여관의 관리인으로 일한 적이 있었다. 객사에 장상군長桑君이란 자가 와서 머물곤 했는데 편작은 그를 예사롭게 않게 여겨 정중하게 대했다.

장상군은 객사를 드나든 지 열흘 남짓 되었을 때 편작을 불러 은밀히 말했다.

"나는 비밀스럽게 간직해온 의술의 비방을 자네에게 전해주고자 하네."

이 말을 들은 편작은 비밀을 지키겠다고 다짐했다. 그러자 장상군은 품 안에서 약을 꺼내 편작에게 주면서 "이 약을 땅에 떨어지지 않은 물에 타서 마신 뒤 한 달이 지나면 사물을 꿰뚫어볼 수 있는 능력이 생길 것이네."라는 믿기 어려운 말을 했다. 그리고 자신의 의서를 모두 편작에게 주고 홀연히 사라졌다.

장상군의 말대로 한 후 환자를 진찰하니 투시력이 생겨 오장 속 질병의 뿌리가 훤히 보였다. 겉으로는 맥을 짚어보는 척했지만 누구도 모르는 비방을 간직하게 된 것이다.

편작扁鵲이 채蔡나라 환후桓候를 만났다. 편작이 잠시 서서 환후를 살펴보고 말하였다.

"왕께서는 피부에 질병이 있습니다. 치료를 하지 않으면 장차 심해질까 두렵습니다."

환후가 말하였다.

"나는 병이 없소."

편작은 물러나왔다.

환후가 말하였다.

"의사는 이득을 좋아해 질병이 없는데도 치료해 자신의 공이라 자랑하려고 한다."

열흘이 지나서 편작은 다시 환후를 만나 말하였다.

"왕의 질병은 살 속에 있으니 치료하지 않으면 장차 더욱 심해질 것입니다."

환후는 응하지 않았다. 편작은 나갔고, 환후는 또 불쾌해하였다.

열흘이 지난 뒤 편작은 또 만나러 와서 말하였다.

"왕의 질병은 장과 위에 있습니다. 치료하지 않으면 장차 더욱 심해질 것입니다."

환후는 또 응하지 않았다. 편작은 나왔고, 환후는 또 불쾌해하였다. 열흘이 지나 편작은 환후를 멀리서 바라보다가 발길을 돌려 달아났다. 그래서 환후는 사람을 시켜 그 까닭을 물었다.

편작이 말하였다.

"질병이 피부에 있을 때는 찜질로 치료하면 되고, 살 속에 있을 때는 침을 꽂으면 되며, 장과 위에 있을 때는 약을 달여 복용하면 됩니다. 그러나 병이 골수에 있을 때는 운명을 관장하는 신이 관여한 것이라서 어찌할 방법이 없습니다. 지금 군주의 질병은 골수까지 파고들었으므로 신이 아무것도 권유하지 않았던 것입니다."

그로부터 닷새 뒤 환후가 몸에 통증이 있어 사람을 시켜 편작을 찾았지만, 편작은 이미 진秦나라로 달아난 뒤였다. 환후는 결국 죽었다.

《한비자》〈유로〉

형태가 있는 사물의 경우 큰 것은 작은 것에서 비롯하고, 오래가면서 무리를 이루는 것은 반드시 적은 수로부터 비롯한다. 노자는 "천하의 어려운 일은 반드시 쉬운 일에서 비롯되고, 천하의 큰일은 반드시 작은 일에서 일어난다."고 했다.

따라서 일을 잘 처리하려고 하면 그것이 더 큰일이 되기 전에 처리해야 한다. 그래서 노자는 "일이 쉬울 때에 어렵게 될 경우를 계획하며, 일이 작을 때에 큰일이 될 경우의 일까지 해두어야 한다."고 한 것이다.

작은 일이라고 해서 별일 아니라는 식으로 넘긴 적은 없는가? 물론 작은 일까지 일일이 신경을 쓰다 보면 정작 중요한 일을 놓칠 수 있다. 그러나 일이 크든 작든 그 일이 앞으로 진전될 경우를 고려한다면 작은 일이라고 해서 무시해서는 안 된다. 사소한 일에 목숨을 걸 것까지는 없지만 그렇다고 사소한 일이라고 무시해서는 안 된다. 때로는 지나쳐버렸던 사소한 일이 큰 문제를 일으키기 때문이다. 그러므로 일의 조짐이 보이기 시작할 때 해결할 줄 아는 사람이 진정 큰일을 도모할 수 있는 것이다.

09

동쪽으로 달려가는 미치광이를 쫓지 마라

미치광이가 동쪽으로 달려가면 뒤쫓는 자 또한 동쪽으로 달려간다. 그들이 동쪽으로 달려간 것은 같지만, 동쪽으로 달려가서 하고자 한 일은 다르다. 같은 일을 하는 사람이라도 상세히 살피지 않을 수 없다.

狂者東走, 逐者亦東走. 其東走則同, 其所以東走之爲則異. 故曰: 同事之人, 不可不審察也.

《한비자》〈설림 상〉

부화뇌동附和雷同이란 줏대 없이 상대의 판단에 따라 이리저리 좌지우지되는 것을 말한다. 《예기禮記》〈곡례曲禮〉에 "다른 사람의 말을 자기 말처럼 하지 말고, 다른 사람의 의견에 동조하지 말라. 옛날 성현을 모범으로 삼고, 선왕의 가르침에 따라 이야기를 하라."는 말이 있고, 《논어》〈자로子路〉편에 "공자가 말하기를, 군자는 화합하되 부화뇌동하지 아니하고 소인은 부화뇌동하되 화합하지 않는다."는 말이 있다. 군자는 남을 자기처럼 생각하기 때문에 남과 조화를 이루지만 각자에게 주어진 역할을 열심히 수행하므로 부화뇌동하지 않는다. 그러나 소인은 이익을 좇는 사람이기 때문에 이익을 같이하는 사람들과 함께 행동하지만 남과 조화를 이루지 못한다. 한비자는 자신의 주관 없이 남의 말만 믿는 군주와 어느 부녀의 이야기를 예화로 들었다.

노단魯丹이 중산中山의 군왕에게 세 차례나 유세했지만 받아들여지지 않았다. 그래서 그는 금 50근을 풀어 왕의 주위 사람들을 구워삶았다. [노단이] 다시 [군왕을] 만났을 때 미처 말도 하지 않았으나 군왕은 그에게 음식을 베풀었다. 노단은 궁궐을 나와 숙소로 돌아가지 않고 그대로 중산을 떠났다. 그의 수레를 모는 사람이 말하였다.

"다시 알현해보니 비로소 우리를 잘 대해주었는데, 무슨 까닭으로 떠나십니까?"

노단이 말하였다.

"무릇 다른 사람의 말을 듣고 나를 잘 대해주었으니, 반드시 다른 사람의 말에 따라 나에게 죄를 줄 것이다."

[그가] 국경을 미처 빠져나가지도 않았는데 어떤 공자公子가 그를 헐뜯어 말하였다.

"노단은 조趙나라를 위해 중산국에 간첩으로 온 것입니다."

군왕은 [그 말을 듣더니] 노단을 붙잡아 벌을 주었다.

위魏나라 사람이 그 자식을 시집보내면서 다음과 같이 가르쳤다.

"반드시 개인적으로 재산을 모아두도록 하여라. 다른 사람의 부인이 되었다가 내쫓기는 경우는 늘 있는 일이고, 죽을 때까지 함께 사는 것은 요행이다."

그래서 그녀는 은밀하게 재산을 모았으며, 그녀의 시어머니는 며느리의 개인 재산이 많다고 생각하여 내쫓았다. 자식이 친정으로 돌아왔을 때의 재물은 시집갈 때 가지고 간 것의 두 배나 되었다. 그녀의 아버지는 자식을 잘못 가르친 자신을 죄스러워하지 않고 자신이 총명해서 재산을 늘렸다고 생각하였다. 지금 신하들 중 아버지 자리에 있는 자는 모두 이러한 무리이다.

《한비자》〈설림 상〉

한비자는 당대의 관리들이 모두 이 모양이라고 지적했다. 자기가 무슨 잘못을 했는지도 모르고 그저 남의 말만 듣고 이익에 따라 움직인다는 것이다.

어리석은 군주는 인재를 알아보지 못하고, 주위 간신들의 말만 듣고 인재를 괴롭히는 짓을 저지른다. 그런 군주 아래서 관리들은 자기 배만 채우면 아무런 죄의식조차 느끼지 못한다. 한비자는 이런 지경을 예화를 통해 말하고자 한 것이다.

이는 옳은 판단을 할 수 있는 주관도 법도도 없기 때문에 생기는 일이다. 군주가 제대로 주관을 갖고 있다면 같은 일을 보고도 목적은 다르다는 것을 깨달을 수 있다.

전백정田伯鼎은 인재를 좋아해서 자기 군왕을 온전히 모셨지만, 백공승白公勝은 인재를 좋아해서 초나라를 혼란스럽게 하였다. 그들은 똑같이 인재를 좋아했으나 그들을 부려서 하려는 일은 달랐다. 공손지公孫支는 스스로 발을 잘라서 백리해百里奚를 높은 지위에 오르게 했고, 수조竪刁는 스스로 거세해서 환공桓公에게 아첨하였다. 그들이 자신의 몸에 형벌을 가한 것은 같지만 그것을 통해서 하려는 일은 달랐다.

《한비자》〈설림 상〉

한비자는 혜시惠施의 말을 빌려, 모두 동쪽으로 달려갔다 하더라도 하려는 일의 동기가 다르니 잘 살펴보라고 했다. 한비자는 아무 원칙도 없이 그저 부화뇌동하는 것을 모두 경계했다. 그는 〈간겁시신〉 편에서 간신은 군주의 비위를 맞춰 신임과 총애를 받고 유리한 위치에 자리하려는 자이며, 그는 군주가 어떤 것을 좋아하면 그것을 극찬하고 군주가 어떤 것을 싫어하면 곧 부화뇌동하여 그것을 내친다고 했다. 인심이란 좋아하고 싫어하는 것이 같으면 서로가 좋다고 맞장구를 치고, 좋아하고 싫어하는 것이 다르면 잘못되었다고 서로 배척하는 것이다. 신하가 좋아하는 것을 군주도 덩달아 좋다고 하는 것을 동취同取라 하며, 신하가 비난하는 것을 군주도 비난하는 것을 동사同舍라 한다. 이처럼 취사取舍에 관한 의견이 같은데 마음이 서로 다르다는 것은 있을 수 없는 일이라고 했다. 그러나 그렇게 만드는 것이, 신하가 군주에게서 신임을 받고 총애를 받는 방법이라고 했다.

리더는 때로 취사를 선택해야 할 때가 있다. 중요한 선택의 순간에 한쪽의 말만 듣고 부화뇌동한다면 결국 모두가 방향을 잃게 된다. 그래서 선택의 기준이 필요하다. 함께 동쪽으로 가더라도 리더는 자기만의 기준이 있어야 한다. 그래야 조직이 살 수 있다.

10

시비를 가릴 때 세 사람만 있으면 충분하다

옛날에 "세 사람이[모여서 의논하]면 아무도 미혹됨이 없다."고 한 것
은 한 사람이 틀려도 두 사람은 맞으므로 세 사람이면 충분히 여러
사람이 될 만하다고 생각한 것입니다. 그래서 세 사람이면 미혹됨
이 없다고 한 것입니다.

古之所謂 '莫三人而迷'者, 一人失之, 二人得之, 三人足以爲衆矣,
故曰'莫三人而迷.

《한비자》〈내저설 상〉

어떤 일의 시비를 가릴 때 일방적으로 한쪽의 주장만 듣지 말아야 하는
것이 당연하다. 그런데 주변 사람의 말에 휘둘려 판단을 그르치게 되는
경우가 적지 않다. 작은 일이라면 오해로 끝날 수도 있겠지만 큰일이라면
목숨이 위태로울 수도 있고, 한 나라의 운명이 갈리기도 한다. 그러므로
시비를 가릴 때는 여러 사람의 의견을 충분히 들어보아야 한다.

장의는 진秦나라·한韓나라·위魏나라의 세력을 이용해 제齊나라와 초楚나라를 정벌하자고 하고, 혜시는 제나라·초나라와 동맹을 맺어 전쟁을 그만두게 하자고 해서 두 사람은 논쟁을 벌였다. 주위의 신하들은 모두 장의의 말이 옳다며 제나라와 초나라를 공격하는 것이 유리하다고 보고 혜시의 말을 따르지 않았다. 왕은 장자(장의)의 말을 듣고 혜자(혜시)의 말이 불가능하다고 생각하였다. 그리하여 제나라와 초나라를 공격하는 일이 결정되었고, 혜시는 [궁궐로] 들어와 왕을 알현했다.

왕이 말하였다.

"선생께서는 말하지 마시오. 제나라와 초나라를 공격하는 일이 과연 이롭소. 온 나라가 전부 그러하다고 생각하고 있소."

혜시가 말하였다.

"살펴보지 않을 수 없는 일입니다. 무릇 제나라와 초나라를 공격하는 일이 진실로 이로운 것이며, 온 나라 사람들이 전부 이롭다고 생각하면 어찌 지혜로운 자가 많아서 그렇겠습니까! 제나라와 초나라를 공격하는 일이 진실로 불리한 일인데도, 온 나라 사람들이 전부 이롭다고 생각하면 어찌 어리석은 자가 많아서 그렇겠습니까! 무릇 모의한다는 것은 의심하는 것이며 의심하는 것이란 진실로 의심스럽기 때문이니, 의심스러운 점이 진실로 의심스럽다면 옳다고 생각하는 자가 절반이고 그르다고 생각하는 자가 절반일 것입니다. 지금 한 나라가 전부 옳다고 생각하니 이것은 왕께서 [나라의] 절반을 잃은 것입니다. 겁박받는 군주란 진실로 그 절반을 잃은 것입니다."

《한비자》〈내저설 상〉

한비자는 몇 천 몇 백이 되는 입을 모아 말하더라도 사람의 수만 많을

뿐 한 사람이 말하는 것과 다름없다는 안영의 말을 빌려 강조했다. 사람들은 자신에게 이익이 되는 쪽으로만 말하는 것이므로, 한쪽의 말에만 귀를 기울여서는 안 된다고 말이다. 전쟁을 하는 것은 국력에 이익을 가져올 수도 있겠지만 나라를 황폐하게 만들 수도 있다. 그런 중대사를 한쪽의 의견만 듣고 결정할 수는 없지 않겠는가.

다음의 일화는 리더가 한 사람의 말만을 들었을 때 어리석은 결과를 낳을 수 있다는 교훈을 준다.

숙손표叔孫豹는 노나라의 재상으로 신분이 귀하게 되자 전권을 휘두르고 있었다. 그가 총애하는 사람으로 수우豎牛라는 자가 있는데, 그 역시 숙손표의 명령을 멋대로 도용하였다. 숙손표의 아들 중에는 임壬이라는 자가 있는데, 수우는 그를 질투해서 죽이려고 하였다.

그래서 임과 함께 노나라 군주의 행궁에서 노닐게 되었는데, 노나라 군주가 그에게 옥환을 하사하였다. 임은 절을 하고 그것을 받기는 했지만 감히 차지 못하고 수우를 시켜 숙손표에게 허락을 구하도록 하였다.

수우는 거짓말로 이렇게 말하였다.

"내가 벌써 당신을 위해 허락을 청했더니, 당신으로 하여금 그것을 차도록 하였습니다."

임은 그래서 그것을 찼다.

수우가 숙손표에게 말하였다.

"어찌하여 임에게 군주를 만나도록 하지 않습니까?"

숙손표가 말하였다.

"어린아이를 어찌 만나게 할 수 있겠소?"

수우가 말하였다.

"임은 참으로 이미 여러 차례 군주를 알현하였습니다. 군주는 그에게 옥환을 하사했고, 임은 그것을 차고 있습니다."

숙손표가 임을 불러 보니 과연 옥환을 차고 있었다. 숙손표는 노여워하며 임을 죽였다.

임의 형은 병丙이라고 한다. 수우는 또 그를 시기해 죽이려고 하였다. 숙손표가 병을 위해 종을 만들도록 하여 완성했지만, 병은 감히 그것을 치지 못하였다. 그는 수우에게 숙손표의 허락을 받아주기를 청하였다. 수우는 허락을 청하지 않고 또 병을 속여 이렇게 말하였다.

"내가 벌써 당신을 위해 허락을 청했더니, 당신으로 하여금 그것을 치도록 하였습니다."

그래서 병은 종을 쳤다. 숙손표는 이것을 듣고 말하였다.

"병이 [허락을] 청하지도 않고 마음대로 종을 치는구나."

[숙손표는] 노여워하며 병을 내쫓았다.

병은 제나라로 달아났다. 1년간 머물다가 수우를 시켜 숙손표에게 사죄하도록 하였다. 숙손표는 수우를 시켜 그를 불러오도록 했으나 [수우는] 또다시 병을 부르지도 않고 숙손표에게 보고하였다.

"저는 이미 그를 부르러 갔었습니다만, 병은 크게 화를 내며 오지 않으려고 하였습니다."

숙손표는 매우 노여워하여 사람을 시켜 그를 죽였다.

두 아들이 벌써 죽고 숙손표가 병들자, 수우는 혼자 그를 돌보며 주위 사람들을 물리고 사람을 안으로 들이지 않고 말하였다.

"숙손표는 사람들의 말을 들으려고 하지 않는다."

그래서 [숙손표는] 먹지도 못하고 굶어 죽었다. 숙손표가 죽고 나서 수우는 발상發喪을 하지도 않고 그 창고의 중요한 보물을 모두 옮겨서 그곳을 텅 비우고는 제나라로 달아났다.

무릇 믿는 자의 말만 듣다가 두 아들과 아버지가 죽게 되었으니, 이는 [사람들의 의견을] 살펴서 맞춰보지 않은 데서 온 재앙이다.

《한비자》〈내저설 상〉

한비자는 〈팔경〉 편에서도 군주는 자기가 확실히 알고 있는 것을 토대로, 상대가 숨기고 있는 것을 간파하여 거짓으로 아랫사람을 다루거나 직책을 더럽힌다. 혹은 반대되는 말을 하여 신하의 마음속을 떠보고 악행을 발견하며 조사하고 통제한다고 했다. 이것을 조직적으로 통제가 보편화되어 있는 '도'라고 했다. 그러므로 한쪽 말만 듣지 말고 여러 의견을 참조하여 실정을 파악해야 한다. 관점을 바꾸어서 그 장점을 생각할 때는 현재의 것을 기준으로 관찰해야 한다. 리더의 위치에 있을 때는 상식에 기초하여 엄격한 판단을 보여야 하는 법이다.

11

말을 가리지 않으면 독이 된다

무릇 일이란 은밀해야 성공하고 말이 새 나가면 실패한다.

夫事以密成, 語以泄敗.

《한비자》〈세난說難〉

흔히 역사는 승자의 편이라고 한다. 승자에게 집중되는 이목은 승부의 세계가 얼마나 냉정한지 보여준다. 패자에게는 단순한 모욕만이 아니라 부정적 평가까지 남는다. 강자를 존경하고 약자를 홀대하는 대중의 속성상 패자는 거의 설자리가 없다. 한비자 역시 오랫동안 역사의 그늘에 자리하고 있었다.

사람의 인성을 거부하고 오로지 법술이라는 테두리 안에서 사람을 다스려야 한다고 굳게 믿은 한비자는 유학자란 글로 나라의 법을 혼란스럽게 하고 협사는 힘으로 나라의 금령을 어긴다고 생각한 철저한 군주학의 대부였다. 그는 가장 약한 나라인 한나라 출신 명문 귀족의 후예로, 눌변이었지만 논리력을 필요로 하는 글에는 탁월한 재능을 보였다.

이런 한비자가 군주를 설득할 때 어려운 점이 있다고 밝히고 있는데, 그가 제시하는 해법은 간단하다. 그는 "오랜 시일이 지나 군주의 총애가 깊어지면 큰 계책을 올려도 의심받지 않고 군주와 서로 다투며 말하여도 벌을 받지 않을 것"(《사기》〈노자한비자열전〉)이라고 하였다.

한비자는 〈세난〉 편에서 말을 가려서 할 것을 강조하고 있다. 춘추전국시대처럼 서로 먹고 먹히는 격동의 시대에 세 치 혀는 목숨을 살리기도 하고, 죽이기도 했다. 춘추시대에 진秦나라의 대부 요조繞朝라는 사람이 있었는데, 그의 처신과 관련한 이야기가 있다.

진晉나라의 대부 사회士會가 진秦나라로 달아났는데, 진晉나라에서는 진秦나라가 그를 벼슬아치로 등용할 것을 두려워하였다. 그래서 위수여魏壽餘를 파견해 계략을 꾸며 사회를 데려오도록 하였다. 요조繞朝는 진晉나라의 계획을 알고 진秦나라 강공康公에게 권유했다.

"위수여가 이번에 오는 것은 사실은 사회를 속이기 위해서입니다. 당신께서 따로 그를 만나십시오."

그러나 강공은 듣지 않았다. 위수여는 진秦나라에 도착한 뒤, 강공에게 사회와 함께 진晉나라로 가서 위魏 땅의 일을 결정짓게 해달라고 요청했으며, 강공은 이를 허락했다. 사회가 출발하기 전에 요조는 이렇게 말했다.

"당신은 진秦나라에 진晉나라의 의도를 아는 사람이 없다고 생각하지 마시오. 나의 의견이 받아들여지지 않았을 뿐이오."

사회는 자기 나라로 돌아온 뒤, 요조의 재능과 지혜가 자신을 크게 위협한다고 느껴 첩자를 보내 요조를 모함하였다. 강공은 그 모함이 사실인 줄 알고 요조를 사형시켰다.

만일 요조가 말에 좀 더 신중했다면 허망하게 목숨을 잃지는 않았을 것이다. 모든 것이 쥐도 새도 모르게 은밀하게 진행된 결과였다. 세상은 이렇게 무서운 일들이 비일비재하게 벌어지는 곳이다.

한비자는 말이 얼마나 무서운 힘을 갖고 있는지 알고 있었다. 일을 할 때는 말로 드러내지 않고 은밀히 해야 할 때가 있는 법이다. 한나라 경제景帝의 총애를 독차지하여 그의 침실을 드나들 정도였으면서도 어떤 경우에도 다른 사람의 비밀을 말하지 않았던 낭중령郎中令 주문周文 같은 이도 말의 힘을 믿는 사람이었다. 그리고 편작이 명의로 평가받은 것은 그만의 비방을 다른 사람들에게 누설하지 않았기에 가능한 일이었다. 권력을 좌지우지한 제나라 재상 주보언主父偃이 그의 가족들과 함께 몰살당한 것은 그의 뇌물 비리를 아는 자가 비밀을 누설했기 때문이 아닌가?

심하게는 형벌을 받고 작게는 의심을 사니, 정말로 아는 것이 어려운 것이 아니라 아는 바를 처리하는 것이 어려운 것이다.

《한비자》〈세난〉

한비자는 말로 표현되는 처세에 대해 밝히고 있다. 군주를 상대하는 유세는 이해득실을 명확히 하고 난 뒤에야 가능하다. 옳고 그름을 곧이곧대로 지적해서 군주를 바로잡아야만 할 때는 역린을 건드려서는 안 된다. 그리고 같은 말이라도 누구의 말이었느냐에 따라 받아들이는 사람의 판단은 정반대가 되기도 한다.

송나라에 한 부자가 있었는데, 비가 내려 담장이 무너졌다. 아들이 말하였다.
"담장을 수리하지 않으면 반드시 도둑이 들 것입니다."
이웃의 노인 또한 같은 말을 하였다. 그날 밤 과연 많은 재물을 도둑맞았다. 그러자 집안사람들은 아들은 매우 지혜롭다고 여겼지만 그 이웃 노인에 대해서는 의심하였다.

《한비자》〈세난〉

같은 말을 동시에 했으나 평가가 이처럼 다른 것은 말보다 관계가 더 앞선 까닭이 아니겠는가. 그러므로 유세하는 자는 자신의 견해가 옳다고 해서 반드시 올바른 평가나 인정을 받는 것이 아니라는 사실에 주목할 필요가 있다. 오히려 박해와 형벌이라는 어려운 현실이 도사리고 있다. 심지어 법의 올바른 시행을 제안했다가 사지가 찢기는 벌을 받은 오기와 상앙 같은 이도 있지 않은가.

예전에 오기吳起는 초나라 도왕悼王에게 초나라 습속에 대해서 가르치며 말하였다.
"대신들의 권한이 지나치게 크고 토지를 분봉받은 영주(군君)가 너무 많습니다. 이와 같으면 위로는 군주를 핍박하게 되고 아래로는 백성들을 학대하게 됩니다. 이는 나라를 가난하게 하고 군대를 약하게 만드는 길입니다. 따라서 분봉받은 영주의 자손이 3대에 이르면 그의 작위와 봉록을 회수하고 모든 벼슬아치들의 봉록과 등급을 끊거나 없애고 다급하지 않은 쓸데없는 관서를 줄여 골라 뽑은 숙련된 인사들에게 봉록을 주는 것이 더 낫습니다."

도왕은 이를 실행했으나 1년 만에 세상을 떠나게 되자 오기는 초나라 사람들에 의해 사지가 찢기게 되었다.

《한비자》〈화씨〉

특히 개혁을 주장하고 법치를 주장하는 자는 자신의 목숨마저 잃게 될 수도 있음을 알아야 한다. 그렇다고 자신의 안전을 위해 입을 닫으라는 것은 아니다. 상황과 처신에 맞춰 말을 할 때와 침묵할 때를 가려야 한다. 비밀리에 진행되는 일이나 상대의 비밀을 지켜야 할 때는 침묵하거나 말을 가려서 해야 하지만, 자신의 잘못은 솔직하게 털어놓는 편이 낫다. 물론 순우곤처럼 재치를 발휘한다면 더 좋겠지만 말이다.

《사기》〈골계열전滑稽列傳〉에 보면 골계가 순우곤의 이야기가 나온다. 제나라 왕은 순우곤을 시켜 따오기를 초나라에 바치도록 했다. 순우곤이 도성 문을 나서 길을 가다 실수로 따오기를 날려 보냈다. 그는 한참 고민하다 빈 새장만 들고 가서 초나라 왕을 뵙고 천연스레 말을 했다.

"제나라 왕께서는 신에게 따오기를 바치도록 했습니다. 물가를 지나는데 따오기가 목말라 하는 것을 보고 새장에서 꺼냈더니 날아가 버렸습니다. 목숨을 끊을까도 생각했습니다만 사람들이 우리 왕을 보고 새 때문에 선비가 스스로 목숨을 끊도록 했다고 할까 두려웠습니다. 다른 따오기를 사서 가져올까 했습니다만, 이것은 신의 없는 행동이자 우리 왕을 속이는 것입니다. 다른 나라로 도망치려고도 했습니다만 두 나라 사이에 사신의 왕래가 끊길까 가슴 아팠습니다. 그래서 여기까지 와서 잘못을 자백하고 머리를 두드려 왕께 벌을 받으려 합니다."

자신의 실수를 만회하고 왕의 마음을 상하지 않게 하는 순우곤의 재치가 돋보이는 장면이다. 순우곤뿐 아니라 그의 말을 들어준 초나라 왕도 분명 열린 귀를 가졌으며 유연한 사고를 한 인물이라 하겠다. 초나라 왕은 순우곤의 말에서 그의 진심을 느꼈을 것이다. 죽을 수도 있는 상황에서 태연히 말할 수 있는 그의 배짱을 보고 신뢰를 보낸 것이 아니겠는가. 결국 상대를 설득하는 힘이란 어떤 상황에서든 상대의 마음을 읽어낼 수 있는 능력에 좌우되는 것이다.

12

유연한 생각이 양쪽을 만족시킨다

공실의 권위가 낮으면 [신하들은] 직언을 꺼리게 되고, 사사로운 행동이 기승을 부리면 공적이 적어질 것이다.

公室卑, 則忌直言 私行勝, 則少公功.

《한비자》〈외저설 좌하外儲說左下〉

한비자는 군주와 신하의 관계가 이해로 맺어진 관계라고 했다. 그런데 서로 소통하는 방식에 문제가 생기게 되면 결국 양쪽에 좋을 것이 없다.

조정의 권력이 약화되면 군주는 직언을 싫어하며, 신하들이 제멋대로 행세하게 되면 조정을 위해 공을 세우려 하지 않는다.

범문자范文子가 직언하기를 좋아하자, 그의 아버지 범무자范武子가 지팡이로

때리며 말하였다.

"무릇 직언하는 자는 사람들에게 받아들여지지 못한다. 받아들여지지 못하면 제 한 몸 위태롭게 할 뿐만 아니라 또 장차 아비까지 위태롭게 만들 것이다."

자산子産은 자국子國의 아들이다. 자산이 정鄭나라 군주에게 충심을 다하자 자국은 그를 꾸짖고 노여워하며 말하였다.

"다른 신하들과 달리 혼자만 군주에게 충성할 때 군주가 현명하면 너의 말을 들어줄 수 있지만, 현명하지 못하면 너의 말을 들어주지 못할 것이다. [군주가] 너의 말을 들어줄지 들어주지 않을지 분명하게 알 수 없는데 너는 벌써 신하들과 떨어져 있다. 신하들과 떨어지면 반드시 너의 몸이 위태롭게 될 것이고, 너만 위태로운 것이 아니라 또 아비도 위태롭게 할 것이다."

양거梁車가 업의 현령이 되어 그의 누이가 가서 그를 만나려고 했는데, 날이 저문 뒤라 문이 닫혀 있었다. 그래서 성곽을 넘어 들어갔는데, 양거는 그 자리에서 그녀의 발을 잘랐다. 조성후趙成候는 그가 무자비하다고 생각하여 관인을 빼앗고 현령의 직위에서 면직시켰다.

관중管仲이 포박되어 노나라에서 제나라로 가는 도중에 허기지고 갈증이 나서 기오綺烏의 변방을 지나며 먹을 것을 구걸하였다. 그곳을 지키던 봉인封人(국경의 관문을 지키는 벼슬아치)이 무릎을 꿇고 먹을 것을 주었는데, 매우 공경하였다.

봉인이 은밀히 관중에게 말하였다.

"만일 다행히 제나라에 이르러 죽지 않고 임용되면 무엇으로 저에게 보답하겠습니까?"

[관중이] 말하였다.

"그대의 말과 같이 된다면 나는 현명한 자를 쓰고 능력 있는 자를 등용하며 공이 있는 자를 평가할 것이거늘, 내가 무엇으로 그대에게 보답하겠는가?" 그러자 그 봉인은 관중을 원망하였다.

《한비자》〈외저설 좌하〉

앞의 일화들을 보면 범문자는 직언을 해서 아버지에게 맞았고, 자산은 충성스러운 간언을 하자 아버지의 노여움을 샀으며, 양거는 법률을 적용하자 성후로부터 직위를 회수당했고, 관중은 공정한 입장을 견지하는 바람에 봉인의 비방과 원망을 샀다. 이는 바르고 옳은 일을 하고도 제대로 평가받지 못한 경우라 하겠다. 가장 가깝다는 혈육도, 법을 바로 세워야 하는 군주도, 믿고 따라야 하는 아랫사람도 정당한 일임에도 비난을 했다. 왜 이런 일이 생기게 된 걸까? 설득의 달인 순우곤에게서 그 답을 찾을 수 있겠다.

위왕魏王이란 사람이 후궁들과 함께 주연이나 베풀고 방탕한 생활을 하고 있었는데, 어느 날 순우곤에게 주량이 얼마나 되느냐고 물었다. 순우곤은 이렇게 대답했다.

"대왕이 계신 앞에서 술을 내려 주신다면 엎드려 마시기 때문에 한 말을 못 넘기고 바로 취합니다. 만일 어버이에게 귀한 손님이 있어 술을 대접하면서 때때로 끝잔을 받기도 하고, 여러 차례 일어나 술잔을 들어 손님의 장수를 빌기라도 하면 두 말을 마시기 전에 취합니다. 만약 친구를 오랜만에 만나면 지난날의 일들을 이야기하고 사사로운 생각이나 감정까지 터놓게 되어 대여섯 말을 마시면 취합니다. 만약 같은 고향 마을에 모여 남녀가 한데 섞여 앉아 서로에게 술을 돌리며 쌍육雙六과 투호投壺 놀이를 벌여 짝을 짓고, 남자와 여자가 손을 잡아도 벌을 받지 않고, 눈이 뚫어져라 쳐다보아도 금하는 일이 없으며, 앞에 귀걸이가 떨어지고 뒤에 비녀가 어지럽게 흩어지는 경우라면 여덟 말쯤 마셔도 약간 취기가 돌 뿐입니다. 그러다 날이 저물어 술자리가 끝나면 술 단지를 한군데로 모아 놓고 자리를 좁혀 남녀가 한자리에 앉고, 신발이 뒤섞이고, 술잔과 그릇이 어지럽게 흩어지고, 마루 위의 불이 꺼집니다. 주인은 신만을 머물게 하고 다른 손님은 모두 돌려보냅니다. 이윽고 얇은 비단 속옷의 옷깃이 열리는가 싶더니 은은한 향내가 퍼집니다. 이때 저의 마음은 몹시 즐거워 술을 한 섬은 마실 수 있습니다. 그러므로 '술이 극도에 이르면 어지럽고 즐거움이 극도에 이르면 슬퍼진다.'고 하는데 모든 일이 이와 같습니다. 사물이란 지나치면 안 되고, 지나치면 반드시 쇠합니다."

순우곤이 말하려는 것은 맨 마지막 구절에 숨어 있다. 더 이상 타락하지 말고 이성을 되찾아 근본으로 돌아가라는 것이다. 이 말을 들은 위왕은 깨달은 바 있어 술 마시는 것을 그만두고 순우곤에게 제후들 사이의 외교 업무를 맡겼다. 또 순우곤을 늘 곁에 두고 자신의 잘못을 지적해주도록 했다.

대체로 사람들은 이기적인 존재라서 자신에게 득이 되는 말만 들으려 한다. 더군다나 높은 지위에 있는 사람은 지나치게 반듯한 직언은 거부감부터 느끼기 마련이다. 상대의 말이 옳다는 것을 알면서도 따르지 않는 것이 인간의 속성이다. 그래서 대화의 유연함과 사고의 확장이 필요하다.

13

작을 때 뿌리 뽑고 싹틀 때 방비하라

안정되었을 때 유지하기가 쉽고, 조짐이 없을 때 계획하기가 쉽다.

其安易持也, 其未兆易謀也.

《한비자》〈유로〉

위험천만한 춘추전국 시대, 살아남기 위해 남의 눈치만 보아서는 어림없는 일이다. 오히려 자신이 처한 상황과 자신을 둘러싼 주변의 움직임에 기민하게 대응하지 않으면 안 된다. 조짐이란 미미한 실마리일 때도 알수 있는 것으로, 이러한 미묘한 상황을 읽어내려면 깊은 통찰력이 필요하다.

길이가 천 길에 이르는 제방도 조그만 구멍으로 인해 무너지며, 높이

백 척의 큰 집도 굴뚝 사이에서 새어나오는 불티로 재가 된다. 그래서 전국 시대 초기 위魏나라 재상 백규白圭가 제방을 순시할 때는 작은 구멍을 발견하자 곧 막았으며, 노인이 불조심을 할 때는 반드시 틈바구니를 흙으로 바른다. 그렇게 함으로써 백규가 조사하면 수해가 없었고, 노인이 일을 하면 화재가 없었다. 제궤의공堤潰蟻孔 또는 제궤의혈堤潰蟻穴이라는 말이 여기에서 나온 것이다. 우리 속담에도 "호미로 막을 일을 가래로도 못 막는다."는 말이 있다. 이것들은 모두가 손쉬운 일부터 경계하여 어려운 일이 일어나지 않도록 하고, 사소한 일을 경계하여 큰일에 이르지 않도록 한 것이다.

이처럼 제아무리 작은 일이라도 방심하지 말고 화를 미연에 방지하는 것이 바람직하다. 어리석은 자는 일의 실체가 드러나도 알아차리지 못한다. 그러나 슬기로운 자는 일이 모습을 드러내기 전에 그 움직임을 파악하여 대책을 강구하기 마련이다. 그것이 바로 지혜다.

예전에 진晉나라 공자 중이重耳가 나라를 떠나 망명할 때 정鄭나라를 지나게 되었다. 이때 정나라 왕은 중이에게 예의를 갖추어 대접하지 않았다.

숙첨叔瞻이 군주에게 간언하였다.

"이 사람은 현명한 공자입니다. 왕께서는 그를 후하게 예우해 덕을 쌓아둘 만합니다."

정나라 왕은 그의 말을 듣지 않았다.

숙첨이 또 간언하였다.

"그를 후하게 예우하지 않으시려거든 죽여서 후환이 없도록 하는 것이 좋습니다."

정나라 왕은 또 듣지 않았다.

공자는 진나라로 돌아가게 되었고, 이후에 병사를 일으켜 정나라를 크게 격파해서 여덟 성을 차지했다.

진晉나라 헌공獻公은 수극垂棘의 옥을 미끼로 우虞나라에게 길을 빌려 괵虢나라를 공격하려고 하였다.

이때 우나라의 대부 궁지기宮之奇가 간언하였다.

"그렇게 해서는 안 됩니다. 입술이 없으면 이가 시리게 됩니다. 우나라와 괵나라가 서로 구원한 것은 서로 덕이 있어서가 아닙니다. 지금 진나라가 괵나라를 멸망시키면 내일은 우나라가 반드시 괵나라를 따라서 망하게 될 것입니다."

그러나 우나라 왕은 그의 말을 듣지 않고 옥을 받고 길을 빌려주었다. 진나라는 괵나라를 취하고, 돌아오는 길에 우나라를 멸망시켰다.

《한비자》〈유로〉

숙첨과 궁지기라는 두 신하는 모두 병이 피부에 머물렀을 때 고치려고 하였지만 두 군주는 그 치료를 받으려 하지 않았다. 그 말을 듣는 것이 그리 어려운 일이 아니거늘 대수롭지 않게 여겼다가 결국 패망에 이르게 된 것이다.

불행이란 행복한 상태에서 생겨나는 것이다. 불행의 싹은 늘 행복 안에 숨어 있다. 당연한 말인 듯하지만 교만한 마음은 행복이 지속될 때 생겨난다. 교만함이란 남을 깔보는 마음이다.

방미두점防微杜漸이라는 말이 있다.《후한서後漢書》〈정홍전鄭弘傳〉에 나오는 말로 "만약 황제가 조정을 다스림에 (나쁜 일을) 작을 때 뿌리 뽑고 싹 틀 때 방비한다면 흉악하고 요사스러움이 소멸되어 해로움이 제거되고 복이 모일 것이다."라고 말한 데서 유래했다. 즉 어떤 일이 커지기 전에 작은 조짐을 미리 막아 후환을 두지 않게 한다는 의미다. 수세적인 대처보다는 능동적인 계획이 발전적이다. 화근의 싹을 미리 확인하고 대비하는 준비성을 갖춰야 한다.

14

충신과 간신의 구별은 경청하는 자의 몫이다

> 법도가 비록 올바르다고 해서 반드시 들어주는 것은 아니며, 도리
> 상으로 비록 완전하다고 해서 반드시 채택되는 것은 아닙니다.
> 度量雖正, 未必聽也 義理雖全, 未必用也.
>
> 《한비자》〈난언〉

누군가를 설득해본 적이 있는가? 자신이 원하는 대로 상대를 설득하였는
가? 처세술에 관한 수많은 책이 설득의 비법을 제시하는 것을 보면, 설득
은 인간관계에서 매우 중요한 수단이란 걸 알 수 있다. 춘추전국 시대의
사상가인 한비자는 설득의 어려움에 대해 말한다.

위의 문장은 설득하는 것 자체의 어려움보다는 상대편이 그러한 설득
을 받아들이는 자세를 말한 것이다. 한비자는 아무리 설득을 잘한다 해도

결국 상대의 자세에 따라 설득의 여부가 달라질 수 있다는 것을 지적하고 있다.

《한비자》의 〈난언〉 편은 '말하는 것을 어려워한다'는 뜻처럼, 주로 신하가 군주에게 의견을 제시할 때의 어려움을 예로 들어 어떤 명안이나 정론도 상대편을 납득시켜 실현하기란 어렵다는 내용을 담은 글이다. 한비자는 설득을 '유세遊說'라 표현했는데, 이는 책사가 제후의 나라를 돌아다니며 자기의 의견을 말하여 제후를 설복시키거나 신하가 군주에게 간언하는 것을 말한다.

설득의 성공과 실패는 결국 군주의 손에 달려 있다. 대체로 군주는 겉과 속이 다른 존재라서 겉으로는 명분을 말하면서도 속으로는 실리를 추구하는 경우가 많기 때문이다. 그러므로 유세가나 신하는 먼저 군주의 심리를 제대로 파악해야 한다.

신하는 군주를 설득하려다 그로 인해 닥치게 될 재앙이 두려워 자신의 견해를 털어놓기를 꺼린다. 따라서 군주라면 진언하는 자들이 어려워하는 점을 해결해주어야 한다는 것이 한비자의 생각이다.

실제로 군주를 설득시키려다 화를 입은 경우는 역사에서 어렵지 않게 찾아볼 수 있다. 한비자는 한 걸음 더 나아가 당시 진리의 말이 군주의 귀에 거슬려 박해당한 자들을 거명한다. 그 예를 보자면 문왕이 폭군 주왕을 설득하려다 옥에 갇힌 일은 아무것도 아닐 정도로 무자비한 형벌을 받은 경우가 많다.

지혜로운 자가 어리석은 이를 설득했지만 받아들여지지 않았던 경우는 [주周나라의] 문왕文王이 [은殷나라의] 주紂에게 유세했던 일을 말합니다. 문왕은 주왕을 설득하려고 하였으나, 주왕은 문왕을 감옥에 가두었습니다. 익翼 땅의 제후는 불에 구워지는 형벌을 받았고, 귀후鬼侯는 시신이 말려지는 형벌을 받았으며, 비간比干은 심장을 도려내는 형벌을 받았고, 매백梅伯은 소금에 절여지는 형벌을 받았습니다. 관이오는 새끼줄로 묶였으며, 조기曹羈는 진陳나라로 달아났고, 백리자伯里子는 길에서 구걸했으며, 부열傅說은 여기저기 날품을 팔고 다녔고, 손빈孫臏은 위魏나라에서 다리가 잘렸습니다. 오기吳起는 안문岸門에서 눈물을 흘리며 서하西河가 진秦나라 땅이 된 것을 통탄했으나 끝내 초楚나라에서 [몸뚱이가] 갈기갈기 찢기게 되었습니다. 공숙좌公叔痤는 나라의 그릇으로 [공손앙公孫鞅을] 추천했으나 도리어 도리를 거스르는 자로 여겨져, 공손앙은 진秦나라로 달아났습니다. 관용봉關龍逄은 목이 베였으며, 장굉萇宏은 애꿎게 배를 갈라 창자를 조각내는 형벌을 당했고, 윤자尹子는 가시구덩이 속에 던져졌습니다. 사마자기司馬子期는 살해되어 강물에 띄워졌고, 전명田明은 몸뚱이가 찢기는 책형策形을 당했으며, 복자천宓子賤이나 서문표西門豹는 남과 다투지 않았는데도 다른 사람의 손에 죽게 되었습니다. 동안우董安于는 죽어 저잣거리에 내걸렸고, 재여宰予(공자의 제자)는 전상田常에게 [죽음을] 면치 못했으며, 범저范雎는 위나라에서 갈비뼈가 부러졌습니다.

《한비자》〈난언〉

한비자의 논평대로 이들 십여 명은 모두 세상에서 어질고 현명하며 충직하고, 도덕과 법술을 갖춘 인재들이었다. 그런데 불행히도 도리를 거스르는 어리석은 군주를 만나 죽게 된 것이다. 이런 현인이나 성인들이 죽음을 당하고 굴욕을 피할 수 없었던 것은 무슨 까닭인가?

바로 군주의 문제다. 입에 쓴 약이 몸에 좋듯 도리에 맞는 최상의 말이란 귀에 거슬리고 마음을 어긋나게 한다. 그러므로 어리석은 군주는 신하의 간언을 그저 비난으로 받아들이게 된다.

난세에 영웅이 나타난 것은 시대가 영웅을 만든 탓이다. 진나라의 개혁도 효공孝公과 상앙商鞅이 있었기에 가능했고, 소진蘇秦과 장의張儀가 그 시대를 풍미했던 것도 자신들의 진가를 알아주는 제후들을 만났기 때문에 가능한 것이었다. 결국 충신과 간신의 갈림길은 오히려 듣는 자의 몫이라는 한비자의 충고는 되새겨볼 만하다.

제왕학의 교과서로 평가받는 《정관정요貞觀政要》의 '간언을 장려하라' 편을 보면 설득이 왜 중요한지 알 수 있다. 일반적으로 군주들은 신임하지 않는 자가 간언하면 비방한다고 생각하고, 신임하는 사람이 간언하지 않으면 봉록만을 훔치는 자라고 생각하는 경향이 있다. 그러므로 신하들은 충성스러운 간언을 할 분위기가 조성되지 않으면 침묵하게 된다. 이러한 문제를 해결하고자 당 태종은 간언을 독려한다.

"사람이 자기 얼굴을 보려면 반드시 맑은 거울이 있어야 하고, 군주가 자기 허물을 알려면 반드시 충직한 신하에 의지해야 하오. 군주가 만일 자신을 현인이나 성인이라고 여기는 착각에 빠져 있고, 신하도 정확한 의견을 제시하여 바로잡지 않는다면, 이런 상황에서 위험과 실패를 면하는 것이 어찌 가능하겠소? 군주가 국토와 사직을 버리면 신하 또한 자신의 집안을 보존할 수 없소. 수양제는 잔인하고 포학했지만 신하가 입을 다문 채 아무 말도 하지 않았으므로 자기에게 어떤 허물이 있는지 듣지 못했소. 결국 나라는 멸망했소. 우세기虞世基 등의 대신 또한 오래지 않아 피살되었소. 이것은 과거 오래전의 일이 아니오. 대신들은 내가 백성들에게 불리한 일을 하는 것을 보게 되면, 반드시 거리낌 없이 직언을 하여 비판해야 하오."

원하든 원하지 않든 군주가 신하의 간언을 구하는 경우는 적지 않으나, 그것을 받아들여 국정에 반영하는 것은 말처럼 쉽지 않다. 신하들의 간언이 대부분 군주의 생각과 반대편에 서 있기 때문이다. 더구나 어리석은 군주나 판단력이 흐려진 군주에게 신하의 간언은 아무런 의미가 없다. 오히려 죽음과 같은 곤욕이 기다릴 뿐이다.

그럼에도 간언을 해야 하는 이유는 군주가 그릇된 판단을 하여 나라를 망치게 하는 것을 구경만 해서는 안 되기 때문이다. 당 태종의 말처럼 국토와 사직만이 아니라 자신의 집안까지 보존할 수 없는 지경에 이르기 때문이다.

물론 누군가를 설득한다는 것은 결코 쉬운 일이 아니다. 《한비자》 〈난언〉 편에 나오는 예처럼 참을 수 없는 굴욕과 죽음까지 감내할 정도로 힘든 일임에 틀림없다. 하지만 사회생활을 하다 보면 설득을 해야 하는 상황에 종종 부딪치게 된다. 예를 들어 직장에서는 상사를 설득하거나 고객을 설득해야 하는 경우가 많다. 한비자가 살던 시대처럼 설득이 받아들여지지 않아 목숨을 보존하지 못하는 상황까지는 가지 않겠지만, 직장에서 살아남는 데 '설득'은 중요한 무기인 셈이다.

15

나무 밑동만 흔들고도 전체를 움직여라

> 나무를 흔들 경우 한잎 한잎 그 잎을 끌어당기면 힘만 들 뿐 전체에
> 미치지 못하지만, 좌우에서 그 뿌리를 친다면 잎이 모두 흔들릴 것
> 이다.
>
> 搖木者一一攝其葉, 則勞而不徧 左右拊其本, 而葉徧搖矣.
>
> 《한비자》〈외저설 우하〉

군주는 법도를 지키며 관리에게 그 실적이 오르도록 요구하여 자기 공적
을 세우려고 한다. 위에 못된 관리가 있으면 그 아래에 멋대로 놀아나는
백성이 있는 법이다. 어지러운 백성 위에 그 직분을 다하는 관리가 있었
다는 말은 듣지 못했다. 그러므로 현명한 군주는 관리를 다스리되 직접
백성을 다스리지 않는다고 한비자는 말한다.

조보造父가 마침 김을 매고 있는데, 아들과 아버지가 수레를 타고 지나가는 것이 보였다. 말이 놀라서 가려고 하지 않자 아들은 수레에서 내려 말을 끌고, 아버지도 내려서 수레를 밀며 조보에게 수레 미는 것을 도와달라고 청하였다. 조보는 그래서 농기구를 수습해 묶어 수레에 올려놓고 그 부자에게 손을 뻗어 수레에 올라타도록 하였다. 그리고 고삐를 당기며 채찍을 들기만 하고 사용하지도 않았는데, 말이 일제히 달려 나갔다. 만일 조보가 말을 다스릴 수 없었다면 비록 힘을 다하고 몸을 수고롭게 하여 그들을 도와 수레를 밀었다고 하더라도 말은 오히려 가려고 하지 않았을 것이다. 지금 몸을 수고롭게 하지 않고 [농기구를] 수레에 싣고 사람들에게 덕을 베풀었던 것은 [수레 모는] 술術이 있어서 그것을 제어할 수 있었기 때문이다.

《한비자》〈외저설 우하〉

한비자는 나라는 군주의 수레이고 권세는 군주의 말이라고 말한다. 방법이 없이 다스리면 몸은 피곤하면서도 나라는 혼란을 면하지 못하게 될 것이다. 방법을 알고 나라를 다스리면 몸은 편안한 곳에 있으면서도 천하의 제왕이 될 수 있을 것이다.

쇠망치는 일그러진 물건을 펴는 도구다. 성인의 법은 백성의 혼란을 바로잡고 부정을 고치는 도구다. 요치淖齒가 제나라에서 신임을 받게 되자 그는 민왕濟王의 목뼈를 뽑아 죽였고, 이태李兌가 조나라에서 신임을 받게 되자 주보主父를 굶겨 죽였다. 이 두 군주는 쇠망치와 같이 법을 이용하지 못한 탓에 죽음을 당했고 웃음거리가 된 것이다.

전영田嬰이 제나라 재상으로 있을 때 왕에게 이렇게 유세하는 자가 있었다.

"한 해의 회계 보고에 대해 왕이 며칠의 짬을 내어 스스로 직접 듣지 않으면 벼슬아치의 간사함과 사악함, 그리고 부당함을 알 수 없습니다."

왕이 말하였다.

"좋소."

전영은 이 소식을 듣고 즉시 왕에게 자신의 회계 보고를 듣도록 하였다. 왕도 장차 그것을 듣기로 했고, 전영은 벼슬아치를 시켜 곡물의 두斗·석石·구區·승升 단위의 회계장부를 갖추도록 하였다. 왕은 직접 회계 보고를 듣기는 했지만 끝까지 참고 듣지는 못하였다. 식사를 마친 뒤에 다시 앉았지만 일은 끝나지 않았다. 전영이 다시 일러 말하였다.

"신하들은 일 년간 아침저녁으로 게으름을 피운 적이 없습니다. 왕께서 하룻저녁 동안만이라도 이것을 들으시면 신하들은 부지런히 일을 하게 될 것입니다."

왕이 말하였다.

"알았소."

그러나 잠시 뒤 왕은 잠이 들었다. 그러자 벼슬아치들은 모두 칼을 들고 왕이 서명한 문서의 곡식 기록을 삭제하여 없애버렸다. 그리하여 왕이 직접 회계 보고를 듣기 시작한 이후로는 혼란만 생겨나게 되었다.

《한비자》〈외저설 우하〉

깊은 못가에 서 있는 나무를 흔들면 새는 놀라 높이 날 것이고, 물고기는 놀라 깊이 가라앉을 것이다. 또 어망을 잘 치는 자는 줄만 잡아당긴다. 큰 줄을 잡아당기면 물고기가 어망 속에 몽땅 갇히게 된다. 이런 점에서 볼 때, 백성에게 관리는 밑둥치나 줄에 해당한다. 그러므로 성인은 관리를 다스리지, 백성을 직접 다스리지 않는다고 한비자는 말한다.

중국 역사에서 큰 힘을 들이지 않고 상대의 밑동을 흔드는 허허실실 전략으로 나라를 세운 군주가 있었다. 바로 후조後趙를 세운 석륵石勒이다.

《진서晉書》〈석륵재기石勒載記〉에 따르면 석륵은 서진西晉 말에 태어난 갈족이다. 집안이 몰락하면서 상인과 지주 들의 전객佃客으로 지내다가 반진反晉의 기치를 내걸고 난을 일으켜 자칭 대선우, 곧 황제라 칭하고 전조前趙의 실질적 창업인인 유연劉淵의 휘하에서 독립했다.

그는 한족 왕미王彌와 동시에 기병해 3~4년 사이에 입지를 다지는 데 성공했다. 또한 최고의 모사 장빈張賓의 책략에 힘입어 자신을 죽이고 군대까지 탈취하려던 왕미를 제거했다. 그러나 강력한 군사력을 가진 서진의 유주 자사 왕준王浚이 걸림돌이었다.

1차 싸움은 석륵의 승리였다. 왕준은 석륵과의 전쟁에서 지고 난 후 선비족과 오환족의 지지를 얻으려 했으나 뜻을 이루지 못하던 상황이었다.

이때 석륵의 군사 장빈張賓이 왕준의 군사력이 쇠약해진 상태를 파악하고 오히려 석륵이 왕준에게 귀순할 의사를 전달하여 경계심을 늦춰야 한다는 계책을 냈다. 결국 석륵은 한 통의 편지를 써서 왕준의 휘하에 들어가기로 했다. 그런 후 석륵은 그의 문객 왕자춘王子春, 동조董肇, 조고棗嵩 등에게 진귀한 보물을 가져가 왕준을 만나게 했다. 석륵은 서신을 보내 왕준을 천자로 추대하고 자신은 하나의 이름 없는 작은 호족에 머물러 있을 것이라고 하면서 이렇게 말했다.

"제가 병사를 일으켜 난폭하고 난을 일으키는 자들을 없애려는 것은 바로 당신을 위해 장애물을 제거하는 것일 뿐입니다. 저 석륵은 당신을 부모처럼 추대하고 공경하는 바이며 당신 또한 저를 자식처럼 대해주시면 감사하겠습니다."

그러고는 왕준에게 천하의 둘도 없는 보물을 바쳤다. 왕자춘에게도 금은보화를 주어 왕준의 마음을 흔들어놓도록 물밑 작업을 했다. 그런 상황에서 왕준의 사마 유통游統이란 자가 왕준에게 불만을 품고 모반하더니 사자까지 보내 석륵에게 투항하기를 청했다. 석륵은 사자를 죽이고 그 시체를 다시 왕준에게 돌려보내 자신의 충성심이 거짓이 아니라는 것을 보여주었다. 한편으로 석륵은 몰래 정병과 무기를 단련시켰다.

모든 것을 준비한 석륵은 자신에 대한 왕준의 신임을 확인한 다음 일을 도모하기로 마음먹었다. 첩자로 박아둔 왕자춘을 불러들여 유주의 상황을 들어보니 왕준이 민심을 완전히 잃었고, 아랫사람들도 언제든 모반할 태세라는 사실을 확인했다.

314년 석륵은 유주를 습격했다. 석륵의 군대가 역수易水에 도달했을 때 도독이 즉시 왕준에게 석륵의 군대가 도달했다는 소식을 전하면서 대항할 것을 준비하자 석륵을 철석같이 믿는 왕준은 오히려 "석공(석륵)이 이곳에 온 것은 분명 나를 천자로 추대하기 위한 것이니 누구도 그에게 대항하지 말라."고 명했다. 왕준은 석륵의 군대가 성안으로 진입하고 나서야 상황이 심각하다는 것을 알았다. 그러나 때는 늦었다. 석륵은 부하를 보내 왕준을 사로잡아 그를 주살하고, 5년 뒤 후조를 세웠다.

이렇다 할 기반도 없이 창업에 성공한 석륵. 글도 몰랐으나 귀순해온 한족을 잘 다스리고, 학교를 세우고, 한족과 이민족의 공존을 모색한 그는 탁월한 인재 등용과 인문 정신의 소유자였다. 겸허하게 처신하며 빼어난 치세로 한고조 유방과 광무제 유수 사이에 놓인 제왕으로 평가받는 석륵은 정권을 탄생시키는 과정에서 도광양회韜光養晦(빛을 감추고 어둠 속에서 자신을 기르는 강단)와 허허실실을 적절히 활용한 책략의 귀재였다.

군주에겐 법과 술을 쥐고 관리들이 자기 직분을 다할 수 있도록 만드는 기술이 필요하다. 그 기술을 어떻게 사용하느냐에 따라 성패가 달라질 수 있다. 중요한 것은 리더가 직접 모든 것에 관여하지 않으면서도 효과적으로 주관하는 것이다. 나무 밑동만 흔들고도 전체를 움직일 수 있는 기술이 필요하다.

16

권력은 나눌수록 약해진다

> 상을 주고 벌을 내리는 것을 [군주와 신하가] 함께 결정할 경우에는
> 금령이 시행되지 못한다.
>
> 賞罰共, 則禁令不行.
>
> 《한비자》〈외저설 우하〉

사람의 자발적인 인성을 불신하고 오로지 법술法術로 다스려야 한다고 굳
게 믿은 한비자. 그는 유학자는 글로 나라의 법을 혼란스럽게 하고, 협사
는 힘으로 나라의 금령을 어긴다고 생각했다. 또한 일을 추진할 때도 의
논을 분분하게 하지 않고, 일사불란하게 처리하는 것을 중요시했다.

한비자는 〈이병〉 편에서 군주가 칼자루를 신하에게 넘겨줘서는 안 된
다고 강조했다. 그는 법술은 군주 고유의 권한이지, 신하와 함께 결정하

는 것이 아니라고 강조한다. 신하에게 그 권한을 부여할 경우 호랑이 새끼를 키우는 격이 되므로 절대 권력을 나누지 말라고 했다.

이와 관련된 사례는 충분히 많다. 자한子罕은 왕오기王於期의 말을 제어하기 위해 뛰쳐나온 돼지의 일을 꾸몄고, 전항田恒은 물을 마시지 않도록 훈련된 조보의 말을 유인하려고 농장에 연못을 만들었다. 그래서 송나라 왕과 간공簡公이 살해된 것이다. 재난은 왕량王良과 조보가 함께 수레를 몰고, 전련田連과 성규成竅가 함께 거문고를 연주한 일 때문에 비롯되었다고 했다.

조보造父는 네 마리의 말이 끄는 수레를 몰아 달려갔다 돌아왔다 하며 자신의 뜻대로 말을 몰았다. 그가 자기 마음대로 말을 조정한 것은 고삐와 채찍을 제 마음대로 사용해 제어했기 때문이다. 그러나 갑자기 뛰쳐나온 돼지를 보고 말이 놀라자 조보도 통제할 수 없었던 것은 고삐와 채찍의 위력이 부족해서가 아니라 그 위력이 갑자기 뛰쳐나온 돼지 때문에 분산되었기 때문이다. 왕오기王於期는 수레를 몰면서 고삐와 채찍을 사용하지 않고 말이 하고자 하는 대로 두어 훈련시켰는데, 이것은 여물과 물의 이로움을 제 마음대로 이용한 것이다. 그러나 말이 농지나 연못을 지날 때마다 말을 제대로 통제할 수 없었던 것은 여물과 물의 이로움이 부족해서가 아니라 그의 은덕이 농지와 연못 때문에 분산되었기 때문이다.

그러므로 왕량과 조보는 천하의 훌륭한 수레몰이꾼이지만 왕량에게 왼쪽 고삐를 쥐고 말을 채찍질하도록 하고, 조보에게는 오른쪽 고삐를 쥐고 채찍질하도록 하면 말은 10리도 나아갈 수 없으니, [이는 두 사람이 함께] 수레를 몰기 때문이다.

전련田連과 성규成竅는 천하에서 거문고를 잘 연주하는 자이다. 그러나 전련에게는 위쪽을 연주하게 하고 성규에게는 아래쪽을 누르도록 하면 곡을 이룰 수 없는 것 또한 [두 사람이] 함께 연주하기 때문이다.

《한비자》〈외저설 우하〉

한비자는 왕량과 조보의 예를 들어 군주가 신하와 권력을 함께 장악하고 있으면 나라를 제대로 통치할 수 없다고 강조한다. 둘이 아무리 말을 모는 데 명수라 해도 둘이 같은 마차를 타고, 각자가 고삐의 한쪽을 잡고 말을 부리며 달린다고 하면, 결국 마차는 목적지에 도착하지 못할 것이다. 또한 전련이나 성규와 같은 명수도 마찬가지다. 둘이 같은 거문고를 다루며 각자 한 편을 맡아서 연주한다면 음은 혼란되어 결국은 엉망이 될 것이다. 이렇듯 한비자는 군주가 신하와 함께 권력을 장악하고 있으면 나라를 통치할 수가 없다고 거듭 강조했다.

자한이 송나라 왕에게 죄를 벌하여 사람을 죽이는 일의 권한을 부여받게 되었다. 그는 1년 만에 송나라 왕을 죽이고 국가를 탈취했다. 자한은 뛰어나온 돼지 꼴이 되어 군주의 국가를 탈취한 것이다. 반대로 전상은 간공으로부터 덕을 베푸는 일을 부여받음으로써, 간공은 시해를 당했던 것이다. 이처럼 군주는 벌을 주는 권한도 상을 주는 권한도 신하에게 넘겨서는 안 된다.

하나보다는 둘이 힘을 합쳐 조직을 이끌어간다면 더 좋지 않겠느냐고 생각할 수 있다. 특히 현대 민주주의 국가에서는 통치 기관을 입법부·사법부·행정부 셋으로 나누어 국가 권력이 함부로 사용되는 것을 막는 삼권분립 제도를 행하고 있으니 말이다. 그러나 이는 한비자의 통찰을 이해하지 못한 것이라 하겠다. 한비자는 군주와 신하 역시 자기 이익을 위해 맺어진 관계라고 보았다. 아무리 현대 사회가 삼권분립을 내세우고 있지만, 그것이 제대로 지켜지지 않는 것도 권력 내에 이해관계가 있기 때문이 아니겠는가.

리더가 열린 마음으로 아랫사람들의 의견을 수렴할 수는 있다. 그렇다고 리더의 권한을 아랫사람에게 무조건적으로 부여해서는 안 된다. 권력이 둘 이상으로 나뉘게 되면 아랫사람들은 그로 인해 생긴 혼란을 감내해야 한다. 권력은 오직 군주 한 사람만이 갖고 있어야 한다는 것이 한비자의 생각이다.

17

한 손으로만 박수 치면 소리가 안 난다

> 한 손으로만 박수를 치면 비록 빠르게 칠지라도 소리가 나지 않는다.
> 一手獨拍, 雖疾無聲.
>
> 《한비자》〈공명功名〉

군신 관계란 서로 적당한 견제 장치가 필요한 관계다. 그렇다고 서로 귀를 닫고 입을 막아야 하는 그러한 관계는 아니어야 한다. 신하를 내치면 자신도 버려진다는 말은 군주가 신하와의 관계를 설정할 때 반드시 고려해야 한다. 가족과 스승마저 저버렸던 냉혈한 오기吳起처럼 될 수 있기 때문이다. 군신이라는 상하 관계에서 갈등이 최고조에 달했을 때 한 걸음 물러서서 통합과 조정의 리더십을 발휘하는 것도 결국은 군주의 몫이다.

걸傑이 천자가 되어 천하를 제압할 수 있었던 것은 현명해서가 아니라 권세가 무거웠기 때문이다. 요임금이 필부였더라면 세 가구도 바르게 다스릴 수 없었을 것인데, [이는] 어리석어서가 아니라 지위가 낮기 때문이다. 천 균鈞의 무게나 되는 물건도 배에 실으면 뜨지만, 치수錙銖처럼 가벼운 물건이라도 배가 없으면 가라앉는 것은 천 균이 가볍고 치수가 무거워서가 아니라 권세가 있는 것과 없는 것의 차이이다. 그래서 짧은 것이 높은 곳에서 내려다보는 것은 위치 때문이고, 어리석은 자가 현명한 자를 제어할 수 있는 것은 권세 때문이다.

《한비자》〈공명〉

한비자는 〈공명〉 편에서 "오른손으로 원을 그리면서 왼손으로 네모를 그리면 둘 다 완성할 수 없다."고 했다. 인간의 심리 구조는 괴이할 정도로 독특하다. 때로는 억지로 하면 안 되는 줄 알면서도 그 길을 향해서 가려고 하는 것이 인간의 속성이다. 군신 관계 역시 마찬가지인데, 신하는 어떤 일에 전념할 수 있는 마음을 갖기 어렵다. 왜냐하면 늘 군주의 변화무쌍한 심리 변화에 전전긍긍하기 때문이다.

한비자가 "잘 다스려지는 나라에서 군주는 북채와 같고 신하는 북과 같으며, 재능은 수레와 같고 일은 말과 같다."고 한 것은 군주와 신하 사이에는 반드시 유기적인 조화가 이루어져야 하며, 그러한 조화가 깨지면 나라가 온전하게 될 수 없기 때문이다. 신하가 설령 절대 권력자의 신임을 얻었다고 해서 그 사람만을 보고 가면 중심을 잃고 문제가 생기기 마련이다.

또한 한비자는 교만은 불치병이라고 했다. 낮은 자세로 절대 권력을 경계해야 하는 것 역시 군주의 몫이다. 겸허를 배워 왕의 그림자인 참모로 살아가는 법 역시 신하의 몫이다. 적절한 자기 연출과 재빠른 응대는 처세의 근본이다. 현명한 신하야말로 군주가 자신을 필요로 하지 않는다면 떠나야 할 때임을 안다. 이것이 요임금이 남면南面해서 명예를 지킬 수 있었던 까닭이고, 순임금이 북면北面하여 신하의 자리에서 공을 세울 수 있었던 까닭이다.

한비자는 현명한 군주가 공업을 이루고 명성을 얻는 조건으로 네 가지를 말했다. 그 첫째는 하늘의 때요, 둘째는 민심이며, 셋째는 기능이며, 넷째는 권세 있는 지위라고 했다. 하늘의 때를 이용하지 않으면 비록 네 명의 요임금이 한꺼번에 애쓴다 해도 겨울에는 쌀이나 보리 이삭 하나도 성장시킬 수 없을 것이며, 인심을 거스르면 맹분孟賁이나 하육夏育과 같은 장사라도 사람들을 힘껏 일을 하도록 할 수 없을 것이다.

그러므로 하늘의 때를 얻으면 각별히 노력하지 않더라도 곡물은 자연스럽게 성장할 것이며, 인심을 장악하면 특별히 서둘지 않더라도 일은 자연스럽게 진행될 것이고, 권세 있는 지위를 얻으면 자기가 일선에 진출하지 않더라도 명성을 얻을 수 있는 것이다. 여기에 한 군주가 있어 물이 낮은 곳으로 흐르도록 하며, 배가 물 위에 떠 있듯이 자연의 도에 따라 명령을 내려 공을 세우게 되면 그 군주는 현명하다고 할 수 있을 것이다.

재능이 있더라도 권세가 없으면 아무리 현명한 자라도 미련한 자를 지배하지 못한다. 짧은 막대를 높은 산봉우리에 세워 두면 그것이 천 길 깊은 골짜기를 내려다보고 있는 것처럼 보이게 되는 것은 그 막대가 길어서 그렇게 보이는 것이 아니고, 그것이 서 있는 위치가 높기 때문이다. 그러므로 짧은 것이 높은 곳에 서서 아래를 내려다보게 하는 것은 위치에 의한 것이며, 미련하면서도 현자를 누르는 것은 권세에 의한 것이다.

군주는 천하 사람들이 힘을 모아 그를 위로 섬기므로 자리를 굳건히 지킬 수 있으며, 많은 사람이 마음을 하나로 하여 받드는 까닭에 존엄하게 된다. 신하는 그 장점을 지키며 군주를 위해서 능력을 충분히 발휘하는 까닭에 충성하게 되는 것이다. 이 존엄한 군주가 충신을 지배하면 임금과 신하가 함께 영구히 계속되는 안락한 국가 생활을 영위하며, 공을 세울 수가 있다.

과거에 공을 세우고 이름을 빛낸 군주는 혼자 힘으로 그렇게 된 것이 아니다. 군주에게 많은 사람이 온 힘을 다해 협조했으며, 가까이에 있는 자는 성실하게 그를 섬기고 멀리 있는 자는 그 명성을 찬양했으며, 높은 자리에 있는 자는 권세를 받들어 그를 섬긴 것이다. 그리하여 태산처럼 높은 공업은 나라에 우뚝 솟게 되고, 해와 달처럼 빛나는 명예는 영원히 후세에 전해지게 된다. 이것이 요가 천하에 군림하여 이름을 빛내고, 순이 그에게 신하로서 종사하여 불후의 이름을 남긴 까닭이다.

한비자는 군신 관계를 여러 각도에서 분석하고, 관계의 방향을 제시했다. 갑을 관계로 이루어진 조직에서 서로 대립인 관계가 형성될 때는 조직이 위기 상황에 처하게 된다. 그러나 협력과 조화, 적당한 견제 장치를 갖게 된다면 조직은 원활히 운용될 수 있다.

18

작은 손실 때문에 큰 이익을 허물지 마라

정사政事를 하는 것은 마치 머리 감는 것과 같아 비록 머리카락을 잃어버리게 되더라도 반드시 감아야 한다.

爲政猶沐也, 雖有棄髮, 必爲之.

《한비자》〈육반六反〉

〈육반〉이란 '여섯 가지 상반되는 일'이라는 뜻인데, 사람들은 자기의 이익에 따라 상반되는 입장에 서게 된다는 것이다. 〈육반〉 편에 나오는 여섯 명의 인물 유형은 이렇다.

죽음을 두려워하고 환난을 멀리하는 것은 [적에게] 항복하여 달아날 백성이지만, 세상에서는 그들을 받들어 생명을 귀하게 여기는 선비라고 말한다. 도를 배우고 학설을 세우는 것은 법을 어기는 백성이지만, 세상에서는 그들을 받들어 문학이 있는 선비라고 말한다. 각 나라에 유세하면서 두터운 봉양을 받는 것은 먹을거리를 탐내는 백성이지만, 세상에서는 그들을 받들어 능력 있는 선비라고 말한다. 교묘하고 지혜로운 것 같으나 간사하고 거짓을 일삼는 백성이지만, 세상에서는 그들을 받들어 변론을 잘하는 지혜로운 선비라고 말한다. 검을 사용하고 [사람을] 공격하여 죽이는 것은 흉포한 백성이지만, 세상에서는 그들을 받들어 용맹에 힘쓰는 선비라고 말한다. 적을 살려주고 간악한 자를 숨겨주는 것은 죽을죄에 해당하는 백성이지만, 세상에서는 그들을 받들어 명예에 [몸을] 맡기는 선비라고 말한다.

《한비자》〈육반〉

한비자는 선비란 자가 자기 이익 때문에 무익한 사람들을 칭찬하면 군주는 그 허무맹랑한 명성에 솔깃하여 그 사람을 예우하게 되고, 그는 이익을 얻게 된다고 했다. 또한 백성이 자기에게 손해가 된다는 이유로 유익한 사람을 헐뜯으면 군주도 덩달아 세상 평판에 따르게 된다. 그러면 총명이 흐려져서 그 사람을 비난하게 되어 반드시 손해가 따르기 마련이다. 그리하여 사악을 일삼아 마땅히 벌 받을 자에게 명예나 포상이 주어지고, 비난이나 손해는 공익을 도모하여 마땅히 상을 받을 자에게 가해진다. 이러한 판국이니 국가의 부강을 바랄 수는 없는 것이다.

한비자는 정치란, 머리 감을 때 머리카락이 빠질까 두려워 감지 않는 어리석음을 범해서는 안 된다는 시각에서 출발한다. 머리카락이 빠지는 작은 손실에 얽매여 머리를 감는다는 큰 이익을 허물어뜨려서는 안 된다는 것이다. 머리털이 빠지는 손해를 안타까이 여겨 모발을 아름답게 가꾸는 이익을 망각한다면, 이는 타산할 줄 모르는 사람이다. 본래 종기에 침을 맞으면 아픈 법이며, 약은 입에 쓴 법이다. 쓰다고 해서 약을 먹지 않고 아프다고 해서 침을 맞지 않으면 병도 낫지 않는다.

한비자는 이것을 '권權'이라고 했다. '권'이란 권모權謀라는 의미로, 임기응변의 술책으로 볼 수 있다. 한비자가 보기에 군주는 전후 사정을 잘 헤아려 균형의 정치를 해야만 한다. 정치의 경직화는 결코 바람직하지 않으며 어리석은 군주의 행동이기 때문이다.

중니(공자)가 노나라에서 정치를 할 때는 [백성들이] 길에 떨어진 물건을 줍지 않았다. 제齊나라 경공景公은 이것을 알고 걱정하였다.

여저黎且가 경공에게 말하였다.

"중니를 떠나게 하는 것은 털을 부는 것처럼 쉽습니다. 당신은 어째서 중니에게는 두터운 봉록과 높은 지위를 주고, 애공哀公에게는 음악을 할 줄 아는 여자를 보내 마음을 어지럽히고 미혹되게 하지 않습니까? 애공이 이것을 새롭게 즐기게 되면 반드시 정치에는 게을러질 것입니다. 그러면 중니는 반드시 간언하게 될 것이고, 간언하면 노나라에서 반드시 쉽게 [인연이] 끊어지게 될 것입니다."

경공이 말하였다.

"좋소."

그래서 여저로 하여금 여악女樂 열여섯 명을 애공에게 보냈다. 애공은 과연 그것을 즐기며 정치를 게을리했고, 공자는 간언했으나 들어주지 않자 [그곳을] 떠나 초나라로 갔다.

《한비자》〈내저설 하〉

위의 이야기는 적의 모략에 걸려들어 현인이 추방된 예다. 군주는 안락한 것을 취하기는 쉬우나 그 안락함 때문에 패망의 길을 걷는 자들이 많다. 그래서 때로는 상대를 공략할 때 총칼 같은 무기보다 군주의 눈을 가리는 안락이 더 유효하게 작용한다. 스스로 무덤을 파는 리더들은 의외로 많다. 결국 균형을 잡을 사람은 리더다. 제각각 자기 이익만을 내세울 수밖에 없으니 때로는 작은 손실이 생길지라도 큰 이익을 위해서는 결단이 필요하지 않겠는가. 원만한 조직 관리는 리더의 균형 감각에 달려 있다.

19

작은 충성이 큰 충성을 망친다

작은 충성을 행하면 큰 충성을 해칠 수 있다.

行小忠, 則大忠之賊也.

《한비자》〈십과十過〉

이 말은 섣부른 충성심이 오히려 대사를 그르칠 수 있음을 경계하는 말이다. 지나친 행동 때문에 얼마나 많은 역사적 오류가 행해졌는가. 충성이라는 이유로 자신이 무슨 잘못을 했는지 모르는 것이 더 무서운 법이다.

'십과│過'란 열 가지 잘못을 뜻한다. 한비자는 나라를 패망으로 이끄는 군주에게는 열 가지 잘못이 있다고 했다. 섣부른 충성심, 작은 이익, 편협한 행동과 방자함, 게으름, 탐욕, 음악에 빠짐, 유람, 충간을 듣지 않는 것,

밖의 제후들에게 의존하는 것, 예의 없음 등이 패망하는 군주의 잘못임을 한비자는 지적하고 있다. 패망에 이르는 열 가지 잘못 중 첫째는 작은 충성이 큰 충성을 막는 경우다. 한비자는 다음의 일화를 예로 들었다.

예전에 초楚나라 공왕共王이 진晉나라 여공厲公과 언릉焉陵에서 전쟁을 벌였는데, 초나라의 군대는 패배하고 공왕도 눈에 부상을 입었다. 전투가 한창 치열할 때 사마司馬 자반子反이 목이 말라 마실 것을 찾으니, 시중 드는 곡양穀陽이 술을 한 잔 가져와 바쳤다.

"아니다. 물리거라. 술이 아닌가."

시중 들던 곡양이 대답하였다.

"술이 아닙니다."

자반은 그것을 받아 마셨다. 자반은 사람됨이 술을 좋아하여 그것을 즐겼는데, 일단 맛을 보면 입에서 뗄 수 없을 만큼 좋아하여 마침내 취해버렸다. 전투가 끝나고 공왕은 다시 싸우려고 사람을 시켜 사마 자반을 불렀으나, 자반은 가슴이 아프다는 핑계로 군주의 명령을 거절하였다. 공왕은 말을 달려서 직접 진영 안에 있는 자반의 막사로 들어갔다가 술 냄새가 진동하자 그냥 돌아왔다. 공왕이 말하였다.

"오늘 전투에서 나는 부상을 입어 이제 믿을 자는 사마뿐이라 생각하였다. 그런데 사마 또한 이처럼 취했으니 이것은 초나라의 사직을 망각하고 우리 백성들을 가엾게 여기지 않은 행동이다. 나는 다시 싸울 기력이 없다."

그러고는 군대를 철수시키고 돌아가 사마 자반의 목을 베어 그 시신을 내걸었다.

《한비자》〈십과〉

이는 신하의 작은 충성이 독이 된 사례다. 병사가 자반에게 물 대신 술을 건넨 것은 어떠한 원한이 있던 것이 아니라 그에게 충성을 다하려는 것이었다. 그러나 결국 자반을 죽게 만드는 결과를 초래했다. 윗사람이 아랫사람의 작은 충성에 이끌려 파멸의 길을 걸어가는 경우는 드물지 않게 볼 수 있다.

윗사람은 늘 냉정해야 하지만, 일의 경중을 파악하는 판단력 역시 필요하다. 위의 글은 그러한 냉정한 태도를 유지하는 것이 얼마나 어려운지 보여준다. 사람들은 대부분 쓸데없는 조급증 탓에 판단력이 흐려지기도 하는데, 사치와 낭비 역시 흐려진 판단 때문에 생겨난 것이다. 따라서 한비자는 조용하고 고요한 마음가짐을 갖고 있어야만 낭비가 적다고 말한다. 바로 그것이 노자가 말하고 있는 성인의 경지이니, 성인이란 만물의 도를 터득하고 있는 인물이기 때문이다.

한비자는 도성을 떠나 유람을 가는 것 또한 지극히 경계했다. 군주가 궁궐을 비우고 외부로 떠나는 것은 결국 궁정의 긴장감을 무너뜨리게 되므로, 조직의 긴장도를 위해 군주는 유람할 시간이 없다는 것이다.

옛날에 초나라 영왕靈王이 신申에서 회맹會盟을 열었는데 송宋나라의 태자가 늦게 도착하자 그를 붙잡아 가두고는 서徐나라 군주를 모욕하고, 제齊나라 경봉慶封을 구속하였다. 중야사中射士가 간언하며 말하였다.

"제후들을 모으려면 예가 없어서는 안 되니 이것은 나라가 존립하느냐 망하느냐 하는 위기입니다. 옛날에 걸桀이 유융有戎 땅에서 회맹을 열었으나 유민有緡이 배반을 하였고, 주紂가 여구黎丘 땅에서 제후들과 사냥 모임을 할 때 서융과 북적이 반란을 일으켰던 것은 예가 없었기 때문이었습니다. 군주께서는 이를 헤아려보십시오."

그러나 군주(영왕)는 듣지 않고 마침내 자기 뜻대로 하였다. 그 후 1년도 못되어 영왕이 남쪽으로 순행을 갔을 때, 여러 신하들이 그 틈을 타서 그를 겁박하자 영왕은 굶주리다가 건계乾溪 근처에서 죽었다.

《한비자》〈십과〉

물론 궁궐 안에만 틀어박혀 있으면 시야가 좁아질 위험성이 있다. 그러나 자신의 본거지를 비우지 말라는 한비자의 충고는 바로 자기 관리에서 나온 것임을 알아야 한다. 군주가 잠깐 냉정을 유지하지 못할 때 감당하지 못할 결과를 낳기도 한다는 것을 유념해야 한다는 말이다.

옛날 전성자田成子가 바닷가에서 놀다가 그것을 즐거워하고는 대부들에게 영을 내려 말하였다.

"돌아가자고 말하는 자가 있으면 사형에 처하겠다."

안탁취顔涿聚가 말하였다.

"군주께서 바다에서만 놀며 이를 즐거워하고 계실 때에 어떤 신하가 나라를 도모하려고 하면 어찌하시렵니까? 군주께서는 비록 이것을 즐길지라도 [나라를 잃고 나면] 장차 어디로 가시겠습니까?"

전성자가 말하였다.

"과인은 돌아가자고 말하는 자는 사형에 처한다고 명하였다. 그대는 지금 과인의 명령을 어겼노라."

[그러고는] 창으로 그를 찌르려고 하자 안탁취가 말하였다.

"옛날 하나라의 폭군 걸왕이 관용봉關龍逢을 죽이고, 은나라의 폭군 주왕이 왕자 비간比干을 살해했는데, 이제 왕께서 신을 죽이신다면 직언을 하다 죽임을 당한 세 번째 충신으로 길이 남게 될 것입니다. 신은 나라를 위해 말씀드린 것이지 제 자신을 위해 그런 것이 아닙니다."

[그러고는] 목을 길게 빼고 앞으로 나서며 말하였다.

"왕께서 제 목을 치십시오."

군주는 곧 창을 버리고 수레를 몰아 [궁궐로] 돌아갔다. 사흘이 지난 뒤 도성 사람들 중 자신을 수도로 돌아오지 못하게 하려고 모의한 자가 있었음을 알게 되었다. 전성자가 제나라를 계속 유지할 수 있었던 것은 안탁취의 능력 때문이었다.

《한비자》〈십과〉

이는 군주가 냉정을 찾아 신하의 말을 듣고 올바른 판단력을 갖게 되면 극단적인 상황을 모면할 수 있음을 알려주는 일화다. 영왕과 전성자의 차이는 냉정을 유지했느냐 아니냐, 작은 것보다는 큰 것을 볼 줄 아느냐에 있었다. 리더라면 넘치는 마음을 스스로 통제하고, 안락을 경계해야 한다. 그래야 판단이 흐려지는 일이 없을 것이다.

20

긴장의 끈은 안정적일 때 놓지 마라

> 이 일에 대해서 논의하는 자는 이 일을 시샘하는 자입니다.
>
> 議是事者, 妬事者也.
>
> 《한비자》〈남면南面〉

신하가 군주를 위해 간언을 하려 해도 자신의 출세를 시기하는 주변 동료들의 방해가 따른다. 군주는 충신의 말에 귀 기울이지 않기 때문에 간신들이 신임을 얻게 되는 것이다.

한비자는 우선 군주가 나라를 다스릴 때 범하기 쉬운 허물 세 가지를 제시했다. 첫째는 한 신하에게 어떤 일을 맡기고서는 또 다른 신하에게 그 일을 감시하도록 하는 것이며, 둘째는 군주가 법률을 내세워 대신들의 권위를 제압할 수 없는 것이고, 셋째는 군주가 법을 떠나 신하들끼리 감시하게 하는 것이다. 군주가 신하들의 거짓과 그릇된 행동을 막기 위해서는 신하들이 처음 한 말과 그 결과가 부합되는지 반드시 정확하게 살편 뒤 후한 상과 엄한 벌을 줘야 한다. 그러면 군주는 신하들의 말에 의해 분별력을 잃는 일이 없게 될 것이며, 신하들 또한 교묘한 변설로 군주를 속이려 하지 않을 것이다. 결국 한비자는 군주가 무엇보다도 '법을 분명하게 밝히는[明法]' 일에 힘써야 한다고 주장한 것이다.

군주의 과실은 어떤 대신에게 중책을 주되 중책을 주지 않은 다른 소신을 달래어 그와 함께 중책을 맡긴 대신을 경계하는 데서 비롯된다. 왜 그러한 행동을 하는가 하면, 경계를 맡은 소신은 반드시 중책을 맡은 대신의 적이 될 것이기 때문이다. 그런데 군주는 오히려 중책이 없는 소신에게 제어를 당하게 되어 있다. 경계를 맡은 자가 경계를 당하는 대신과 같은 일을 하게 되는 것이다. 군주가 법으로 대신의 위력을 제어하지 못하면 비록 소신이라 할지라도 군주를 신뢰할 이유가 없다. 군주가 만일 법을 떠나 이 신하로 하여금 저 신하를 감시하게 한다면, 신하들은 그들 사이가 친밀할 경우 한편이 되어 서로 칭찬할 것이다. 만일 미워하는 사이라면 두 패거리가 서로 헐뜯게 될 것이다. 칭찬하는 것과 헐뜯는 것이 서로 백중하게 되면 군주는 어찌할 바를 모르게 될 수밖에 없다.

군소 신하들은 서로 추켜올리지만 군주와 만나 직접 청원할 기회가 없으면 출세할 수 없다. 또한 법을 파괴하고 제멋대로 권력을 이용해 압박하는 전제적인 거동을 취하지 않으면 행세할 수가 없으며, 충성하는 척하지 않으면 행동이 금지된다. 이렇듯 군주의 시야가 가려진 곳에서는 그들만의 권력이 난장을 이루게 되는 법이다. 평판과 전제와 충성이라는 세

가지 요소는 군주의 눈을 속이고 법률을 파괴하는 수단이 된다. 군주는 신하가 아무리 능력이 뛰어나다고 해도 법을 무시하고 마음대로 행동하지 못하게 해야 하며, 신하에게 어진 행동이 있었다 하더라도 공로가 있는 자의 위에 두어서는 안 된다. 충성을 다하더라도 잘못된 행동을 할 경우에는 법을 떠나 그것을 금지시킬 수 있어야 한다. 명법明法이란 법치를 터득한다는 의미도 분명히 들어 있다.

> 작은 지혜를 가진 사람에게는 나랏일을 계획하게 할 수 없으며, 작은 충성을 가진 사람에게는 법을 주관하게 할 수 없다.
>
> 《한비자》〈식사飾邪〉

〈식사〉 편에 나오는 구절이다. 법도가 없이 상벌을 시행하면 제아무리 나라가 크더라도 그 땅은 군주의 것이 아니며, 그 땅의 백성 역시 그 군주의 백성이 아니다. 영토도 없고 백성도 없는데 왕 노릇을 할 군주는 아무도 없다. 군주는 상과 형벌을 남발해서도 안 된다.

군주가 분에 넘치게 상을 주면, 신하들은 하는 일 없이 상을 받게 된다. 그렇게 되면 신하들은 더욱더 요행을 바랄 것이며, 공로도 없이 상을 받는다면 공적이 있어도 존중받지 못할 것이다. 공적이 없는 자가 상을 받으면 나라의 재물은 낭비될 것이며 백성들은 원망을 품게 될 것이다. 국고는 축이 나고 백성들의 원성이 높아지면 백성들은 나라를 위해 힘을 다하지 않을 것이다. 그래서 군주가 분에 넘치게 상을 내리면 백성을 잃게 될 것이요, 형벌을 잘못 내리면 백성들이 두려워하지 않게 된다. 또한 상이 있더라도 충분히 권장하지 못할 것이고, 형벌을 내리더라도 금지하지는 못할 것이다. 그렇게 되면 나라가 비록 크다고 해도 반드시 위태롭게 된다는 것이 한비자의 요지다.

한비자는 〈식사〉 편에서 "법을 밝히는 자는 강해지고, 법을 소홀히 하는 자는 약해진다."고 했다. 위나라의 경우 법을 분명히 했을 때는 강함을 사방에 떨쳤다. 그러나 법률이 느슨해지고 상벌이 남발되자 나라는 쇠락했다. 조나라 역시 법대로 대군을 이끌었을 때는 제나라와 연나라까지 세력이 미쳤으나 법률이 느슨해졌을 때는 나라가 축소되었다.

연나라가 법을 엄격하게 적용하고 벼슬아치들이 정사의 결정을 신중히 했을 때, 그 영토는 동쪽으로는 제나라까지 이어졌고 남쪽으로는 중산中山 땅을 모두 차지할 정도였다. 그러나 법을 신봉하지 않고 벼슬아치들이 정사를 공평하게 결정하지 않게 되자, 군주의 좌우에 있는 자들이 서로 다투어 옳고 그름에 대한 논의가 아래로부터 일어나게 됐다. 따라서 병력은 약해지고 영토는 줄어 이웃의 적에게 지배당하는 나라가 됐다.

보통 안정적일 때 느슨해지기 쉽다. 그래서 성장을 거듭할 것 같았던 기업들도 한순간에 무너지고 마는 것을 어렵지 않게 볼 수 있다. 기업을 일으킬 때는 구성원들이 합심해서 어려움을 이겨내지만, 오히려 안정적일 때는 경계가 느슨해지며 각종 문제들이 생기게 되는 법이다. 안정된 조직이 늘 긴장의 끈을 놓지 않으려는 이유는 이 때문이다.

3장

가까운 곳부터 살펴라

01

겉으로 보이는 행동에 진심이 담겨 있다

웃고 있어도 즐거워 보이지 않고, 보고 있으면서도 보는 것 같지 않습니다. 반드시 반란을 일으킬 것입니다.

笑不樂, 視不見, 必爲亂.

《한비자》〈설림 하〉

사람의 얼굴은 자신의 감정을 드러내기 때문에 때로는 표정만으로 마음을 읽어낼 수 있다. 한비자는 군주에게 자기의 마음을 드러내 보이지 말라고 강조했는데, 이는 군주뿐 아니라 일반인에게도 종종 필요한 전략이 아닐까 싶다. 〈설림 하〉 편에서는 표정 관리가 이해관계에 얼마나 중요한지를 알려주는 흥미로운 이야기 몇 편이 실려 있다.

이 세 마리가 돼지를 놓고 다투고 있었다. 이 한 마리가 이들 곁을 지나다가 말하였다.

"다투는 것은 무엇 때문인가?"

세 마리 이가 말하였다.

"살이 통통한 곳을 [차지하려고] 다투는 것이다."

한 마리 이가 말하였다.

"너희들은 또 섣달 고삿날이 되면 돼지가 띠풀에 그을려 [죽게] 될 것을 걱정하지 않고 또 무엇을 걱정하는가?"

이리하여 세 마리 이는 함께 모여서 그 어미(돼지)를 물어뜯고 피를 [빨아] 먹었다.

돼지는 여위었으므로 사람들이 바로 죽이지 않았다.

[제齊나라의] 공자 규糾가 반란을 일으키려고 하자, 환공이 사신을 보내 그를 감시하도록 하였다.

사신은 이렇게 보고하였다.

"웃고 있어도 즐거워 보이지 않고, 보고 있으면서도 보는 것 같지 않습니다. 반드시 반란을 일으킬 것입니다."

[환공은] 곧 노魯나라 사람을 시켜 그를 죽이게 하였다.

공손홍公孫弘이 머리카락을 자르고 월나라 왕의 기사騎士(말탄 무사)가 되었다. [그의 형] 공손희公孫喜는 사람을 시켜 그와 의절한다는 뜻으로 말하였다.

"나는 너와 형제가 아니다."

공손홍이 말하였다.

"나는 머리카락을 잘랐지만, 너는 목숨을 바쳐 다른 사람을 위해 싸우고 있으니 내가 너에게 무슨 말을 하겠는가?"

주남周南의 싸움에서 공손희는 죽고 말았다.

《한비자》〈설림 하〉

이 세 이야기는 각각 전하는 바가 다를 수도 있지만, 겉으로 보이는 행동에 진실이 담겨 있다는 의미는 통한다. 이 이야기들은 겉으로 보이는 모습에 따라 삶의 방향이 달라질 수도 있음을 알려주고 있다. 그래서 평소 자기 관리가 중요한 것이다.

누구나 성공하고 싶어 하지만 기회가 찾아왔을 때 그것을 선택하는 것은 전적으로 자신의 몫이다. 이러지도 저러지도 못하는 상황에서 어느 한쪽을 과감히 버리고 자신이 원하는 방향으로 결단을 내리는 용기가 필요하다. 평소 자기 관리를 잘한 사람이라면 그 기회를 자신이 원하는 방향으로 이끌어갈 수 있다.

궁당익견窮當益堅이란 말이 있다. 역경 속에서도 굳건한 마음을 지녀야 한다는 의미로, 대장부의 자세를 강조한 마원馬援이 한 말이다. 마원은 '노익장老益壯'이라는 말의 유래 속 인물이기도 하다.

《후한서後漢書》〈마원전馬援傳〉에 의하면 전한 말 부풍군에 마원이라는 사람이 살았다고 한다. 그는 어려서 글을 배웠고 무예에도 뛰어난 인재였지만, 그저 소나 말을 기르며 살아가고 있었다. 마원은 장성하여 군수를 보좌하면서 그 현을 감찰하는 독우督郵가 되었다. 그때 죄수를 호송하는 일을 맡게 됐는데, 이런저런 하소연을 하는 죄수들에게 동정심을 느껴 그들을 풀어주고 북쪽으로 도망을 쳤다. 그는 친구들과 담소하면서 이렇게 말했다. "대장부가 뜻을 세우면 곤궁해도 더욱 굳세어야 하며, 늙어도 더욱 씩씩해야 한다."

세상이 혼란스러워지자 마원은 평범한 삶을 과감히 버리고 농서隴西의 외효隗囂 밑으로 들어가 대장이 되었다. 외효는 공손술公孫述과 손을 잡기 위해 마원을 그곳으로 파견했다. 마원과 공손술은 같은 고향 친구였다. 공손술은 당시 스스로 황제라 일컫고 있었는데, 마원이 찾아왔다는 전갈을 받자 천자의 의관에 수레를 타고 거만하게 나타나는 것이 아닌가. 마원은 공손술의 변한 모습에 크게 실망하고 의례적인 인사만 나눈 후 곧장 돌아왔다.

그러고는 외효에게 말했다. "공손술은 우물 안 개구리처럼 분수를 모르고 떠벌리기만 좋아하는 사람입니다."

그 뒤 마원은 광무제를 알현하게 되었다. 광무제는 마원을 만나자 성심성의껏 대접하고, 각 부서를 데리고 다니며 조언할 것이 있는지 물었다.

마원은 이런 후한 대접에 감동해 외효에게 돌아가지 않고 광무제 휘하에 있기로 결심했다. 마원은 복파장군僕波將軍이 되어 남방의 교지交趾를 평정했다. 얼마 뒤에 동정호 일대의 만족이 반란을 일으키자, 광무제가 군대를 파견했지만 전멸하고 말았다. 이 소식을 들은 마원이 자신에게 군대를 달라고 청했다. 이에 광무제는 나이가 너무 많아 원정에 무리가 있다고 말하자, 예순두 살의 그는 말안장을 채우고 노익장을 과시했다. 광무제가 웃으면서 허락하자 그는 원정길에 올랐다.

나이가 들었어도 변함없는 젊음의 패기로 굳건함을 드러낸다는 노익장을 발휘한 마원의 자세는 혼돈의 시기일수록 더욱 필요하다. 하지만 노익장도 준비되지 않으면 보여줄 수 없다. 언제나 현실에 바탕을 두고 자신의 진가를 드러내기 위해서는 그에 맞는 포지셔닝, 때론 자기 포장도 필요하다. 물론 진정으로 그럴 만한 능력을 갖추고 있어야 함은 말할 것도 없다.

특히 현대 사회에서는 아무리 재능이 많아도 자신을 표현하는 일에 서투르면 성공하기 힘들다. 진정 재능을 발휘하고자 한다면 자기 포장이나 표정 관리 등이 때로 자신을 드러내는 무기일 수 있음을 명심해야 한다.

마원은 적절한 처세와 임기응변의 자세로 지혜를 두루 발휘하여 혼돈의 시기에 살아남은 생존의 비법을 누구보다 잘 알고 있던 인물이었다. 그는 언제나 현실에 바탕을 두고 자신의 진가를 드러내기 위해서 상황에 맞게 자신을 포장해야 한다는 사실을 터득했던 것이다. 물론 진정으로 그럴 만한 능력을 지니고 있었음은 말할 것도 없다.

02

알고 있어도 숨기면 더 알게 된다

알고 있으면서 모르는 척 물어보면 알지 못했던 일까지 알게 되고,
한 가지 일에 대해 깊이 알게 되면 가려졌던 모든 것들이 모두 변하
게 된다.

挾智而問, 則不智者至 深智一物, 衆隱皆變.

《한비자》〈내저설 상〉

유능한 인재는 능력을 발휘하지만 자칫하면 군주의 자리를 위협할 수도
있다. 그렇다면 군주와 신하는 어떤 관계인가? 아랫사람은 윗사람이 싫
어하는 것은 피하기 마련이다. 그러므로 군주는 자신의 기호를 숨김으로
써 아랫사람이 자신의 의중을 전혀 파악하지 못하도록 해야 한다.

　군주의 호불호가 드러나면 신하는 그 허점을 파고들기 마련이다. 그렇
게 되면 군주는 신하들에게 휘둘리게 된다. 자기가 이미 알고 있는데도

그것을 숨기고 신하에게 물으면 모르는 일도 더 알게 된다. 어떤 일을 깊이 알게 되면 신하들이 숨기고 있는 일까지 알 수 있다.

《한비자》의 〈내저설〉은 상하로 나뉘어 있다. 상편은 군주가 신하를 조종하는 일곱 가지 기술, 즉 '칠술七術'이고 하편은 군주가 경계해야 하는 여섯 가지, 즉 '육미六微'다. 칠술에는 신하를 속여 시험하는 구체적인 일화들이 실려 있다.

칠술의 일곱 가지는 신하들의 말이 사실인지 알아보는 것, 반드시 벌하여 위엄을 분명히 하는 것, 상을 주어 능력을 발휘하도록 하는 것, 일일이 말을 들어 부하를 살피는 것, 그럴 듯한 명령으로 속여 일을 시켜보는 것, 아는 것을 감추고 묻는 것, 거짓을 꾸미고 일을 뒤집는 것을 말한다.

한韓나라 소후昭侯가 손톱을 움켜쥔 채 거짓으로 손톱 하나를 잃었다며 매우 급하게 찾자, 주위에 있던 신하가 자신의 손톱을 잘라 바쳤다. 소후는 이것으로써 주위에 있는 자가 성실한지 여부를 살필 수 있었다.

한나라의 소후가 기사騎士를 사자로 삼아 현에 보냈다. 사자가 돌아와 보고를 하자 소후가 그에게 물었다.

"무엇을 보았는가?"

그가 대답하였다.

"본 것이 없습니다."

소후가 말하였다.

"비록 그렇다고 해도 무엇이든 보았을 것 아닌가?"

그가 말하였다.

"남문南門 밖에서 황소가 길 왼쪽의 벼 모종을 먹고 있었습니다."

소후가 사자에게 말하였다.

"내가 너에게 물은 것을 함부로 발설하지 말라."

그러고는 명령을 내려 말하였다.

"모를 낼 시기에는 소나 말이 농민들의 모밭으로 들어가는 것을 금지하는 법령이 있다. 그런데 벼슬아치들이 이 소임을 다하지 않아 소나 말이 농민들의 밭으로 들어가는 일이 매우 많다. 빨리 그 수를 헤아려 보고하도록 하라. 조사하지 않을 경우에는 그 죄를 무겁게 할 것이다."

그래서 세 마을에서 조사하여 보고하였다.

소후가 말하였다.

"전부 다가 아니다."

다시 나가 조사하고서야 남문 밖의 황소에 관한 보고를 하였다. 벼슬아치들은 소후가 밝게 살핀다고 생각했고, 모두 두려워하며 맡은 일에 힘쓰고 감히 나쁜 짓을 하지 않았다.

주나라 왕이 굽은 지팡이를 찾도록 명령하였다. 벼슬아치들이 며칠 동안 찾아도 찾지 못하자, 주나라 왕은 따로 사람을 시켜 그것을 찾도록 했는데, 하루가 가기 전에 찾았다.

그래서 벼슬아치들에게 말하였다.

"나는 그대들이 일을 [제대로] 하지 않는다는 것을 알게 되었소. 굽은 지팡이를 찾는 일은 매우 쉬운데도 그대들은 찾을 수 없었지만, 내가 사람을 시켜 찾도록 하니 하루가 가기 전에 찾았소. 어찌 충실하다고 할 수 있겠소!"

벼슬아치들은 이에 모두 두려워한 나머지 소임에 힘쓰고 군주가 신명스럽다고 생각하였다.

《한비자》〈내저설 상〉

이 일화는 칠술 중 알면서 모르는 척하는 것에 해당된다. 나라를 다스리거나 조직을 운영하다 보면 느슨해질 때가 있다. 이는 윗사람이나 아랫사람 모두에 해당된다. 책임을 맡고 있는 입장이라면 조직이 느슨해질 때 긴장의 끈을 잡아당기는 행동이 필요하다. "군주는 두 개의 눈으로 천하를 보지만 천하는 수만 개의 눈으로 군주를 보고 있다."는 한비자의 말처럼 군주가 생존하려면 조직의 틀이 느슨해져는 안 된다.

그래서 때로 아랫사람들이 제 역할을 하고 있는지 확인하는 검증의 기회도 필요하다. 침묵을 지키면서 모든 것을 다 관찰하고 있는 리더의 존재감을 드러낼 수 있어야 한다.

연륜이 차이를 만든다

> 늙은 말의 지혜를 쓰면 됩니다.
>
> 老馬之智, 可用也.
>
> 《한비자》 〈설림 상〉

"노병은 죽지 않는다."는 말이 있다. 이처럼 세상의 온갖 풍파에도 노익
장을 과시하며 젊은이들에게 귀감이 되는 노인의 사례를 종종 볼 수 있
다. 노병은 연륜으로 그 역할을 달리할 뿐이다.

　관중管仲과 습붕隰朋이 환공을 따라 고죽국孤竹國을 정벌하러 갔는데, 봄에
출발했으나 겨울에 돌아오게 되었는데 지리에 어두워 길을 잃고 말았다.

관중이 말하였다.

"늙은 말의 지혜를 쓰면 됩니다."

곧 늙은 말을 풀어 그 뒤를 따라가 마침내 길을 찾았다.

[또] 산속을 가다 보니 물이 없었다.

습붕이 말하였다.

"개미는 겨울에는 산의 남쪽에 살고, 여름에는 산의 북쪽에 산다고 합니다. 개미집이 한 자인데, [그로부터] 여덟 자를 더 파면 물이 있습니다."

곧 땅을 파서 마침내 물을 얻었다.

《한비자》〈설림 상〉

노마지지老馬之智라는 성어가 여기서 나온 말인데, 경험을 쌓은 사람이 갖춘 지혜라는 의미로 사용된다. 늙은 말이라고 해서 쓸모없는 것이 아니라 다 쓸 만한 데가 있다는 관중의 말이 새롭게 느껴진다.

이처럼 세상엔 젊음의 패기와 열정만으론 풀어낼 수 없는 일들이 있다. 젊음이란 욕망을 키우며 사는 것이고, 연륜이란 욕망을 덜어내며 사는 것이라는 말이 있다. 젊음과 연륜의 양 날개를 달고 날 수 있다면 좋지 않겠는가.

어쩌면 관중도 그런 연륜으로 명재상의 자리에 오르지 않았겠는가. 제 환공이 천하를 호령하게 된 것은 명재상 관중의 보좌가 있었기 때문이다. 환공은 관중이 세상을 떠날 때 관중의 후계자를 묻자 습붕을 추천했는데 그의 말은 이러했다.

"그는 사람됨이 안으로는 굳은 마음을 지녔고, 밖으로는 청렴하며 욕심이 적고 신의가 두텁습니다. 안으로 마음이 굳건하므로 표준으로 삼을 만하며, 밖으로는 청렴하므로 큰일을 맡길 수 있습니다. 또 욕심이 적으므로 백성들을 다스릴 수 있고, 신의가 두터우니 이웃 나라들과 친교를 맺을 수 있습니다. 이것이 패왕을 보좌할 사람이 갖추어야 할 조건일 것입니다. 왕께서는 그를 등용하십시오."

《한비자》〈십과〉

환공은 알았다고 했지만 속으로는 관중을 경계하며 수조豎刁라는 환관을 기용했다. 결국 수조는 3년 만에 환공을 배신하여 난을 일으켰다. 환공은 반란자들에 붙잡혀 굶주림 속에서 죽었고, 그의 시체는 석 달 동안이나 방치되어 구더기가 방에 넘칠 정도로 끓었다고 한다. 환공은 천하를 주름잡고 다섯 패자의 우두머리가 됐지만, 신하들에게 시해당하고 고귀한 명성까지 잃어 천하의 웃음거리가 되었다. 이는 관중의 충언을 받아들이지 않고 자신의 고집대로 했던 까닭이다.

《한비자》에서 인용한 이러한 사례를 통해 환공이 충신의 말보다는 자신의 측근인 수조를 임용함으로써 죽어서도 관중을 견제하려고 한 일이 얼마나 어리석은 잘못인가를 알 수 있다. 따라서 제아무리 곁에 훌륭한 인물이 있어도 그를 활용하여 쓰지 못하면 제왕의 자격이 없는 것이다.

리더에게 중요한 것은 참모다. 참모가 어떤 역할을 하는가에 따라 리더의 역량이 드러난다. 참모의 실수는 곧 리더의 실수이고, 그것은 소직의 운영에 짐이 되는 것이다. 연륜 있는 재상의 말을 들었더라면 환공은 어리석은 결말을 맞지 않았을 것이다.

한비자는 노마지지의 일화를 통해 다음과 같은 결론을 내렸다.

관중의 총명함과 습붕의 지혜로도 알지 못하는 일에 봉착하면 늙은 말과 개미를 스승으로 삼는 것을 꺼리지 않았다. 지금 사람들은 자신의 어리석음을 알면서도 성인의 지혜를 본받을 줄 모르니, 이 또한 잘못된 것이 아닌가?

《한비자》〈설림 상〉

한비자의 말대로 늙은 말이나 하찮은 개미일지라도 충분히 배울 만한 점이 있다. 그런데도 잘 알지 못하면서 옛날의 성현이나 선배 들의 지혜를 거울 삼아 배우려 하지 않는 것이 안타깝다. 누구든 겸손한 자세로 진리를 배워나가는 것이 중요하다.

노마지지 이야기에서 볼 수 있듯이 축적된 지혜는 난관을 극복하는 데 큰 도움을 준다. 또한 위기를 맞아 자신의 마음을 가눌 수 있게 하는 것도 바로 연륜이다. 권토중래하며 재기를 도모했어야 함에도 그 기회를 놓친 항우를 떠올려보자. 스물네 살에 몸을 일으켜 대륙의 전장을 종횡무진하면서 7년 동안 일흔 번의 싸움에서 불멸의 전과를 세운 서른한 살의 불세출의 영웅 항우. 그가 유방만큼 나이가 많았다면 가슴속의 분노를 억눌렀을 것이다. 그러나 그는 젊은 패기와 자존심 때문에 단 한 번의 패배도 받아들이지 못했다.

나이는 그냥 먹는 것이 아니고, 경험은 아무짝에도 쓸모없는 것이 아니다. 젊은 세대의 빛나는 아이디어도 좋지만, 실패와 좌절의 위기를 몇 번씩 넘나들며 쌓은 연륜도 무시되어서는 안 된다.

04

교묘함보다 우직함이 낫다

교묘한 속임은 서툰 성실함만 못하다.

巧詐不如拙誠.

《한비자》〈설림 상〉

"뚝배기보다 장맛"이라는 말이 있다. 겉모양은 보잘것없으나 내용은 훨씬 훌륭함을 이르는 말이다. 물론 장맛을 제대로 내려면 뚝배기에 끓여야 한다. 그런데 세상은 투박한 뚝배기 같은 사람을 제대로 알아보지 못하는 경우가 많다.

악양樂羊이 위魏나라의 장수가 되어 중산을 공격할 때 그의 아들이 중산에 있었다. 중산의 왕은 그의 아들을 삶아 국을 만들어 보냈다. 악양은 막사 안에 앉아 국 한 그릇을 모두 먹었다. [위나라의] 문후文侯가 도사찬堵師贊에게 말하였다.

"악양은 나 때문에 자기 아들의 살점을 먹었소."

도사찬이 대답하였다.

"자기 자식을 먹었으니 또 누군들 먹지 못하겠습니까?"

악양이 중산을 멸망시키고 돌아오자 문후는 그의 공에 상을 내렸지만, 그의 마음은 의심하였다.

맹손孟孫이 어린 사슴을 사냥해 가신인 진서파秦西巴에게 그것을 가지고 돌아가도록 하였다. 그런데 사슴의 어미가 따라오면서 울부짖는 것이었다. 진서파는 참을 수가 없어서 새끼를 어미에게 주었다. 맹손이 돌아와서 사슴을 찾자 진서파가 대답하였다.

"제가 차마 견딜 수 없어서 사슴의 어미에게 주었습니다."

맹손은 매우 노여워하며 그를 내쫓았다. 석 달이 지나자 맹손은 다시 그를 불러 자식의 스승으로 삼았다. 맹손의 수레를 모는 자가 말하였다.

"지난번에는 그에게 죄를 주더니 오늘은 불러서 자식의 스승으로 삼았는데, 무엇 때문입니까?"

맹손이 말하였다.

"무릇 어린 사슴을 차마 하지 못했는데, 또한 내 아들을 차마 하겠는가?"

《한비자》〈설림 상〉

한비자는 교묘한 거짓말보다 우직한 것이 낫다고 강조했다. 악양은 공

을 세우고도 의심을 받았고, 진서파는 죄가 있었지만 더욱 신임을 얻었다. 사람의 마음을 움직이는 것은 뛰어난 공보다는 그 사람의 됨됨이를 볼 수 있는 우직함에 있다는 것을 역설한 말이 아니겠는가.

증종자曾從子는 칼 감정에 뛰어난 사람이었다. 위衛나라 군왕이 오나라 왕을 미워하고 있었는데, 증종자가 위나라 왕에게 말하였다.

"오나라 왕은 칼을 좋아하는데, 신은 칼을 감정하는 사람입니다. 신이 오나라 왕을 위해 칼을 감정해준다고 하고, 칼을 뽑아 그에게 보여주다가 그 틈에 왕을 위해 그를 찌르겠습니다."

위나라 왕이 말하였다.

"그대가 이 일을 하려는 것은 정의에 따른 것이 아니라 이익을 위하는 것이다. 오나라는 강하고 부유하며, 위나라는 약하고 가난하다. 그대가 만일 오나라로 간다면 나는 그대가 오나라 왕을 위해 이것을 나에게 사용할까 두렵도다."

그리고는 그를 내쫓았다.

《한비자》〈설림 상〉

리더의 자리에 있으면 아랫사람이 하는 말이나 행동을 제대로 판단할 수 있어야 한다. 따라서 아무리 충성이 담긴 말이라 해도 그 마음에 품은 생각이 무엇인지 따져보아야 한다. 묘책이라는 말은 도리어 리더의 심장을 파고드는 증종자의 칼이 될 수 있기 때문이다.

우직함으로 치자면 장량을 꼽을 수 있다. 권모술수가 판치는 천하쟁패의 소용돌이 속에서 타인을 배려하면서도 확고한 위상을 구축한 그는 장자방張子房으로 더 잘 알려져 있다.《사기》〈유후세가〉는 난세에 겸허·배려로 천하 경영을 도운 유방의 그림자요, 명철보신明哲保身의 달인인 장량의 이야기를 담고 있다.

장량이 은둔하던 중 어느 다리 위를 지나는데 한 노인이 자기 신발을 다리 아래로 떨어뜨렸다. 그러고는 장량에게 주워오라고 해 가져다주니, 신겨 달라고 하는 것이 아닌가. 하는 수 없이 신겨 주니 노인이 "젊은이가 가르칠 만하군, 닷새 뒤 새벽에 나와 여기서 만나지."라는 말을 남기고 사라졌다.

닷새 뒤에 약속 장소로 나가보니 노인이 이미 나와 있었다. 다시 닷새 뒤에 만나자고 하여 좀 더 일찍 갔으나 여전히 노인이 먼저 와 있었다. 다시 닷새 뒤에는 한밤중에 가서 기다리니 노인이 나타났다. "마땅히 이렇게 해야지." 하면서《태공병법太公兵法》이란 책을 내놓았다. 노인은 "이 책을 읽으면 왕 노릇 하려는 자의 스승이 되고 , 10년 후에 그 효과를 보게 될 것이다."라고 말한 후 사라졌다.

결국 장량은 노인의 말대로 유방이 가장 신뢰하는 모사가 됐다. 우직함과 겸허함이 한 인물의 성장에 얼마나 크게 작용하는지 알 수 있는 일화다. 다음은 장량의 면모를 볼 수 있는 글이다.

장막 안에서 꾀를 내어 눈에 보이지 않는 가운데 승리한 것은 자방子房(장량)이 그 일을 꾸몄기 때문이다. 그는 이름이 알려지지도 않았고 용감한 공적도 없었다. 그러나 어려운 것을 쉽게 해결하고 큰일을 작은 일로 처리했다.

《사기》〈태자공 자서〉

조직에서 인정받고 싶다면 톡톡 튀는 아이디어로 존재감을 각인시키는 것도 좋지만 자신을 있는 그대로 보여줄 수 있는 우직함도 필요하다. 승부에 천착하는 방식에서 벗어나 성실하고 우직하게 다가간다면 비록 시간이 오래 걸릴지라도 제대로 된 평가를 기대할 수 있지 않겠는가. 그러기에 공자도 '교언영색巧言令色' 하는 자에게는 인仁이 드물다고 했던 것이다.

05

사랑하면 가까워지고
사랑하지 않으면 멀어진다

어미가 미움을 받으면 자식도 팽개쳐진다.

其母惡者其子釋.

《한비자》〈비내〉

이 말은 "어미가 사랑스러우면 그 자식도 품에 안아준다."《한비자》〈비내〉
라는 말과 상대되는 말이다. 한비자는 말하기를, "남자는 나이 오십이 되
어도 여색을 좋아하는 마음이 그치질 않으나, 여자 나이 삼십이면 미모는
쇠한다. 미모가 쇠한 부인이 호색한 장부를 섬기면 그 자신이 내몰리고
천시되지 않을까 염려하고, 자식이 왕위를 계승하지 못할까 염려하게 된
다."《한비자》〈비내〉 그래서 만승의 나라의 군주나 천승의 나라의 군주에

게 그 후비나 부인으로서 자신의 아들이 태자로 봉해졌을 경우 간혹 군주가 일찍 죽기를 바란다는 것이다.

사람의 관계란 처음 생각했던 것과 달리 변하기 마련이다. 사람의 마음이 고정된 것이 아니듯 관계는 언제든 변하게 되어 있다. 더군다나 손익이 개입되면 그 속도는 더욱 빨라진다.

한비자의 말에 따르면 어머니가 태후가 되고 아들이 군주가 되면, 어머니는 무엇이든 못할 일이 없게 된다. 또한 남녀 간의 즐거움도 구속되지 않으므로 군주가 살아 있을 때와 다름이 없으며, 만승의 큰 나라를 자기 마음대로 움직일 수 있음은 의심할 여지가 없다. 따라서 군주를 독살하고 몰래 목을 졸라 죽이는 일이 생기게 되는 것이다. 그래서 옛 역사책 《도올춘추檮杌春秋》에 "군주가 병으로 사망하는 경우는 절반도 안 된다."고 했다. 역사에서도 그런 사례는 얼마든지 찾아볼 수 있다. 진시황이 후계자 문제를 두고 호혜와 갈등을 빚은 일도 그렇고, 한고조 유방이 후계자 문제를 두고 조강지처인 여태후와 척부인 사이에서 고민하던 일, 한 걸음 더 나아가 당 태종도 물론 예외는 아니었다.

군주가 지나치게 자기 아들을 사랑하면, 간신이 그 아들을 이용하여 자신의 사욕을 성취하려고 한다. 이태李兌는 조나라 혜문왕惠文王에게 붙어서 그 아버지 무령왕武靈王을 굶어 죽게 만들었다. 또한 군주가 되어 아내를 지나치게 사랑하면, 간신은 그 아내를 이용하여 자신의 사욕을 채우려고 한다. 그러므로 우시優施는 진나라 헌공獻公의 애첩 여희驪姬에게 붙어서 헌공의 후계자인 신생申生을 죽이고 여희의 아들 해계奚齊를 세웠다. 군주는 자기와 가장 가까운 아내와 가장 총애하는 아들도 오히려 믿을 수가 없다고 한비자는 말한다.

더군다나 신하는 군주와 핏줄로 이어진 관계도 아니다. 그저 위세에 얽매여 섬길 뿐이다. 신하 된 자는 군주의 마음을 엿보기에 잠시도 쉴 사이가 없는데, 군주는 태만하고 오만하게 그 위에 앉아 있다. 이 때문에 군주를 위협하고 군주를 시해하는 신하가 생기게 되는 것이다.

이렇듯 하나뿐인 군주 자리를 노리는 내부의 다툼은 상상을 초월했다. 신하들 역시 자신이 추종하는 자가 군주가 되면 영예를 누리지만 그렇지 못한 경우에는 곧바로 그 자리에서 물러나 쓰라린 아픔을 겪어야만 했다. 왕들은 혈연에 민감했고 내부의 적들을 단속하는 데에 온 힘을 기울이게 되었다.

한비자가 말하고자 하는 것은 군주의 아내가 나쁜 것이 아니라 군주의 아내라도 여느 사람들처럼 자기 이익에 따를 뿐이므로, 아무리 가까운 사람일지라도 경계해야 한다는 것이다. 그리고 아내와 자식처럼 가까운 사이도 오히려 믿어서는 안 되거늘 그 밖에 믿을 사람이 어디 있겠냐는 것이다.

그래서 한비자는 가까운 곳에 포진해 있는 적들로부터 살아남을 수 있는 방법을 〈비내〉 편에서 밝히고 있다. 군주는 자기가 죽으면 이로움이 있게 될 자를 경계해야 한다고 했다. 미워하는 자를 방비하더라도 화의 발단은 사랑하는 자에게서 생긴다.

현명한 군주는 사실로 입증되지 않은 일을 거론하지 않으며, 평소에 떳떳하지 않은 음식은 먹지 않는다. 먼 곳의 일은 귀로 듣고 가까운 일은 눈으로 보아서 안과 밖의 과실을 자세히 살피며, 말의 같고 다름을 살펴서 붕당의 대립 관계를 알아낸다. 일의 결과가 서로 부합하는가를 조사하여 진언한 일에 대한 성과를 보면서 책임을 따진다. 그리하여 뒤에 나타난 결과를 토대로 진언한 말이 이루어졌는지 확인하며, 법에 따라서 백성을 다스리고 여러 사람이 남긴 말의 단서를 서로 참조하여 살핀다. 아랫사람이 요행으로 상을 받는 일이 없고, 자기의 직분을 넘어서 행동하는 일이 없게 한다. 마땅히 죽어야 할 자는 죽이고 죄 지은 자를 용서하지 않는다면, 간사한 자가 사욕을 부려볼 여지가 없게 되는 것이다.

한비자는 아내란 사랑하면 가까워지고, 사랑하지 않으면 멀어지게 된다고 했다. 이렇듯 관계란 현재 원만하다고 해서 영원히 그 상태로 흘러가지 않는다. 사람의 마음이 상황과 이익에 따라 바뀌는 것은 어쩌면 당연한 것인지도 모른다.

현대 사회에서도 신망 있고 존경받는 사람이 자기 관리를 제대로 하지 못해 망신살이 뻗치는 경우를 종종 볼 수 있다. 수신제가치국평천하를 굳이 들먹이지 않더라도 평소 자신의 주변을 세심히 살피고 관리해야 한다. "군주의 죽음으로 이로워질 사람이 많으면 군주는 위태롭다."는 한비자의 경고는 윗자리에 올라갈수록 그만큼 자기 관리가 필요하다는 말로 해석할 수 있다.

06

눈앞의 이익만 보면 위기가 안 보인다

작은 이익을 탐하다가 큰 이익을 해친다.

顧小利, 則大利之殘也.

《한비자》〈십과〉

인간은 이기적인 동물이라 이익에 현혹되는 것을 말릴 수 없을 때가 많다. 그러나 작은 이익에 얽매이면 큰일을 그르친다. 당연한 것 같지만 군주는 통찰력을 갖고 조감하듯 세상을 보아야 한다. 즉 대국적인 판단과 목표를 위해 작은 것에 연연해선 안 된다.

예전에 진晉나라 헌공獻公이 괵虢나라를 공격하기 위해 우虞나라에 길을 빌리려고 하였다. 순식荀息이 말하였다.

"왕께서 수극垂棘의 옥과 굴屈 땅에서 생산된 명마를 우공虞公에게 뇌물로 주고 길을 빌려달라고 하면 반드시 우리에게 길을 빌려줄 것입니다."

군주 헌공이 말하였다.

"수극의 옥은 우리 선군先君의 보물이며 굴 땅의 명마는 과인의 준마인데, 만일 우리의 패물만 받고 우리에게 길을 빌려주지 않는다면 장차 어찌하겠소?"

순식이 대답하였다.

"저들이 우리에게 길을 빌려주지 않으려고 한다면 반드시 우리의 패물을 받지 못할 것입니다. 만일 우리의 패물을 받고 길을 빌려준다면 이것은 내부內府에서 그것을 꺼내어 외부外府에 넣어두는 것과 같고, 내구內廐에서 준마를 꺼내 외구外廐에 옮겨두는 것과 같습니다. 군주께서는 걱정하지 마십시오."

군주는 말하였다.

"허락하겠소."

그래서 [순식을 시켜] 수극의 옥과 굴산의 말을 우공에게 뇌물로 바치고 길을 빌려달라고 요구하였다. 우공은 재물에 욕심이 많았으므로 그 옥과 준마를 가지고 싶은 마음에 길을 빌려달라는 요구를 들어주려고 하였다. 이때 궁지기宮之奇가 간언하여 말하였다.

"허락해서는 안 됩니다. 우리 우나라에 괵이 있다는 것은 마치 수레에 보輔가 있는 것과 같습니다. 보는 수레를 의지하고 수레 또한 보에 의지하니 우나라와 괵나라의 형세가 바로 이와 같습니다. 만일 길을 빌려준다면 괵나라는 아침에 망하고 우나라는 그날 저녁에 뒤따라 망할 것입니다. 불가하오니 원컨대 허락하지 마십시오."

그러나 우공은 듣지 않고 마침내 길을 빌려주었다. 순식은 괵나라를 쳐서 이기고 자기 나라로 돌아온 지 3년 만에 군사를 일으켜 우나라까지 정벌하였다. 순식이 말들을 끌고 옥을 손에 들고 가 헌공에게 바치자 헌공은 기뻐하며 말하였다.

"비록 말의 나이는 더 늘어났지만, 옥은 그대로이구나!"

《한비자》〈십과〉

한비자는 우공의 군대가 격파당하고 영토마저 빼앗긴 이유는 눈앞의 이익에 마음이 끌려 큰 해를 염려하지 않았기 때문이라고 단언했다. 이러한 상황에 빠지지 않으려면 적어도 군주는 대국적인 판단에 따라 장기적인 대책을 간구해야 한다. 《여씨춘추呂氏春秋》에 '갈택이어竭澤而漁'라는 말이 나온다.

춘추시대 진晉나라 문공文公이 성복城濮이라는 곳에서 초楚나라와 일대 접전을 벌이던 때의 일이다. 워낙 초나라 군사의 수가 진나라 군사보다 많았고, 병력 또한 막강해서 문공은 도저히 이길 방법을 찾지 못하고 있었다.

그는 승리할 방법을 모색하다 호언狐偃에게 물었다.

"초나라의 병력은 많고 우리 병력은 적으니 이 싸움에서 우리가 승리할 방법이 없겠소?"

"예절을 중시하는 자는 번거로움을 두려워하지 않고, 싸움에 능한 자는 속임수를 쓰는 것을 싫어하지 않는다고 들었습니다. 속임수를 써 보십시오."

호언의 답을 들은 문공은 이번에는 이옹李雍의 생각을 물었는데, 그는 호언의 속임수 작전에 동의하지 않았다. 하지만 별다른 방법이 없었으므로 자신의 생각을 말했다.

"못의 물을 모두 퍼내어 물고기를 잡으면 잡지 못할 리 없겠지만 그 훗날에는 잡을 물고기가 없게 될 것이고, 산의 나무를 모두 불태워서 짐승들을 잡으면 잡지 못할 리 없겠지만 뒷날에는 잡을 짐승이 없을 것입니다. 지금 속임수를 써서 위기를 모면한다 해도 영원한 해결책이 아닌 이상 임시방편일 뿐입니다."

이옹은 물고기와 나무의 비유를 들어 눈앞의 이익만을 위한다면 결국 화를 초래한다고 말한 것이다. 이옹은 속임수보다는 오히려 후일을 기약하며 국력을 키우는 편이 낫다고 말하고 싶었는지 모른다.

한비자 역시 눈앞에 보이는 욕심에 눈이 멀어 이익만을 좇으면 자신은 물론 나라까지 위태롭다고 경고했다. 성과를 올리는 것만이 능사가 아니라 그 성과가 임금의 권위를 손상시키는 결과가 되어서는 안 되며, 눈앞의 이익보다는 조직의 안위가 중요하다고 생각한 것이다. 여기서 한비자는 단기적인 이익보다는 장기적인 안목이 있어야 조직을 굳건히 지킬 수 있음을 역설했다.

그런데 아무리 장기적인 계획을 짜고 실행해나간다고 해도 순간순간 눈앞의 이익에 집착하는 상황을 만나게 된다. 눈앞의 이익에 초연하지 않으면 더 나아가기 힘들 수 있음을 알아야 한다. 사마귀가 매미를 잡으려 하니 그 뒤에 참새가 기다리고 있었다는 '당랑포선螳螂捕蟬'이나 '황작재후黃雀在後'라는 말처럼 눈앞의 이익을 탐하다가는 오히려 위기를 맞을 수 있음을 기억해야 할 것이다. 세상 모든 일은 사슬처럼 연결되어 있어서 당신이 어떤 이익을 좇으면 분명히 그 뒤에 더 강력한 누군가가 당신을 주시하고 있을 것이다.

07

최고가 되어야 최고의 사람을 부린다

> 최상의 군주와 함께 있는 자는 모두 군주가 경외하는 자들이고, 중
> 등의 군주와 함께 있는 자는 모두 군주가 아끼는 자들이며, 하등의
> 군주와 함께 있는 자는 모두 군주가 업신여기는 자들이다.
>
> 君與處皆其師 中, 皆其友 下, 盡其使也.
>
> 《한비자》〈외저설 좌하〉

한비자는 군주를 세 등급으로 나누었다. 최하의 군주는 자신의 능력이 최
고라고 생각하는 군주이며, 중간 등급의 군주는 남의 힘에 기대는 군주이
며, 최상의 군주는 자기의 지혜와 남의 지혜를 함께 활용하는 군주나. 한
비자는 군주라면 자질구레한 일은 아랫사람에게 시키고, 자신은 핵심만
파악하고 엄중하게 감독하는 것이 중요하다고 말한다. 그 감독의 방식은
철저한 상벌론이다. 이는 군주가 할 일과 재상이 할 일, 신하가 할 일 등을

구분하는 데서 나오는 리더십이다. 한비자의 요지는 소통은 자칫 군주 자신을 위험하게 만든다는 것이다. 권력은 상하 간의 소통이 아니라 그것을 유지하는 힘과 감독에 있다고 보았기 때문이다.

진나라 문공이 초나라와 전쟁을 하다가 황봉 언덕에 이르러 대님이 풀리자 몸소 그것을 매었다. 주위에 있는 자가 말하였다.
"다른 사람에게 시킬 수 없는 일입니까?"
문공이 말하였다.
"내가 듣건대 최상의 군주와 함께 있는 자는 모두 군주가 경외하는 자들이고, 중등의 군주와 함께 있는 자는 모두 군주가 아끼는 자들이며, 하등의 군주와 함께 있는 자는 모두 군주가 업신여기는 자라고 하오. 과인은 비록 현명하지는 않지만 선왕 때부터 모시던 사람들이 모두 여기에 있기 때문에 그들을 어렵게 여긴 것이오."

계손季孫은 선비를 좋아했고, 죽을 때까지 엄정하게 살았으며, 집에 있을 때도 항상 조정에서와 같은 차림새를 하였다. 그러나 계손 또한 항상 그럴 수만은 없었으니 때때로 마음이 해이해져 그런 태도를 잃기도 하였다. 그래서 그러한 경우를 당한 빈객들은 계손이 자기를 싫어하고 하찮게 여긴다고 생각해서 원망하다 마침내 계손을 살해하였다. 그러므로 군자는 지나친 것도 버리고 심한 것도 버려야 할 것이다.
일설에는 이런 말이 있다. 남궁경자南宮敬子가 안탁취顔涿聚에게 물었다.
"계손은 공자의 제자들을 공양하면서 조정에서 입는 예복을 입고 좌담한 자가 수십 명이나 되었는데도 해를 입은 것은 무엇 때문입니까?"

[안탁취가] 말하였다.

"옛날 주周나라 성왕成王은 배우나 음악을 연주하는 사람을 가까이 두고 마음 내키는 대로 했으나 군자들과 더불어 [나랏]일을 상의해서 결단을 내렸으므로 천하를 다스릴 수 있었습니다. 지금 계손은 공자의 제자들을 공양하면서 조정에서 입는 복장을 하고, 함께 좌담을 한 자가 수십 명이나 되면서도 배우나 음악을 연주하는 사람들과 일을 상의하고 결정했으므로 이 때문에 해를 입은 것입니다. 그래서 '[일의 성패는] 함께 기거하는 사람에게 있는 것이 아니라 함께 도모하는 자에게 있다.'고 한 것입니다."

《한비자》〈외저설 좌하〉

두 일화를 통해 알 수 있는 것은 군주 스스로 자신을 최하로 떨어뜨리면 안 된다는 것과 군주가 자신을 최상으로 올릴 수 있는 자를 가까이에 두어야 한다는 것이다. 자신의 진가는 남이 알아주기 전에 스스로 만드는 것이다. 스스로 최고가 되어 있어야 최고의 사람들을 부릴 수 있는 것이다. 자기가 서 있는 만큼 볼 수 있는 법이니, 자기를 최고로 올리는 데 힘을 기울여야 한다.

08

재주 있는 사람은 결국 눈에 띈다

> 원숭이를 우리 속에 가두면 돼지처럼 된다.
>
> 置猿於牸中, 則與豚同.
>
> 《한비자》〈설림 하〉

〈설림 하〉 편에서 한비자는 서른일곱 가지 이야기를 다루었는데, 사물을 다양한 시각에서 분석할 수 있는 한비자의 예리한 통찰력과 빼어난 상상력을 엿볼 수 있다.

  백락伯樂이 두 사람에게 뒷발질하는 말을 감정해보도록 하였다. 두 사람은 함께 조간자趙簡子의 마구간으로 가서 말을 관찰하였다. 한 사람이 뒷발질하는 말을 고르자, 다른 한 사람이 뒤를 따라가며 말의 엉덩이를 세 번이나 쳤지만 그 말은 뒷발질을 하지 않았다. 이리하여 말을 고른 사람은 자기가 말을 잘못 감정했다고 생각하였다.

그중 한 사람이 말하였다.

"당신이 잘못 감정한 것이 아니오. 이 말은 어깨가 굽고 무릎이 부어올랐소. 무릇 뒷발질하는 말은 뒷발을 들어 앞발에 기대기 마련인데, 무릎이 부어올라 기댈 수 없으니 뒷발을 들지 못한 것입니다. 당신은 뒷발질하는 말을 보는 데는 뛰어나도 부은 무릎을 보는 데는 서투르군요."

《한비자》〈설림 하〉

한비자는 이 예화를 통해 무릇 일에는 반드시 귀결되는 바가 있으니, 무릎 뼈가 부어오른 다리로는 무거운 몸을 감당할 수 없음은 오로지 지혜로운 자만이 알 수 있다고 했다. 그리고 혜시의 말을 인용해 영리한 원숭이도 우리에 가두면 돼지가 되고 말듯이, 능력 있는 사람도 불리한 정세에 놓이게 되면 그 능력을 충분히 발휘할 수 없다고 역설했다.

'백락일고伯樂一顧'라는 말이 있다. 주周나라 때 말馬의 감정을 잘 알았던 백락이 한 번 돌아본다는 말로, 명마도 백락을 만나야 세상에 알려진다는 뜻이다. 그렇듯 재능 있는 사람도 그 재주를 알아주는 사람을 만나야 빛을 발한다. 능력은 누가 알아주느냐에 따라 바뀔 수 있다는 것을 한비자는 이 예화를 통해 말하고 싶었던 것이다.

《사기》〈여불위열전呂不韋列傳〉에 의하면 이렇다. 전국시대 말 위衛나라의 거상巨商 여불위가 어느 날 조나라의 수도 한단邯鄲에 머물고 있다가 우연히 진秦나라 소왕昭王의 손자 자초子楚가 인질로 잡혀 와 있는 것을 보았다. 사연은 이러했다. 자초의 아버지 안국군安國君에게는 아들 20여 명이 있었다. 안국군에게는 화양부인華陽夫人이란 정부인이 있었으나 슬하에 아들이 없었다. 자초는 안국군의 첩 하희夏姬의 아들이었는데 그의 생모는 안국군의 총애를 받지 못했다.

입지立地가 좁았던 자초가 조나라에 볼모로 온 것은 당연한 일이었다. 진나라는 인질 따위는 염두에 두지 않고 조나라를 자주 공격했기 때문에 조나라 역시 자초를 전혀 예우하지 않았다. 조나라에서 자초의 생활은 상상조차 할 수 없을 만큼 초라했다. 여불위는 그가 불쌍해 보이기는 하나 범상치 않은 인물임을 알고 진기한 물건은 사둘 가치가 있다는 뜻으로 '기화가거奇貨可居'라고 말했다. 여불위는 자초를 찾아가 소왕은 이미 늙었고 태자 안국군이 화양부인을 총애하는 현실을 짚어주었다. 그리고 자초가 20여 명이나 되는 형제 사이에서 서열이 밀린다는 점을 들었다. 우선 화양부인의 양자로 들어갈 수 있게 한 뒤, 나중에 후사를 이을 수 있도록 하겠다는 은밀한 제안을 했다.

여불위의 이런 제안에 자초는 머리를 숙이며 "당신의 계책대로 된다면 진나라를 그대와 함께 나누어 갖겠소."라고 다짐한다. 여불위는 한술 더 떠 자신의 아이를 임신한 첩을 자초에게 주어 훗날을 기약하고자 했다. 그의 예상은 적중했다. 자초는 태자로 책봉돼 왕위에 오르게 되었다. 자초가 3년 만에 죽자 여불위의 아들 영정嬴政이 대를 이어 왕이 되었다. 그가 서른아홉의 나이에 천하를 통일하고 중국 최초의 황제가 된 진시황이다. 여불위 역시 진나라의 상국相國이 되어 막강한 권세를 누렸다.

여불위는 비참한 말로로 세상을 끝내게 되었지만 안목과 미래를 예측

하는 능력은 뛰어났다. 그는 상품의 가치를 파악하는 실력이 타의 추종을 불허했는데, 특히 사람을 보는 안목이 뛰어났다. 상인 출신이었지만 상품에만 한정짓지 않고 세상의 모든 것에서 그 가치를 찾으려고 했다는 점이 크게 평가받는다. '주머니 속의 송곳'이라는 낭중지추囊中之錐란 말도 있듯이, 재주 있는 사람은 언젠가는 빛을 보게 된다. 세상도 넓고 인재도 많지 않은가. 단 그를 알아주는 자가 있어야 한다.

09

자신에게 이익이 되도록 일을 하라

사직을 세우는 자는 옷을 걸어 그것을 두고 일했다가 [완성되면] 단
정한 예복을 입고 제사 지낸다.

築社者, 攘捈而置之, 端冕而祀之.

《한비자》〈외저설 좌상〉

원래 인간이란 다른 사람을 위하는 것이라 여기면서 일을 하면 상대편을
책망하게 되지만, 자기를 위하는 것이라 여기면서 일을 하면 일이 잘 진
행되는 법이다. 그러므로 부자지간에도 서로 원망하거나 책망하는 경우
가 있고, 아랫사람을 고용할 경우에는 일을 잘 해달라는 의미에서 대접을
잘 해주는 경우가 많다.

문공文公이 송나라를 정벌하려고 하면서 먼저 다음과 같이 선언하여 말하였다.

"내가 듣건대 송나라 군주가 도가 없어 장로들을 멸시하고 업신여기며 재산 분배가 공평하지 않으며, 교령教令(군주의 명령)도 신뢰를 얻지 못한다고 하였다. [그래서] 나는 [송나라] 백성들을 위해 그를 주살하러 온 것이다."

월나라가 오나라를 정벌하려고 하면서 먼저 다음과 같이 선언하여 말하였다.

"내가 듣건대 오나라 왕은 여황如皇이라는 누대를 짓고 깊은 연못을 파서 백성들을 피폐하게 하고 수고롭게 하며, 재화를 낭비하고 백성들의 힘을 다 쓰게 하였다고 하였다. [그래서] 나는 [오나라] 백성들을 위해 그를 주살하러 온 것이다."

《한비자》〈외저설 좌상〉

〈외저설 좌상〉편에 실린 두 이야기의 공통점은 명분을 만들어 이익을 챙겼다는 것이다. 결국 자국의 이익을 위한 정벌이지만 명분이 있으면 사기가 높아지기 때문이다. 또한 제나라 환공이 채에 대한 분노를 숨기고 먼저 초나라를 공격했으며, 오기는 한 병사가 장차 쓸모가 있을 거라 생각해 그 종기의 고름을 빤 것이라고 한비자는 말한다.

진나라 문공이 나라로 돌아오게 되었는데, 황하에 이르러 영을 내렸다.

"변두籩豆를 버려라. 석욕席蓐도 버려라. 손발에 못이 박힌 자와 그 얼굴색이 검고 누렇게 된 자는 뒤로 가게 하라."

구범舅犯은 이 말을 듣고 한밤중에 소리내어 울었다.

문공이 말하였다.

"과인이 망명길에 오른 지 20년 만에 비로소 오늘 나라로 돌아오게 되었는데, 구씨舅氏께서는 이 소식을 듣고도 기뻐하지 않고 울었으니 아마도 과인의 나라로 돌아오는 것이 기쁘지 않으십니까?"

구범이 대답해 말하였다.

"변두는 식사하는 도구인데 군주께서는 그것을 버렸고, 석욕은 눕는 도구인데 군주께서는 그것을 버리라고 하셨습니다. 손발에 못이 박힌 자와 그 얼굴색이 검고 누렇게 된 자는 고생하며 공적을 세운 자들인데, 군주께서는 그들을 뒤에 오게 하셨습니다. 지금 신 또한 뒤에 있게 되었으니 마음속의 그 슬픔을 이기지 못해 이 때문에 소리내어 운 것입니다. 게다가 신은 군주를 위해 속임수와 거짓을 써서 나라로 돌아오도록 시도한 일도 많았습니다. 신은 오히려 저 자신을 미워하는데 하물며 군주께서야 어떠하시겠습니까?"

《한비자》〈외저설 좌상〉

실망하고 돌아가려는 구범에게 문공은 "사직을 세우는 자는 옷을 걸어 그것을 두고 일했다가, [완성되면] 단정한 예복을 입고 제사지낸다."는 말을 하며 만류한다. 같은 목적을 위해 일을 했던 문공과 구범이 목적을 달성했을 때 받아들이는 생각이 다른 것은 무엇일까?

한비자는 군주가 목표로 하는 것은 이익이고, 사용한 것은 힘이라고 말한다. 그런데 사람들은 그것을 정확히 이해하지 못하고 자기 식으로 해석한다. 학자의 걷잡을 수 없는 생각들을 선왕의 이름을 빌어 행하는 것은 시대에 맞지 않는 일이며, 선왕의 말 중에 선왕 자신은 가볍게 생각하고 있던 것을 현대에서는 오히려 중시하기도 하고, 또 선왕 자신이 중시하고 있던 것을 현대에 와서는 가볍게 생각하는 경우가 있다.

이는 진실이 제대로 파악되지 못하고 있음을 의미한다. 그런 사례로 송나라 사람이 글을 깨우쳐 알게 된 일이나, 양나라 사람이 기記를 읽은 이야기가 있다. 선왕의 글 가운데 영나라 사람의 편지와 같이 다른 곳이 있으면, 후세에 와서는 그것이 영나라 사람이 한 것으로 해석하기도 한다.

국사에 적합한 처치를 취하지 않고, 선왕의 말에 따라 계획을 세우는 일은 시장에서 신발을 살 때에 그 자리에서 자기 발에 맞추려고 하지 않고, 집에 돌아가서 신발의 크기를 재보는 일과 같은 것이라 했다. 그렇다면 왜 자기 방식대로만 해석하게 되었을까?

아이가 어릴 때 부모의 양육이 소홀하게 되면, 그 자식은 성장하여 부모를 원망하게 된다. 또 그 자식이 장년이 되었을 때 부모에 대한 효도를 망각하면, 그 부모는 자식을 책망하게 될 것이다. 부자 사이는 가장 친밀한 사이임에도 책망하거나 원망한다는 것은 서로 상대가 자기를 위해서 일을 한다는 마음이 없었기 때문이다.

아랫사람을 고용하여 씨앗을 뿌리거나 경작을 시킬 때, 주인이 집안 살림에서 과용을 하며 좋은 음식과 좋은 옷을 주고 노동의 대가로 돈도 챙겨주는 것은 그 아랫사람을 배려하기 때문이 아니다. 그렇게 후하게 대해야만 깊이 땅을 팔 것이며, 잡초를 샅샅이 뽑으리라 생각하기 때문인 것이다. 마찬가지로 아랫사람이 힘을 내어 재빨리 잡초를 뽑고 밭을 갈며 전력을 기울여 들일을 하는 것은 그 주인을 위해서가 아니다. 그렇게 부지런히 일을 해야만 맛있는 음식을 먹을 수 있고 돈을 벌 수 있다고 생각하기 때문인 것이다.

결국 주인과 일하는 사람 양쪽 모두 자기 이익만을 생각하고 있는 것이다. 그러므로 자기에게 이익이 되도록 일을 하면 적대적인 나라 사람과도 우호적으로 지낼 수 있고, 자기 이익을 떠나게 되면 부자지간도 서로가 원망하게 된다는 것이다.

한비자가 너무 냉혹하게 분석한 것 같지만 현실이 그렇다는 점은 부정하지 못할 것이다. 이해관계가 더욱 철저해진 현대 사회에서 개인의 이익 증대를 위해 목소리를 높이는 것 역시 당연한 행동인지 모른다. 같은 일을 하더라도 각자 생각하는 이익의 정도는 다르다. 하지만 남을 위해 죽도록 일하는 것이 아니라 자신의 이익과 목표를 위해 일한다고 생각하면 상대에 대한 파악도 어렵지 않으리라.

10

신뢰란 보이는 만큼 믿는 것이다

> 이보다 많으면 당신은 첩을 살 것이기 때문입니다.
>
> 益是, 子將以買妾.
>
> 《한비자》〈내저설 하〉

한비자에 따르면 천하는 이익에 따라 움직인다. 이 〈내저설 하〉 편에서도 사람마다 자기 이익에 따라 생각하고 행동하는 모습을 볼 수 있다.

위衛나라 사람 부부가 기도를 드리는데 축원하며 이렇게 말하였다.

"저희가 무사하게 해주시고 삼베 백 필을 얻게 해주십시오."

그 남편이 말하였다.

"어찌 그리 적은 것이오?"

대답하여 말하였다.

"이보다 많으면 당신은 첩을 살 것이기 때문입니다."

《한비자》〈내저설 하〉

이 일화는 부부란 한 이불을 덮고 살지만 서로 다른 생각을 하고 있다는 것을 말해준다. 인간의 성품은 선하지 않고 모든 것이 이해관계에 따라 결정된다는 비유가 허를 찌른다. 그러니 한 이불 속의 부부도 아니고 피를 나눈 형제도 아닌 군주와 신하, 백성과 백성이 서로를 믿지 못하는 것이 당연하지 않은가. 심지어 풍년이 들어 나그네에게 곡식을 주는 선행도 식량이 많이 생겨 남아돌기 때문이라는 게 한비자의 논리다.

초나라 왕의 사랑을 받는 첩으로 정수鄭袖라는 자가 있었다. 초나라 왕이 새로 미녀를 얻었다.

그래서 정수는 그녀에게 가르쳐 말하였다.

"왕은 사람들이 입을 가리는 것을 매우 좋아하십니다. 왕을 곁에서 섬길 때는 반드시 입을 가리도록 하세요."

미녀는 [궁궐 안으로] 들어가 왕을 알현해 가까이 있을 때는 입을 가렸다. 왕이 그 까닭을 물으니 정수가 말하였다.

"이는 정녕 왕의 냄새를 싫어해서라고 하였습니다."

왕과 정수, 미녀 세 사람이 앉아 있을 때 정수는 미리 모시는 신하에게 경계시키며 이렇게 말하였다.

"만약 왕이 어떤 말씀을 하시면 반드시 왕의 말을 듣고 빨리 행하도록 하시오."

미녀는 앞으로 나아가 왕 가까이 갈 때는 여러 번 심하게 입을 가렸다. 왕이

불끈 노여워해 말하였다.

"코를 베어라."

모시고 있던 자가 칼을 뽑아 미인의 코를 베었다.

《한비자》〈내저설 하〉

정수는 자신을 지키기 위해 상대를 파멸시킨 비정한 사람이다. 코를 베인 미인은 궁정에서 자신이 파멸될 수 있음을 모르고 있었다. 궁정 안에서 벌어지는 치열한 이해관계에서 누군가는 피해를 입을 수밖에 없다.

소희후昭僖候 때 요리사가 음식을 올렸는데, 고깃국 속에 생간이 들어 있었다. 소희후는 요리사의 조수를 불러들여 질책하여 말하였다.

"그대는 어찌하여 과인의 고깃국 속에 생간을 넣었느냐?"

요리사의 조수는 머리를 조아리며 사죄를 하며 말하였다.

"남모르게 요리사를 없애고 싶었습니다."

일설에는 이런 말이 있다. 희후가 목욕을 하는데 탕 속에 작은 돌이 있었다. 희후가 말하였다.

"나의 목욕 일을 맡은 벼슬아치를 면직시킨다면 이 일을 대신 맡을 자가 있는가?"

주위에 있는 자들이 대답하였다.

"있습니다."

희후가 말하였다.

"불러오도록 하라."

[희후는] 그를 질책해 말하였다.

"어찌하여 탕 속에 작은 돌을 넣었느냐?"

대답하여 말하였다.

"목욕 일을 맡은 벼슬아치가 면직되면 신이 대신 그 자리를 얻게 될 것이기 때문에 탕 속에 작은 돌을 넣었습니다."

《한비자》〈내저설 하〉

이렇듯 어떤 자리든 이해관계가 얽혀 있으면 호시탐탐 기회를 노리며 그 자리를 차지하려는 것이 인간의 속성인지도 모른다. 그래서 한비자는 감정적인 인간이야말로 가장 위험하고 믿을 수 없는 존재라고 했다.

한비자는 무슨 일이 발생하여 그 배후를 알고자 할 때 수혜자가 그것을 관장하고 있는 법이므로 해를 입는 일이 있거든 반드시 입장을 바꾸어 누가 이익을 얻고 있는가를 생각해보아야 한다고 했다. 그러므로 현명한 군주가 일을 처리할 때 국가에 해를 끼치게 되면 누가 이익을 얻는지를 생각해야 하며, 신하가 비록 해를 입게 된다 하더라도 국가에 이익이 되도록 처리해야 한다고 강조했다.

오늘날이라고 다르겠는가. 저마다 생존을 위해, 그리고 퇴출 대상이 되지 않기 위해 몸부림치는 우리도 적절한 비굴과 자기기만으로 하루하루 살아가고 있다. 기업을 비롯한 조직에서도 온정적인 관계보다는 객관적이고 냉정한 관계가 더 어울린다. 보이는 것만큼만 서로 믿는 것이 신뢰다. 오히려 서로의 이해관계를 인정하고, 함께 정한 규칙이라도 지키는 것이 도리가 아닐까 싶다.

11

자만하는 순간 벼랑 끝에 서게 된다

> 뛰어난 목수는 눈대중으로도 먹줄을 사용한 것처럼 맞출 수 있지만 반드시 먼저 규規와 구矩를 가지고 재며, 뛰어난 지혜를 가진 자는 민첩하게 일을 처리해도 사리에 들어맞지만 반드시 선왕의 법도를 귀감으로 삼습니다.
>
> 巧匠目意中繩, 然必先以規矩爲度 上智捷擧中事, 必以先王之法爲比.
>
> 《한비자》〈유도有度〉

법도에 따라 다스린다는 것은 공평한 사회를 만드는 것과 같다. 먹줄이 곧아야 굽은 나무도 곧게 자를 수 있는 법이다. 수평기가 평평해야 고르지 못한 면도 다듬을 수 있으며, 저울로 무게를 가려야 무거우면 덜고 가벼우면 더할 수 있고, 되와 말을 갖춰야 많으면 줄이고 적으면 보탤 수 있는 것과 같은 이치다.

한 나라를 다스리면서 몸으로 모든 관리를 관찰하면 날이 부족하여 힘이 공급되지 못하고, 군주의 눈으로 보면 아랫사람이 꾸며서 보게 하고, 귀를 사용하면 역시 소리를 꾸미게 된다. 윗사람이 깊게 생각하면 아랫사람이 말을 꾸미게 되므로, 군주가 자신의 능력을 믿으며 다스리려 하는 것은 목수의 눈대중에 의지함과 같은 이치라는 것이다.

그러므로 한비자는 군주가 자신의 능력이나 지혜에 자만하지 말고 법도에 따라야 한다고 강조한다. 윗사람의 잘못을 바로잡고, 아랫사람의 속임수를 꾸짖으며, 혼란을 안정시키고 예외를 인정하지 않고, 백성들이 따라야 할 표준을 하나로 통일하는 데 법보다 나은 것이 없다는 것이다.

형벌이 엄중하면 귀족이 천한 사람을 업신여기지 못하고, 법이 강력하면 왕은 존중받으며 침해받는 일이 없다. 그러면 왕의 권력은 강화되고 신하들을 장악하게 된다. 그러므로 선왕들이 이를 귀중하게 여기고 전한 것이다. 왕이 법을 버리고 사사롭게 처리하면 위아래의 분별이 없어진다.

역사상 많은 군주가 자멸한 원인 중 하나는 안으로 자신의 역량을 헤아려보지 않았기 때문이다. 자신의 지혜를 버려야 총명해질 수 있고, 용맹을 버려야만 강해질 수 있다는 명제는 자신이라는 울타리에 사로잡혀 통찰의 기회를 잃어버리지 말라는 경고다. 자신을 과신하지 않음으로써 자신의 역량을 오히려 더 극대화할 수 있는 것이다.

대부분의 전쟁을 이긴 항우가 몰락한 것은 부하의 의견에 귀를 기울이지 않고 자신의 판단만을 믿으려 한 자만 탓이었다. 명망 있는 가문 출신, '항우 장사'라 불린 힘, 천하를 호령할 만한 배짱 등을 갖춘 항우에게 없는 것이 있었으니, 바로 실패에 대처하는 방법이었다. 그는 유방의 군대에 몰려 위기에 처한 상황에서도 자신에 대해 깨닫지 못했다.

"여덟 해 동안 직접 일흔 번이나 싸우면서 맞선 자는 쳐부수고 공격한 자는 굴복시켜 이제껏 패한 적이 없었다. 그러나 지금 이곳에서 곤경에 처했으니 이는 하늘이 나를 망하게 하려는 것이지, 내가 싸움을 잘하지 못한 탓이 아니다.”

그가 기병에게 한 말에서도 알 수 있다. 항우는 오강을 건너 살아남게 되어 후일을 도모할 수 있었음에도 스스로 목숨을 끊고 말았다. 훗날 당나라 시인 두목은 〈제오강정題烏江亭〉이란 시에서 항우의 처신을 두고 안타까워하며 ‘권토중래捲土重來’라는 말을 탄생시켰다.

이기고 지는 것은 전쟁에서 기약할 수 없는데 勝敗兵家不可期

치욕을 안고 견디는 것이 사나이다 包羞忍恥是男兒

강동의 자제들 중에는 인재가 많으니 江東子弟俊才多

흙을 말아 올려 다시 오는 날을 아직 알지 못한다 捲土重來未可知

사내대장부라면 오히려 치욕을 견디고 슬픔을 감내해야 자신의 포부를 실현할 수 있는 법이다. 하물며 서초패왕西楚霸王이라 불리며 천하를 호령하던 군주의 처신이라고 보기는 무리가 있지 않은가. 자만은 스스로를 이기는 힘이 부족하다. 항우가 실패와 좌절을 경험하며 그것을 극복할 수 있는 힘을 갖고 있었다면 어리석은 선택은 하지 않았을지도 모른다.

자만심이 생기면 현 상태에 안주하게 되는 법이다. 그러다 보면 군주가 사사로운 판단에 기대 일을 처리하게 되고, 군주와 신하의 구분이 없어지게 된다.

법은 [신분이] 귀한 자에게 아부하지 않고, 먹줄은 굽은 모양에 따라 구부려 사용하지 않는다.

《한비자》〈유도〉

법을 세웠으면 형평성과 공정성에 따라야 한다고 한비자는 말한다. 법이 제대로 서게 되면 지위가 높다 해서 낮은 사람을 능멸할 수 없으며, 일을 공정하게 처리할 수 있게 된다. 아랫사람이 잘못을 저질렀을 때 그것을 단죄할 수 있는 원칙은 법이 아니면 안 된다는 한비자의 논리는 상벌의 권한을 통해 군주가 권력을 강화할 수 있다고 믿는 그런 차원의 것이다. 그 이유는 자명하다. 인간은 사사로이 법을 어길 때가 있으므로, 공적인 영역인 법률로 다스려야 최소한의 통치와 권력 유지가 가능하다.

조직을 관장하는 리더가 자만심에 빠지면 시대의 흐름에 발 빠르게 대처하지 못해 경쟁에 뒤처지는 결과를 맞게 된다. 실제로 실패한 기업을 살펴보면 과거의 성공 경험에서 비롯된 자만심 탓에 성장을 지속하지 못하는 경우가 많다. 리더의 자리는 많은 권한이 부여되지만 스스로 선택할 수 있는 폭이 좁을 수도 있다. 그러기에 자신의 사사로운 판단에 기대기보다는 정해진 원칙을 중심에 두고 형평성과 공정성을 잃지 않은 채 일을 처리해야 할 것이다.

12

자신에게 엄격하면 위엄이 선다

> 듣기로 편작이 질병을 치료할 때는 칼로 **뼈**를 찔렀고, 성인이 위태
> 로운 나라를 구할 때에는 충성스러운 말로 [군주의] 귀를 거슬렀다고
> 한다.
>
> 聞古扁鵲之治其病也, 以刀刺則骨 聖人之救危國也, 以忠拂耳.
>
> 《한비자》〈안위安危〉

상황을 거시적으로 보고 처리하는 것이 리더의 자세다. 아첨을 싫어하는
군주는 없다고 하지만 그러한 말을 이겨내고 냉정한 시각으로 사물을 바
라보는 지혜가 필요하다. 위엄은 스스로에게 엄격해야만 서는 것이며, 아
랫사람의 말을 경청하면서 엄정한 정치를 해야만 한다.

뼈를 찔렀으므로 몸에 통증은 있었지만 오래도록 이로움이 있었고, 귀
를 거스르는 말을 했으므로 마음에 반감은 있었지만 나라에는 오래도록

복이 있게 되었다. 그러므로 심한 질병에 걸린 사람은 통증을 참아내야 이롭고, 용맹하고 강인한 군주는 귀에 거슬리는 말이 그에게 복이 된다. 통증을 참아냈으므로 편작이 자신의 의술을 다 펼쳤고, 군주가 귀에 거슬리는 것을 참았기 때문에 오자서는 충언을 할 수 있었던 것이다.

이것이야말로 건강하게 오래 살고 나라가 평안해지는 방법이다. 질병이 있으면서도 고통을 참지 못한다면 편작의 의술이 효과를 잃게 될 것이고, 나라가 위태로운데도 귀에 거슬리는 것을 피한다면 성인의 뜻을 잃게 될 것이다. 이렇게 하면 나라의 원대한 이익은 후세까지 전해지지 못할 것이고, 공과 명성은 오래도록 쌓이지 못할 것이다.

한비자는 국가를 안전하게 하는 일곱 가지 방법이 있고, 국가를 위태롭게 만드는 여섯 가지 길이 있다고 했다. 국가를 안전하게 하는 방법은 다음과 같다. 첫째, 상과 벌은 옳고 그름에 따라 주어야 한다. 둘째, 화와 복은 선과 아에 따르도록 해야 한다. 셋째, 죽이고 살리는 것은 법령에 따라야 한다. 넷째, 사람을 평가할 때에는 현명한지 불초한지 살필 뿐 사랑과 미움을 버려야 한다. 다섯째, 사람을 평가할 때에는 그가 어리석은지 슬기로운지 실증에 따를 뿐 남의 비방이나 칭찬에 끌리지 말아야 한다. 여섯째, 일정한 법도가 있어야 하고 마음대로 일을 처리하지 말아야 한다. 일곱째, 믿음이 있고 속임수가 없어야 한다.

그리고 국가를 위태롭게 하는 여섯 가지 길은 다음과 같다. 첫째, 법을 안으로 적용하여 일을 처리하는 것이다. 둘째, 법을 법 밖으로 확대하여 처리하는 것이다. 셋째, 남의 해를 자신의 이익으로 삼는 것이며, 넷째는 남의 환란을 즐거워하는 것이다. 다섯째, 남의 편안한 것을 불안하게 만드는 것이고, 여섯째는 사랑해야 할 자를 가까이하지 않고 미워해야 할 자를 멀리하지 않는 것이다. 이렇게 하면 사람들이 삶의 즐거움을 잃고 죽음이 두려운 것임을 잊는다. 사람들이 삶을 즐겁게 여기지 않으면 임금을 존중하지 않고, 죽는 것을 두렵게 여기지 않으면 임금의 명령은 시행되지 않는다.

천하 사람들에게 지혜와 재능을 다 바치게 하고 법도에 따르도록 한다면, 그런 군주는 군대를 동원하여 싸우면 이기고, 가만히 지키고 있으면 나라가 편안하게 될 것이다. 나라를 다스릴 때 사람들이 올바른 일을 하며 사는 것을 기뻐하게 하고 자신을 사랑하기 때문에 잘못된 일을 하지 않게 하면, 소인은 적어지고 군자는 많아질 것이다. 그리하여 사직은 길이 보전되고 국가는 오래도록 편안하게 될 것이다.

군자는 위태한 곳을 피하기 때문에, 난폭하게 달리는 수레 위에 공자가 있지는 않을 것이며, 엎어진 배 밑에 백이伯夷가 있지는 않을 것이다. 호령은 나라의 배와 같고 수레와 같은 것이다. 호령이 바르고 나라가 편안하면 지혜롭고 청렴한 풍습이 생기고, 호령이 난폭하여 나라가 위태하면 쟁탈이 일어나고 비열하게 행동할 것이다. 그러므로 마치 배고프면 먹고 추우면 입는 것처럼 나라를 편안하게 하는 방법을 자연스레 시행한다면, 특별히 명령을 내리는 일이 없어도 잘 다스릴 수 있을 것이다.

13

잦은 변화는 손실만 가져온다

> 큰 나라를 다스리는 것은 마치 작은 생선을 찌듯이 하여야 한다.
>
> 治大國者若烹小鮮.
>
> 《한비자》〈해로〉

변화란 필요할 때가 있지만 너무 잦으면 불안정하고 손실을 안겨주게 된다. 기술자가 일을 바꾸면 일을 그르치기 쉽다. 또한 직업을 바꾸게 될 경우 그에 종사하는 사람이 많으면 많을수록 그 손해는 커지는 법이다.

이처럼 뭔가를 자꾸 바꾸면 손실은 커진다. 특히 법령은 자주 바꾸게 되면, 그만큼 백성들의 고통도 심해진다. 덕이 있는 군주는 백성들을 혼란스럽게 하지 않는 법이다.

한비자는 노자의 말을 빌려 "큰 나라를 다스리는 것은 마치 작은 생선을 찌는 것과 같이 조용하고 천천히 하지 않으면 안 된다."고 했다. 작은 생선을 삶을 때 자주 뒤적이면 보기 흉해지기 때문이다.

큰 나라를 다스릴 때에는 법을 자주 바꾸면 안 된다. 법령이 바뀌면 이로움과 해로움이 바뀌게 되고, 그렇게 되면 백성들이 힘써야 할 일도 바뀐다. 힘써야 할 일을 바꾸는 것은 하던 업종을 바꾸는 것이며, 본질 자체도 달라질 수 있다. 이런 이치에서 볼 때, 사람을 쓰면서 자주 일을 바꾸면 성공할 확률이 적다. 큰 물건을 보관했다가 자주 자리를 옮기게 되면 그만큼 손상되는 부분이 많아지는 것과 같은 이치다. 프로라면 다른 사람이 눈치채지 못하게 능수능란하게 일을 처리한다. 그래서 한비자는 강조한다.

"불길을 잡으려는 자가 물 항아리를 들고 불 속으로 달려간다면 한 사람을 부린 것이고, 채찍을 쥐고 사람들을 재촉한다면 만 사람을 부린 것이다. 이 때문에 성인은 백성을 직접 다스리지 않으며, 현명한 군주는 사소한 일을 직접 처리하지 않는다."

《한비자》〈외저설 우하〉

노나라 사람이 자신은 삼실로 신을 잘 만들고 아내는 흰 비단을 잘 뽑았다. 그들이 월나라로 이사를 가려고 하자 어떤 사람이 말하였다.

"그대는 반드시 궁핍하게 될 것이오."

그러자 노나라 사람이 말하였다.

"무엇 때문이오?"

[어떤 사람이] 말하였다.

"신은 발에 신는 것인데 월나라 사람은 맨발로 다니고, 흰 비단은 관冠을 만드는 것인데 월나라 사람들은 머리카락을 풀어헤치며 살아가오. 당신의 뛰어난 기술이 쓰이지 않는 나라로 간다면, 궁핍하지 않으려고 하여도 그것이 가능한 일이겠소?"

《한비자》〈설림 상〉

변화가 필요한 때도 있지만, 원칙 없이 자주 변화를 주는 것은 오히려 일을 그르칠 수 있다. 특히 교육의 경우 자주 정책을 바꾸면 방향을 잃게 되고, 결과적으로 교육의 뿌리가 흔들릴 수 있다. 그래서 교육을 백년지대계라고 하지 않는가.

이는 전한前漢 시대 어사대부御史大夫였던 조조晁錯가 '논귀속소論貴粟疏'를 통해 상소를 올렸던 글에 나오는 조령모개朝令暮改와도 의미가 통한다. 당시 흉노가 자주 북쪽 변방을 침범하여 약탈을 일삼는 까닭에 백성들의 생활은 말할 수 없을 정도로 피폐해졌다. 상소문에는 "지금 농가에서는 봄에 경작하고 여름철에 풀 뽑고 가을에 수확하여 겨울에 저장하는 외에 관청을 수리하고 부역에 불려 나가는 등 춘하추동 쉴 날이 없습니다. 또한 홍수와 한발의 재해를 당한데다가 갑자기 세금이나 부역까지 떠안게 되었습니다. 이것은 일정한 때도 정해져 있지 않아, 아침에 영을 내리고 저녁에 고쳐집니다. 전답이 있는 사람은 반값으로 팔고, 없는 사람은 빚을 내어 십 할의 이자를 내기도 합니다. 이리하여 농지나 집을 팔고, 자손을 팔아 부채를 갚는 자가 나오게 되는 것입니다."《사기》라고 적고 있다. 나라에서 아침에 명령을 내렸다가 저녁에 바꾸면 할 일이 많은 백성들은 더 힘들어지므로 법령에 일관성이 없어서는 안 된다는 뜻이다.

나라를 다스리는 근본은 백성의 마음을 살피는 것이다. 그렇기에 군주는 기본적인 제도를 갖추고 백성 개개인으로 하여금 이익을 추구하게 하고 누리게 하면 되는 것이지, 불필요한 규제를 만들어 백성들을 괴롭히는 무소불위無所不爲의 권력을 휘둘러선 안 된다.

조직에서도 마찬가지다. 조직의 상황에 따라 변화가 필요하지만 잦은 조정과 개혁은 혼란과 불안을 증폭시킬 수 있다. 잦은 변화보다는 강력한 영향력을 지닌 종합 대책이 안정감을 가져다줄 수 있다.

14

그루터기에 앉아 토끼를 기다리지 마라

> 형벌이 가볍다고 해서 자애로운 것이 아니고, 형벌이 엄하다고 해서 잔혹한 것이 아니며, 그 사회의 습속에 따라 [일을] 처리하는 것이다. 그러므로 일이란 시대의 변화에 따르므로 대처하는 방책도 일에 적용해야 한다.
>
> 罰薄不爲慈, 誅嚴不爲戾, 稱俗而行也. 故事因於世, 而備適於事.
>
> 《한비자》〈오두〉

송(宋)나라 사람으로 밭을 가는 자가 있었다. 밭 가운데에는 그루터기가 있었는데, 토끼가 달려가다 그루터기에 부딪쳐 목이 부러져 죽었다. 그러자 농부는 쟁기를 놓고 그루터기를 지키며 다시 토끼 얻기를 기다렸다. 토끼는 다시 얻을 수 없었으며, 그 자신은 송나라 사람들의 웃음거리가 됐다.

고대 제왕의 정치를 좇아 현재의 백성을 다스리려고 하는 것은 모두 토끼를 얻기 위해 그루터기를 지키는 것과 유사하다. 한비자는 수주대토

守株待兎라는 고사성어를 통해 오늘날의 세상을 다스리기 위해 선왕의 정치 스타일을 고수하는 것은 마치 농부가 그루터기를 지키는 것과 다를 바 없다는 입장을 보였다. 제아무리 훌륭한 정치라 할지라도 옛날의 방식을 그대로 현대에 적용시키려 한다면 무리가 따르기 마련이다. 기존의 관념에 사로잡혀 있다가는 순식간에 시대에 뒤처지게 된다. 그루터기만을 바라보고 있는 저 농부와 같은 어리석음을 범해서는 안 될 것이다.

《장자》〈천도〉에 나오는 이야기가 있다.

"제나라의 환공桓公이 당상堂上에서 책을 읽고 있었다. 윤편이 당하堂下에서 수레바퀴를 깎아 만들고 있다가 망치와 끌을 놓고 올라가 환공에게 물었다.

"전하께서 읽으시는 것은 무엇입니까?"

환공이 대답했다.

"성인의 말씀이오."

"성인이 살아계십니까?"

"벌써 돌아가셨소."

"그럼 전하께서 읽고 계시는 것은 옛 사람의 찌꺼기로군요."

환공은 화가 나서 말했다.

"내가 책을 읽고 있는데 바퀴 만드는 목수 따위가 어찌 시비를 거느냐? 이치에 닿는 설명을 하면 괜찮지만, 그렇지 못하면 죽이겠다."

윤편이 대답했다.

"저는 제 일로 보건대, 수레를 만들 때 너무 많이 깎으면 헐거워서 튼튼하지 못하고, 덜 깎으면 빡빡하여 들어가지 않습니다. 더 깎지도 덜 깎지도 않는다는 일은 손짐작으로 터득하여 마음으로 수긍할 뿐 입으로 말할 수가 없습니다. 거기에 비결이 있습니다만, 제가 제 자식에게 깨우쳐줄 수 없고, 제 자식 역시 제게서 이어받을 수 없습니다. 그래서 일흔이나 된 이 나이에도 늘그막까지 수레바퀴를 깎고 있는 것입니다. 옛 사람도 그 전해줄 수 없는 것과 함께 죽어버렸습니다. 그러니 전하께서 읽고 계신 것은 옛 사람의 찌꺼기일 뿐입니다."

환공은 그렇다고 생각했다.

형벌은 백성들이 두려워하고 싫어하는 것이지만 거꾸로 그들의 간악한 행위를 막을 수 있는 수단이 된다. 이것은 말을 부리는 데 채찍이나 재갈이 있어야 하고, 물건을 만들 때에 먹줄이나 컴퍼스가 있어야 하는 것과 같은 이치라는 것이다.

이러한 인식 아래 한비자는 자신이 처한 시대적 상황에서는 유가나 묵가墨家들이 군주와 신하의 관계를 어버이와 자식의 관계처럼 한다면 나라가 잘 다스려질 것이라고 한 주장이 타당성이 없다며 강력히 반대했다. 그는 공자가 성인이었음에도 70여 명밖에 따르는 사람이 없었지만, 어리석은 군주였던 노나라 애공哀公에게는 백성들이 몰려들었으며 공자의 군주가 됐다는 사실을 들어 세력의 중요성을 강조했다.

《여씨춘추呂氏春秋》〈찰금察今〉에 '각주구검刻舟求劍'이라는 말이 나온다. 초나라 사람이 강을 건너다 칼을 물에 빠뜨렸는데, 그는 황급히 칼을 떨어뜨린 뱃전에 표시를 새겼다. 배가 강가에 닿자 그는 표시가 새겨진 뱃전 아래의 물로 뛰어들었다. 배는 이미 지나왔고 칼은 이미 빠뜨린 물속에 있는데, 어떻게 칼을 찾겠는가. 〈찰금〉에는 "옛날 법으로 나라를 다스리는 것도 이와 같다. 때는 이미 지나갔는데 법이 그걸 따라가지 못한 상태에서 나라를 다스린다면 어찌 어렵지 않겠는가?"라는 해설이 뒤이어 나오는데 수주대토와 다를 바 없다.

한비자는 시대의 변화와 민심을 인식하지 못하는 제자백가를 나무랐다. 고지식하고 융통성 없이 옛사람들의 찌꺼기로 살 것이 아니라 현실을 직시하고 방법을 세우라는 것이다. 한비자의 말처럼, 리더라면 그루터기를 지키며 토끼를 기다리지 않는다. 영리한 토끼는 위기에 대비해 세 개의 굴을 파고 산다는 '교토삼굴狡兎三窟' 이야기의 토끼가 되는 것은 어떨까?

15

만족을 모르면 근심도 떠나지 않는다

> 욕심을 내는 것보다 큰 재앙은 없다.
>
> 禍莫大於不知足.
>
> 《한비자》〈유로〉

사람에게 욕심이 생기면, 그 욕심은 꼬리를 물고 사악함으로 이어지게 된다. 한비자는 욕심과 욕망을 적극적으로 부리게 되면 백성들을 꼬드겨 간악한 일을 하도록 만들고, 소극적으로는 선한 사람에게 화를 입히게 한다고 했다. 위로는 군주를 범하고, 아래로는 백성에게 상처를 입히는 죄를 짓게 된다.

인간의 욕망은 끝이 없어 제후가 되면 천금의 재산을 쌓으려는 욕심을 부리니 근심이 떠날 날이 없다. 노자는 더 나아가 "만족을 모르는 것이 최대의 화근이다."라고 했는데, 우리의 삶도 마찬가지다. 우리 인간은 만족을 모르기에 끝없는 욕심으로 자신을 망치고 남도 망치게 된다. 적당한 시점과 적당한 자리에서 멈춤의 지혜를 발휘하는 것은 결코 쉽지 않다. 여기에는 욕망의 그림자가 숨어 있다. 한비자가 예시한 것을 보기로 하자.

지백智伯은 범씨范氏와 중항씨中行氏를 병합하고 조趙나라를 공격하려고 하였으나, 한韓나라와 위魏나라가 지백에게서 등을 돌려 지백의 군대는 진양晉陽에서 패하였다. 지백 자신은 고량高梁 동쪽에서 죽었으며, 영토는 마침내 세 나라로 갈라졌다. 지백의 머리는 잘려 옻칠이 된 뒤 요강으로 만들어졌다.

《한비자》〈유로〉

결과란 좋을 수도 있고 나쁠 수도 있다. 그러나 욕심에 얽매이게 되면 마음의 평정을 유지하기 어렵다. 냉혹한 현실에서 우리가 살아가기 위해 취해야 할 삶의 방식은 어때야 할까?

한비자는 그것을 '도道'라고 보았다. 천하에 도가 행해지고 위급이나 우환이 없으면 세상은 조용하고 파발마나 급사를 보낼 일이 없다고 했다. 노자는 이러한 상황을 "빠른 말을 달리게 할 필요가 없고 논밭 가는 데 이용할 따름"이라고 했다. 반대로 천하에 도가 행해지지 않으면 전란의 세상이 되어 서로 공격하는 일이 그치지 않게 된다. 그래서 전쟁 속에서 병사는 갑옷을 오래 입다 보니 이가 들끓고 막사에 새가 둥지를 틀어도 병사는 고향에 가지 못한다고 했다.

　그렇다면 욕심을 버리는 것은 무엇일까? 군주의 입장에서는 패왕이 된
다면 더욱 좋고, 사람은 부귀하게 된다면 더욱 좋다. 하지만 무엇보다 족
한 걸 알고 자기 자신에게 해가 되는 일을 하지 않으면 나라는 망하지 않
고 그 몸은 죽지 않는다고 했다. 그래서 노자는 "만족함을 알면 항시 만족
하게 된다."고 했다.

　초楚나라 장왕莊王이 황하黃河와 형옹衡雍 사이에서 승리하고 돌아와 손
숙오孫叔敖에게 상을 주려고 하자, 손숙오는 한수漢水 부근의 모래와 자갈
이 있는 토지를 청했다. 초楚나라의 법에는 신하에게 봉록을 줄 때, 두 세
대를 지난 후에는 영토를 회수하도록 돼 있었는데, 오직 손숙오만은 계
속 갖고 있었다. 그 토지를 회수하지 않은 까닭은 그 땅이 척박했기 때문
이다. 그래서 아홉 세대까지 제사가 끊이지 않았다. 노자가 말하기를, "잘
세우면 뽑히지 않고, 잘 끌어안으면 떨어져나가지 않아 자손이 대대로 제
사가 끊이지 않게 할 것이다."라고 했는데, 이는 손숙오를 가리켜 한 말이
다. 만일 손숙오가 욕심을 부렸다면 두 세대는 부귀영화를 누리며 살았겠
지만, 그렇게 하지 않았기 때문에 그 복을 길게 누릴 수 있었던 것이다.

　한비자가 말하고자 하는 바의 이면을 살펴보자. 이 말은 모든 것을 한
발 물러서서 바라보는 장기적인 안목을 갖추라는 뜻이다. "상대에게 취
하고자 하는 것이 있으면 그것을 주어야 한다."는 한비자의 말에는 때로
모습을 드러내지 않고 일을 시작하면서도 큰 공을 세우는 미명微明의 지
혜를 발휘하라는 그의 통찰이 담겨 있다. 물론 전제조건은 있다. 한 걸음
물러나 자신을 낮추어야 한다는 것이다.

　이처럼 욕심이 없고 마음이 담담하면 누구나 화복이 생겨나는 근원을

알 수 있다. 욕심이 없을 때는 취사선택의 방침이 바르고, 마음이 평안할 때는 화를 피하고 복을 끌어들일 수 있다. 그러나 좋아하고 미워하는 마음에 사로잡히고, 마음을 속이는 것에 유혹되면 사정은 달라진다. 물건에 유혹되면 좋은 물건만 봐도 마음이 흔들리게 되고 본래의 마음이 사라지고 만다.

초기 도가의 노장사상을 기반으로 하여 유안劉安이 지은 《회남자淮南子》〈인생훈人生訓〉에 나오는 새옹지마塞翁之馬라는 말을 보면 마음을 비워야 이유를 좀 더 이해할 수 있다.

중국 북방에 호胡라는 이민족이 살고 있었다. 어느 날 변방 노인의 말 한 마리가 오랑캐 땅으로 달아나자 이웃 사람들이 위로했다. 그러나 그 늙은이는 그 일을 마음에 두지 않고 태연히 말했다.

"이 일이 복이 될지 누가 압니까?"

몇 달이 지난 어느 날, 달아났던 그 말이 오랑캐의 좋은 말 한 필을 데리고 돌아왔다. 마을 사람들이 와서 축하하는 말을 하자 노인은 이번에도 기뻐하는 빛이 없이 태연히 이렇게 말했다.

"이것이 화로 변하지 않는다고 누가 말할 수 있겠소?"

얼마 뒤에 그 아들이 말을 타다가 떨어져 다리가 부러지고 말았다. 마을사람들이 또 위로하러 왔다. 그러나 노인은 슬퍼하는 기색도 없이 여전히 태연하게 말했다.

"이것이 행복으로 바뀌지 않는다고 그 누가 말할 수 있겠소?"

그로부터 1년이 지나 오랑캐가 처들어오자 젊은이는 모두 전쟁터로 나가야만 했다. 전쟁터로 나간 젊은이들은 대부분 살아 돌아오지 못했으나 늙은이의 아들만은 불구여서 싸움터로 끌려가지 않아 목숨을 부지할 수 있었다.

"인생만사 새옹지마"라는 말이 있다. 세상사가 돌고 도는 것이므로 어떤 상황에도 일희일비하지 말라는 의미다. 진실로 마음을 비울 때 위기도 긍정적으로 넘길 수 있는 법이다. 책임 있는 자리에 있는 사람이 무리하게 욕심을 부리면 자신뿐 아니라 많은 이에게 화를 입히게 된다. 노자나 한비자가 말하고자 하는 바는 욕심을 버려야 비로소 도가 행해지며 여럿이 행복해질 수 있다는 것이 아니겠는가. 욕심을 버리면 마음이 자유로워지고 세상이 좀 더 넓게 보일 것이다.

16

낙엽 하나를 보면 가을을 미리 안다

> 문으로 나가지 않아도 천하를 알 수 있고, 창문으로 내다보지 않아
> 도 자연의 이치를 안다.
>
> 不出於戶, 可以知天下 不窺於牖, 可以知天道.
>
> 《한비자》〈유로〉

한비자는 사람의 몸에 뚫린 구멍이 정신의 창이라고 했다. 하지만 눈과
귀로 아름다운 색채나 기분 좋은 음률에 탐닉하게 되면 정신력을 외부의
사물에 소진하게 되어 자기 몸을 주재할 수 없게 된다고 했다. 자기 몸의
주재자가 없어지면 화복이 산더미처럼 밀려온다 할지라도, 그것을 알 수
가 없다고 했다. 그래서 그는 "문으로 나가지 않아도 천하를 알 수 있고,
창문으로 내다보지 않아도 자연의 이치를 안다."는 노자의 말을 인용해

서 정신이 자기 몸에서 떠나지 않는 상태에 대해 말했다.

조趙나라 양왕襄王이 왕오기王於期로부터 수레 모는 방법을 배웠다. 오래지 않아 그는 왕오기와 경주를 하게 되었는데, 세 차례나 말을 바꾸었지만 모두 뒤졌다.

양왕이 말하였다.

"그대는 나에게 수레 모는 방법을 가르치면서 그 기술을 다 가르쳐주지 않았소."

왕오기가 대답하였다.

"기술은 모두 가르쳐드렸습니다만 그것을 잘못 사용하셨기 때문입니다. 무릇 수레를 몰 때 중요한 것은 말의 몸과 수레를 일치시켜 안정되게 하고, 수레 모는 자의 마음이 말과 조화를 이룬 이후에 빨리 나아갈 수 있고 멀리 이를 수 있습니다. 그런데 지금 군께서는 뒤쳐졌을 때는 신을 따라잡으려고 조바심하고, 앞서면 신에게 따라잡힐까 초조해하였습니다. 무릇 길에서 경주하여 다투다 보면 앞서지 않으면 뒤처지게 되어 있는데, 군께서는 앞섰을 때나 뒤처졌을 때 마음이 모두 신에게 있었습니다. 그래서야 군께서 어떻게 말과 조화를 이룰 수 있었겠습니까? 이것이 군께서 뒤처진 까닭입니다."

백공승白公勝은 내란을 계획하고 있었다. 그는 조정에서 물러나오는 길에 말채찍을 거꾸로 쥐어 채찍의 예리한 부분에 뺨이 찔려 피가 땅에까지 흘렀지만 알지 못하였다.

정나라의 어떤 사람이 이 말을 듣고 이렇게 말하였다.

"자기 뺨의 상처조차 잊었는데, 장차 무슨 일인들 잊지 않겠는가?"

그래서 노자는 말하였다.

"먼 곳까지 나가면 나갈수록 그 지혜는 더욱 적어지게 된다."

《한비자》〈유로〉

아는 것이 먼 곳까지 미치게 되면 가까이에 있는 일을 모른다는 말이다. 그래서 성인은 원근을 가려 일을 한다고 했다. 때의 상황에 따라 일을 계획하고, 일의 타고난 성질에 따라 공을 세우며 만물의 능력을 사용하여 거기에서 이익을 얻는 것이라고 한비자는 말했다. 그래서 노자의 말처럼 '일부러 하지 않아도 성취할 수 있는 상태'에 이르게 되는 것이라고 했다. 만물은 자연스러움에 의지해야지, 인위적인 조작을 가하다 보면 의외로 낭패스러운 일이 많아진다. 자연의 규율에 따라 개인의 지혜를 익히는 것이 중요하다.

왕수王壽가 책을 짊어지고 가다가 주周나라 땅에서 서풍徐馮을 만나게 되었다. 서풍이 말하였다.

"일이란 실행하는 것이고, 실행 결과는 때에 따라서 나타나는데 그 상황이 항상 같지는 않다. 책은 옛 사람의 말을 기록한 것이고, 말은 지혜로부터 생겨난 것이다. 그래서 지혜로운 자는 책을 소장하지 않는다. 지금 그대는 어찌해서 책을 짊어지고 가는가?"

이에 왕수는 그 책을 불사르고 춤을 추었다.

《한비자》〈유로〉

지혜로운 자는 말로 사람을 가르치지 않고, 현명한 자는 책을 상자 속에 간직하지 않는다. 세상 사람들은 그런 일을 간과하지만 왕수는 바른 길로 다시 돌아간 셈이다. 즉 책을 통해 배우지 않는다는 사실을 배운 것이다. 노자가 "배우지 않는다는 것을 배우는 것은 모든 사람이 간과한 진리로 복귀하는 일이다."라고 한 것은 진리가 책 속에 갇혀 있는 것이 아니라 세상의 이치 속에 있음을 말한 것이다.

〈유로〉편에 "작은 것을 꿰뚫어볼 수 있는 것을 통찰력이 있다고 한다."는 구절이 있는데, 이는 낙엽 하나를 보고 천하의 가을을 안다는 말과 통한다. 통찰력이란 남들이 보지 못하는 것을 정확하게 집어내는 능력으로, 사소한 것에 담긴 의미를 포착하는 능력이다. 주왕紂王이 상아 젓가락을 만든 것을 보고 기자箕子가 은나라의 최후를 직감했던 것처럼, 상아 젓가락 하나로도 천하의 화를 미리 알았던 것이다.

《회남자》〈설산훈說山訓〉편에 이런 이야기가 나온다.

고기 한 점 먹고 냄비 속의 고기 맛을 다 알고, 깃털과 숯을 매달아 놓고서 방 공기가 건조한지 습한지 알 수 있다. 이는 사소한 것으로 큰 것을 아는 것이다. 낙엽 하나를 보고 한 해가 저물어 가는 것을 알고, 항아리 속의 얼음을 보고 천하가 추워졌음을 안다. 이것은 가까운 것으로 먼 것을 아는 것이다.

다음은 문장 선집인 〈문록文錄〉에 인용된 당대 시인의 시구에도 보인다.

산속 스님은 갑자를 헤아리지 않고, 山僧不解數甲子,
낙엽 하나로 천하에 가을이 왔음을 아네. 一葉落知天下秋

이렇듯 세상의 이치를 아는 법은 의외로 널려 있다. 현대 사회를 정보화 시대라고 할 만큼 우리는 정보의 홍수 속에 살고 있다. 알려고만 한다면 무엇이든 알 수 있는 세상이다. 하지만 그렇게 얻은 지식이나 정보가 진리라고 단정할 수 없고, 그런 지식을 갖고 있다고 해서 세상을 꿰뚫어 본다고 할 수 없다. 그러므로 때로는 조용하니 일이 없으면 자기 덕을 기르고, 일이 있어 움직이게 되면 자연의 도리에 따르라는 한비자의 말을 새겨보는 것이 어떨까?

17

바꾸고 싶다면 자신을 먼저 바꿔라

몸소 행하지 않고 직접 행하지 않으면 서민들은 믿지 않는다.

不躬不親, 庶民不信.

《한비자》〈외저설 좌상〉

리더가 솔선수범하는 모습을 보여야 그를 따르는 사람들이 신뢰를 보낸다. 한비자의 말처럼 천 개의 눈이 군주를 향하고 있듯이 사람들이, 부하들이 리더의 일거수일투족에 관심을 갖는 것은 당연한 일이다.

제齊나라 환공이 자주색 옷 입기를 좋아하자 온 나라 사람들이 모두 자주색 옷을 입었다. 그래서 그 당시는 흰색 비단 다섯 필로도 자주색 한 필을 얻지 못하였다.

환공이 이를 걱정해 관중에게 말하였다.

"과인이 자주색 옷을 좋아해서 자주색 옷감이 매우 비싸졌소. 온 나라 백성들이 자주색 옷을 입기를 좋아하는 것이 멈추지 않고 있으니 과인은 어찌해야만 하오?"

관중이 말하였다.

"군주께서는 이것을 멈추려고 하면서 어찌하여 자주색 옷을 그만 입지 않습니까? 주위 사람들에게 '나는 자주색 옷의 냄새를 매우 싫어한다.'고 하십시오."

환공이 말하였다.

"좋소."

그러고는 주위 사람들 중에 자주색 옷을 입고 앞으로 나오는 자가 있으면 환공은 반드시 이렇게 말하였다.

"조금 물러서라. 나는 자주색 옷의 냄새를 싫어한다."

그리하여 그날로 궁궐에는 자주색 옷을 입은 자가 없어졌고, 다음 날에는 수도에 자주색 옷을 입은 자가 없어졌으며, 사흘째가 되자 국경 안에서 자주색 옷을 입은 자가 없어졌다.

《한비자》〈외저설 좌상〉

군주가 나라의 폐단을 고치려 한다면 솔선수범해야 한다는 것을 보여준 일화다. 그런데 문제의 원인이 군주에게 있었다면 그 문제는 실로 심각한 것이다. 다른 군주의 예를 들어보자.

"순임금은 식기를 만들기 위해 산의 나무를 베어 재료로 삼아 자르고 간 자국을 가리기 위해 그 위에 옻칠을 하여 궁궐에서 식기로 썼습니다. 그러자 제후들은 사치가 지나치다고 여겨 복종하지 않는 나라가 열셋이나 되었습니다. 순임금이 천하를 선양해 우禹임금에게 전해지자 우임금은 제기를 만들었는데, 그릇의 겉에는 검은 옻칠을 하고 안에는 붉은색으로 그림을 그렸으며, 무늬를 넣지 않은 흰 비단으로 침구를 만들었습니다. 또 물풀인 장초蔣草로 자리를 만들고 가장자리에는 아름다운 수술을 달았으며, 술잔마다 색칠을 하고 접시마다 문양을 넣었습니다. 이와 같이 사치가 더욱 심해지자 복종하지 않는 나라가 서른셋이나 되었습니다. 하夏왕조가 망하고 은殷왕조가 계승하자 천자의 수레가 지나다니는 큰길을 만들고 아홉 개의 깃발을 세웠습니다. 그릇에 조각을 새겨 넣고 술잔에 모양을 새겼으며, 네 벽면에는 칠을 하였고 자리와 침구에도 무늬를 넣었습니다. 이처럼 사치가 더욱 심해지자 복종하지 않는 나라가 쉰셋이나 되었습니다. 귀족들은 모두 훌륭히 치장하는 것만 알았으니 그에 복종하려는 사람들이 갈수록 줄어들었습니다."

《한비자》〈십과〉

이처럼 리더의 자질은 나라를 뒤흔들 만큼 영향력이 크다. 한비자는 군주의 역할은 이처럼 지대하므로 스스로 해야 할 것이 무엇인지 바로잡아야 한다고 했다.

위魏나라의 소왕昭王은 벼슬아치들이 하는 일에 관여하고 싶어서 맹상군孟嘗君에게 일러 말하였다.

"과인은 벼슬아치들의 일에 관여하고 싶소."

맹상군이 말하였다.

"왕께서 벼슬아치들의 일에 관여하고 싶다면, 어찌 법전을 되풀이하여 읽지 않으십니까?"

소왕은 법전을 십여 장 읽다가 졸려 누웠다.

왕이 말하였다. "과인은 이 법전을 읽을 수 없소."

《한비자》〈외저설 좌상〉

이 일화를 통해 한비자는 군주가 정권을 장악하는 일을 하지 않고, 신하가 할 일을 해보겠다니 졸음이 오는 것도 당연하다고 했다. 군주가 상하의 구별을 분명히 하지 않으며 신하가 공을 세워주기를 바라지 않고 무엇이든 자기가 하려는 태도로 신하를 대하면, 스스로를 모독하는 꼴이 되고 만다는 것이다. 그래서 한비자는 현명한 군주가 되려면 어떠해야 하는지 다음의 일화를 통해 제시했다.

숙향叔向이 사냥한 짐승을 나눌 때 공이 많은 자에게는 많이 주고, 공이 적은 자에게는 적게 주었다.

한韓나라 소후昭候가 신자申子(신불해)에게 말하였다.

"법도는 실행하기가 매우 어려운 것이오."

신자가 말하였다.

"법이란 공을 세우면 상을 주고 능력에 따라 벼슬자리를 주는 것입니다. 지금 군주께서는 법도를 세웠지만 주위 사람들의 청탁을 듣고 있으니 이것이 시행하기 어려운 까닭입니다."

소후가 말하였다.

"나는 오늘에서야 법을 시행하는 방법을 알게 되었소. 과인이 어찌 [청탁을] 듣겠소?"

어느 날 신자가 자신의 당형을 벼슬자리에 임명해주기를 부탁하자 소후가 말하였다.

"그대에게 배운 것이 아니지 않은가? 그대의 청탁을 들어주고 그대의 도道를 깰 것인가, 아니면 그대의 도를 써서 그대의 청탁을 깰 것인가?"

신자는 숙소로 물러나 죄를 청하였다.

《한비자》〈외저설 좌상〉

우리 속담에 있는 '윗물이 맑아야 아랫물이 맑다'라는 말이나 '노블레스 오블리주noblesse oblige'가 강조하는 것은 사회지도층의 솔선수범이다. 마찬가지로 조직의 변화를 이끌어내기 위해서는 리더가 먼저 바뀌어야 한다.

18

벽에 틈이 생겨도 당장 무너지지 않는다

나무가 부러지는 것은 반드시 좀벌레를 통해서이며, 담장이 무너지는 것도 반드시 틈을 통해서이다. 담장이나 나무에 벌레가 먹었다 하더라도 강한 바람이 불지 않으면 부러지지 않을 것이고, 벽에 틈이 생겼다 하더라도 큰비가 내리지 않으면 무너지지 않는다.

木之折也必通蠹, 牆之壞也必通隙. 然木雖蠹, 無疾風不折 牆雖隙,
無大雨不壞.

《한비자》〈망징亡徵〉

나라가 망할 때는 미리 징조가 보인다. 그러나 한비자는 아무리 징조가 있더라도 그것을 인지하고 대비한다면 나라는 쉽게 망하지 않는다고 말했다. 위기의 순간에 어떤 대책을 세우느냐가 중요하다.

한비자는 나라의 멸망을 초래하는 징조를 마흔일곱 가지로 나누어 열거했다. 이것은 단순히 정치 현실만을 나열한 것이 아니라 경제나 외교, 군사, 문화, 법률, 지리, 사회 등의 열악함을 폭넓고 깊이 있게 고찰해서 이론적으로 개괄한 것이다.

　나라는 작은데 신하의 영지는 크고, 임금의 권세는 가벼운데 신하의 세도가 심하면 나라는 망한다. 법령을 완비하지 않고 지모와 꾀로써 일을 처리하거나 나라를 황폐한 채로 버려두고 동맹국의 도움만 믿고 있으면 망한다. 신하들이 공리공담을 좇고 문객들이 변론을 일삼으며 상인들이 그 재물을 다른 나라에 쌓아놓고 백성들이 곤궁하면 나라는 망한다. 궁전과 누각과 정원을 꾸미고 수레, 의복, 가구 들을 호사스럽게 하며 백성들을 피폐하게 하고 재화를 낭비하면 나라는 망한다. 날을 받아 귀신을 섬기고, 점괘를 믿으며 제사를 좋아하면 나라는 망한다. 높은 벼슬자리에 있는 사람의 말만 따르고 많은 사람의 말에 귀 기울이지 않으면서 한 사람만을 요직에 앉히면 나라는 망한다.
　〈망징〉편에 나오는 몇 가지를 보더라도 오늘날의 상황과 비교해서 다를 바 없다는 것을 알 수 있다. 이러한 징조는 전국 시대 여러 나라들이 멸망할 때 나타나는 말기적 현상으로, 과거 역사에 대한 한비자의 통찰력이 돋보인다. 여기서 나라가 망할 징조가 있다는 것은 반드시 망한다는 얘기가 아니다. 지난 역사를 돌아본다면 한비자가 열거한 이러한 징조들이 결국 패망의 길로 향하는 원인이 되었다는 것에 고개를 끄덕일 것이다.

　폭군으로 알려진 은나라 주왕에 대해《사기》는 "주왕은 자질과 언변이 뛰어나고 행동이 민첩했으며 손으로 맹수를 격파하고 지혜는 남의 간언을 막기에 족했으며 언변은 자신의 비리를 은폐하기에 족했다."라고 적고 있다. 주왕을 보면 나라를 부강하게 하는 것과 망하게 하는 것이 무엇인지 생각할 수 있다. 주왕은 왕이 되자 상아 젓가락을 만들었다. 이를 본 기자箕子는 탄식하며 말했다.

"상아로 젓가락을 만드니 질그릇으로 만든 국그릇을 꺼려 옥그릇을 만들 것이고, 옥그릇이 만들어지면 싼 음식은 귀한 음식으로 바뀔 것이며, 옷은 사치스러워지고 집은 띳집에서 고대광실로 바뀔 것이다. 이리하면 천하의 재물을 다 써도 모자랄 것이다."

아니나 다를까 주왕은 달기를 총애하여 주지육림으로 밤을 지새우며 향락을 즐기자 백성들이 원망하고 제후들이 모반하게 되었다. 결국 주나라의 무왕에게 사로잡혀 탕왕이 세운 은나라를 잃어버렸다.

언사는 유창하지만 이치상으로 쓸모가 없고, 마음은 현명하지만 술을 터득하지 못한 사람, 즉 법과 술을 이용할 줄 몰라 수고를 해도 공이 나타나지 않는 자를 등용하고, 군주의 재능은 풍부하지만 법도에 따라 일을 처리하지 못하는 나라는 망한다.

물론 요임금 같은 성인이 두 명이나 있다고 해서 둘 다 왕이 될 수는 없으며, 걸왕 같은 폭군이 두 명 있다고 해서 둘 다 망하는 것은 아니다. 나라가 흥할 것인가 망할 것인가는 반드시 그 나라가 안정되는 것과 혼란스러운 것, 부강함과 쇠약함이 어느 한쪽으로 기울었는가에 달려 있다.

한비자의 말대로 법과 술을 터득하여 이를 잘 활용하는 군주는 부강한 나라를 만들 것이지만, 그렇지 않은 경우엔 쇠락의 길을 걷게 될 것이다. 군주가 겁이 많아 소신대로 해내지 못하고, 앞일을 빨리 내다보지만 마음이 약하여 결단을 못 내리고, 생각으로는 옳다고 여기지만 결연히 그것을 실행하지 못할 경우 그 나라는 멸망하게 될 것이다.

조짐이라는 말처럼 신하가 하찮은 일을 저지른다고 해서 처벌을 미룬다면 군주는 훗날 수습하기 어려운 국면에 처하게 된다. 한비자는 '소간小奸'과 '소주小誅'라는 말을 하였는데 앞의 것은 작은 악행이고 뒤의 것은 작은 처벌을 의미한다. 아랫사람을 다스리는 기본 원칙은 아무리 작은 처벌을 내리더라도 엄격하게 법을 적용해야 함을 의미한다.

법의 곧음이 마치 화살과 같은데도 군주가 꾀를 부려 법을 왜곡하며, 사사로운 일로 공사를 그르치게 하고, 법령을 조석으로 변경하면서 수시로 명령을 내려 백성이 어느 쪽을 따라야 할지 갈피를 잡지 못하게 하면 그 나라는 망한다.

명군明君이란 통찰력이 깊은 군주를 말한다. 총명함에 대해 묻는 자장의 질문에 공자는 "서서히 젖어드는 참소와 피부에 닿는 하소연이 전해지지 않는다면 현명하다고 할 수 있다."라고 대답했다. 눈앞에 펼쳐지는 처절한 읍소의 진정성을 파악하고 그 감정에 이끌리지 않고 멀리 내다볼 수 있다면 현명한 사람이다. 마찬가지로 주변의 중상모략에 현혹되지 않는 것이 명군의 마음자세다.

우리는 살아가면서 때때로 위기에 부딪치곤 한다. 그런데 그 위기에 처했을 때 눈앞에 보이는 자잘한 것에 신경을 쓰다 보면 정말 중요한 문제를 놓칠 수가 있다. 이런 경우 리더로서 어떤 판단력으로 어떻게 대처할 것이냐가 중요하다. 한 나라의 흥망성쇠가 군주에 달려 있듯이 하나의 조직도 위기에 대처하는 리더의 결단에 달려 있다.

그런데 한비자가 말하는 망징亡徵의 개념은 반드시 망한다는 선언적 의미가 아니다. 망할 가능성이 있다는 경고의 메시지를 담고 있는 것이다. 한비자의 말은 벌레 먹은 나무와 틈이 생긴 벽일지라도 강한 바람과 큰비를 이겨내도록 빨리 조치를 취해야만 파국을 막을 수 있다는 것이며, 이 것이야말로 명군明君의 자질이라는 것이다.

19

현실에 민감하면 대안이 보인다

> 십 인十仞의 성곽을 누계도 뛰어넘을 수 없는 것은 가파르기 때문이
> 고, 천 인千仞의 산에서 다리를 저는 양을 쉽게 사육할 수 있는 것은
> 평평하기 때문이다. 그래서 현명한 군주는 그 법을 가혹하게 하고
> 그 형벌을 엄하게 하는 것이다.
>
> 十仞之城, 樓季弗能踰者, 峭也. 千仞之山, 跛牂易牧者, 夷也. 故明
> 主峭其法而嚴其刑也.
>
> 《한비자》〈오두〉

군주가 상을 줄 때는 마음대로 바꾸는 일이 없고, 벌을 시행할 때는 마음
대로 용서하는 일이 없다. 또한 칭찬으로 그 상을 보충하고 명예를 훼손
해 그 처벌을 가하면, 현명하든 현명하지 않든 모두 힘을 다하게 된다. 한
비자는 신상필벌에 입각하여 위정자가 원칙론자가 되어야 함을 강조하
며 관용을 경계하라고 다그친다.

한비자는 성질이 나쁜 어린아이를 예로 들어 설명했다. 아이의 부모가

몹시 걱정을 해도 좀처럼 고쳐지지 않고, 마을 사람이 나무라도 소용없으며, 손위 어른이 타일러도 아랑곳없는 아이를 어떻게 할 것인가? 이와 같이 부모의 사랑과 마을 사람의 조치와 손위 어른의 지혜를 동원하여 그 아이를 설득해도 결국 성질이 고쳐지지 않는다면 어떻게 할 것인가?

한비자는 지방의 관리가 군사를 동원하여 못된 자를 찾고 있다고 말하면 그 아이는 두려움에 떨며 성격을 고칠 수 있을 것이라 했다. 그렇다면 자식을 가르칠 힘은 부모의 사랑이 아니라, 결국 지방 관청의 엄벌인 셈이다. 그것은 곧 백성은 원래 사랑을 받으면 오만해지고, 권위에는 굴복한다는 것을 말해주고 있다. 현명한 군주는 그 법률을 엄하게 적용하고 형벌은 가혹하게 시행한다. 그만큼 군주는 법을 소홀히 하지 않는다.

그러려면 포상은 정확하고 후하게 하며, 벌은 준엄하고 확실하게 시행해야 하고, 그것을 백성에게 널리 알려야 한다. 상은 신속하게 시행하고, 벌을 행할 때는 용서가 있어서는 안 된다. 또한 명예가 포상에 따르게 하고 불명예가 벌에 따르게 하면, 백성은 누구나 전력을 다해 일하게 될 것이다. 그것이 현실이라는 것이다.

또한 인재를 얻는 데 있어서도 현실에 맞춰야 하는 법이다. 진시황의 2인자 이사는 "태산은 흙을 사양하지 않고, 큰 강과 바다는 물줄기를 가리지 않는다."라고 말했다.

결단력과 통찰력으로 천하의 주인이 된 자로서 이사만 한 사람이 없다. 이사는 한비자와 함께 순자荀子 문하에서 유학을 공부한 동문이었다. 이사가 스승 순경(순자)에게서 천하를 다스리는 제왕의 기술을 배우고 나서 작별할 때 한 말은 다음과 같다.

"저는 때를 얻으면 꾸물대지 말라는 말을 들었습니다. 지금은 만승의 제후들이 바야흐로 서로 세력을 다투고 있는 때로서, 유세가들이 정치를 도맡아 보고 있습니다. 또 진나라 왕은 천하를 집어삼키고 제※라고 일컬으며 다스리려고 합니다. 이것은 지위나 관직이 없는 선비가 능력을 펼칠 시기이며 유세가의 시대가 왔음을 의미합니다. 비천한 위치에 있으면서 아무런 계획도 세우지 않는 것은 짐승이 고기를 보고서도 사람들이 그들을 쳐다본다 하여 억지로 참고 지나가는 것과 같습니다. 그러므로 가장 큰 부끄러움은 낮은 지위에 있는 것이며, 가장 큰 슬픔은 경제적으로 궁핍한 데 있습니다. 오랜 세월 낮은 지위와 곤궁한 처지에 있으면서 세상의 부귀를 비난하고 영리를 미워하며, 스스로 실행하지 않는 것에 의탁하는 것은 선비의 마음은 아닐 것입니다. 그래서 저는 서쪽 진나라 왕에게 유세하려고 합니다."

《사기》〈이사열전李斯列傳〉

물론 자신이 죽기 전까지 네 번의 탄식을 한 이사에게 인생의 전환점이 된 계기가 있었다. 그는 초나라 상채上蔡 사람으로 젊었을 때는 낮은 벼슬아치 노릇을 했다. 어느 날 그는 쥐 두 마리를 보고 처세의 원리를 깨쳤다. 변소에 있는 쥐는 사람이나 개가 나타나자 깜짝 놀라 도망을 가는데, 창고 안에 있는 쥐는 쌓아놓은 곡식을 먹으면서 여유 있게 지내며 사람이 나타나도 안중에 두지 않았다.

이사는 두 쥐를 보고 "사람이 어질다거나 못났다고 하는 것은, 비유하자면 이런 쥐와 같아서 자신이 처해 있는 곳에 달렸을 뿐이다."라며 출세를 위해 새로운 모험을 하기로 다짐한다. 진시황의 생부이기도 했던 여불위가 추천해 진시황을 만난 그는 진시황에게 이런 건의문을 올렸다.

"다른 사람에게 의지하는 사람은 기회를 놓치지만 큰 공을 이루는 사람은 남의 약점을 파고들어 밀고 나갑니다. 옛날에 진나라 목공이 우두머리가 되고서도 동쪽에 있는 여섯 나라를 끝까지 함락시키지 못한 것은 무엇 때문입니까? 그것은 제후 수가 너무 많은데다 주나라 왕실의 은덕이 여전히 쇠퇴하지 않아서 오패가 차례로 일어나 번갈아가며 주나라 왕실을 더욱 존중했기 때문입니다. 그러나 진나라 효공 이래 주나라 왕실이 쇠약해져서 제후들이 힘을 합쳐 관동은 여섯 나라로 줄어들었습니다. 진나라가 상승세를 타고 제후들을 눌러온 지 벌써 여섯 대(효공·혜문왕·무왕·소왕·효문왕·장양왕)나 되었습니다. 지금은 제후들이 진나라에 복종하여 마치 진나라의 군이나 현 같습니다. 무릇 진나라의 강대함에 대왕의 현명함이라면 취사부가 솥단지 위에 앉은 먼지를 훔치듯 손쉽게 제후를 멸망시키고 황제로서 대업을 이루어 천하를 통일하기에 충분합니다. 이것은 1만 년에 한 번 있는 기회입니다. 지금 게으름을 피우고 서둘러 이루지 않으면 제후들이 다시 강대해져서 서로 모여 합종하기로 약속할 테고, 그렇게 되면 황제黃帝같은 현명한 왕이 있을지라도 천하를 손에 넣을 수 없을 것입니다."

《사기》〈이사열전〉

진시황은 이사의 상황 판단 능력과 결단력 있는 말투에 감동하여 그를 궁궐의 모든 일을 총괄하는 관리의 우두머리인 장사長史로 삼게 되고, 그는 결국 객경客卿이 된다. 소진蘇秦이 시대를 읽는 감각으로 합종책을 만들어냈다면, 이사는 뛰어난 현실 감각으로 대안을 내놓았던 것이다. 서로 물고 뜯기는 전국 시대에 살아남기 위한 방책이었다. 옛사람들도 시대 감각을 익히고 현실에 민감하게 대응했듯이, 변화가 더욱 빠른 오늘날 상황 판단 능력은 두말할 나위 없이 필요한 능력이다.

20

유연하게 생각하라

때에는 가득 찰 때와 텅 빌 때가 있고, 일에는 이로울 때와 해로울 때가 있으며, 만물에는 태어날 때와 죽을 때가 있다.

時有滿虛, 事有利害, 物有生死.

《한비자》〈관행觀行〉

세상 모든 일은 단선적으로 흘러가는 것이 아니라 순환적으로 생성하고 발전한다. 인간의 일도 마찬가지다. 자신의 감정에 몰입되지 않고, 어떤 사물을 객관적으로 바라보는 냉철함이 필요하다. 이는 즉 사고의 유연함을 지녀야 한다는 의미다. 이에 따르면 군주는 시대를 보고 상황을 보는 눈을 길러야 하며, 때로는 이러지도 못하고 저러지도 못하는 진퇴양난의 상황에서도 일의 핵심을 보는 안목이 필요하다는 말이다.

군주가 시대·상황·일 세 가지 때문에 노여워하거나 기뻐하는 기색을 보이면 어떤 벼슬아치라도 달아날 것이라고 한비자는 말한다. 따라서 현명한 군주란 자신이 다른 사람을 살펴보지, 다른 사람이 자신을 살펴보게 하지 않는다고 했다.

서문표西門豹는 조급한 성격이었으므로 허리에 가죽을 차고 다니며 자신을 부드럽게 했고, 동안우董安于는 느긋한 성격이었으므로 허리에 활을 차서 자신을 긴장시켰다. 그러므로 여유 있는 것으로 부족한 것을 채우고, 긴 것으로 짧은 것을 이어주면 현명한 군주라고 한다.

천하에는 확실한 도리가 세 가지 있다. 첫째는 지혜롭다고 해서 공적을 세울 수 있는 것이 아니고, 둘째는 힘이 있다고 해서 들어 올릴 수 있는 것이 아니며, 셋째는 강하다고 해서 이길 수 있는 것이 아니라는 점이다.

이 세 가지 도리에 맞춰 진퇴양난의 상황 속에서도 위기를 기회로 삼은 이가 바로 촉나라 유비다. "가취현불가굴치可就見不可屈致"란 말이 있다. 인재란 온 정성을 다해 모셔 와야 한다는 의미로 삼고초려三顧草廬란 말과 유사하다. 《삼국지》〈촉서蜀書〉 '제갈량전諸葛亮傳'에 따르면 제갈량은 자가 공명孔明이고 농사를 지으며 〈양보음梁父吟〉이라는 노래를 즐겨 불렀다. 그는 평소 자신을 명재상 관중과 악의樂毅에 비유했지만 알아주는 사람이 거의 없었다. 단지 최주평崔州平이나 서서徐庶 등과 친분이 있을 뿐이었다.

당시 유비는 신야新野에 주둔하고 있었는데, 서서가 와룡臥龍인 제갈공명을 만나보라고 조언하자 유비가 서서에게 데리고 올 수 없겠냐고 했다. 그러자 서서가 위의 말을 하며 장군께서 몸을 굽혀 찾아가야 할 것이라고 말했던 것이다. 유비는 세 차례나 찾아간 다음에야 비로소 만날 수 있었다. 유비는 옆에 있는 사람들을 내보낸 후 붕괴 직전인 한 왕실의 상황을 말하면서 자신의 역량이 부족하지만 천하에 대의大義를 펼치고자 하니 도와 달라고 간곡히 부탁했다.

제갈량은 자신의 낮은 신분에 괘념치 않고 유비가 세 차례나 몸을 굽혀 찾아온 데 감동했다. 그리고 당시의 형세를 일목요연하게 분석하면서 조조가 북방의 원소를 무찌르고 강자가 될 수 있었던 데에는 시운時運만이 아니라 인모人謀도 대단히 중요하게 작용했다는 점을 언급했다. 또한 강동의 손권은 이미 삼대 째에 이르러 탄탄한 기반을 구축하고 있으므로 이 둘 사이를 비집고 들어갈 틈이 없다고 했다. 그러고는 과거 고조 유방이 제업帝業을 세웠던 익주를 근거지로 하여 천하를 도모하는 것이 나을 듯하다는 대안을 내놓았다. 한 가지 걸림돌은 익주는 이미 유장劉璋이란 자가 차지하고 있다는 것이었다. 그러나 그가 우매하고 유약하며 민심을 별로 얻고 있지 못하므로 별 무리 없이 그곳을 차지할 것이라는 구체적 방법까지 제시했다. 유비는 감탄했다. 당시 제갈량이 겨우 이십 대 후반의 나이였으니 말이다. 이후 제갈량은 유비의 군사軍師가 됐고 오나라와 연합전선을 구축해 적벽대전赤壁大戰에서 조조의 대군을 격파하여 삼국정립三國鼎立의 초석을 다졌다. 두 사람은 수어지교水魚之交의 관계를 지속하면서 군신 관계의 모범을 보여주었다.

위촉오 삼국시대를 열었던 조조·유비·손권 중 가장 불리한 위치에 있었던 유비는 인재를 얻기 위해 자신의 신분 따위에 얽매이지 않았다. 위기 상황임에도 명분이나 체면에 매달려 능력 있는 인재를 잃을 수는 없었던 것이다. 결국 가장 불리한 조건의 유비가 제갈량을 얻음으로써 삼국의 균형을 이룰 수 있었던 것이 아니겠는가.

살아가면서 우리는 이러지도 저러지도 못하는 진퇴양난의 상황에 부딪힐 때가 있다. 그럴 때는 일단 피하고 싶은 마음이 앞서겠지만 부족한 부분을 살펴 유연하게 대처하는 것이 현명하다. 그래야 자기가 원하는 대로 일을 만들어나갈 수 있게 된다.

21

자리에 맞는 그릇이 있다

> 현명한 군주는 일을 할 때 서로 간섭하지 못하게 해서 소송이 없도
> 록 하고, 벼슬아치들은 벼슬자리를 겸임하지 못하게 해서 재능이
> 신장되며, 사람들은 같은 일을 시켜 똑같은 공을 노리지 못하게 함
> 으로써 다툼이 없게 된다.
>
> 明君使事不相干, 故莫訟 使士不兼官, 故技長 使人不同功, 故莫爭.
>
> 《한비자》〈용인用人〉

각득기소各得其所란 말이 있다. 적당한 사람을 적당한 위치에 두어야 한다는 말로, 이는 유가에서도 흔히 명분론으로 알려져 있다. 어울리지 않는 사람이 자리를 차지하게 되면, 단순히 그 일부의 문제로 끝나는 것이 아니라 결국 조직의 운명을 좌우할 수 있는 엄청난 재난에 직면할 수 있다. 따라서 리더는 자신의 감정보다는 그 일에 합당한 자를 골라 쓰는 용인술이 필요하다. 인재는 리더가 만드는 것이고, 리더 곁에 누구를 두느냐에

따라 조직의 운명이 갈리기 때문이다. 상하간의 신뢰란 원칙에서 피어나는 것이며, 그 원칙은 바로 적재적소에 알맞은 인재를 쓰는 것이다.

각득기소와 비슷한 말로, 유재시거唯才是擧란 말이 있다. '재才'는 '인재'이고 '거擧'는 '천거'의 의미로 '유재시용唯才是用'과 동의어다. 이 말은 능력이 빼어난 사람만을 우대한다는 조조의 인재 경영 원칙이기도 하다. 웅크리며 때를 기다린 천하의 효웅梟雄 유비나 부형의 뒤를 이은 수성의 제왕 손권과 확연히 대비되는 조조의 인사 지침이라 할 수 있다. 그의 휘하에서 90여 명의 개세지재蓋世之才(세상을 뒤덮을 만한 인재)가 활동할 수 있었던 것도 다음과 같은 원칙 때문이었다.

"만일 반드시 청렴한 선비가 있어야만 기용할 수 있다면, 제나라 환공桓公은 어떻게 천하를 제패할 수 있었는가! 지금 천하에 남루한 옷을 걸치고 진정한 학식이 있는데도 여상呂尚처럼 위수의 물가에서 낚시질이나 일삼는 자가 어찌 없겠는가? 또 형수와 사통하고 뇌물을 받았다는 누명을 쓰는 바람에 위무지魏無知의 추천을 받지 못한 진평陳平과 같은 자가 어찌 없겠는가? 여러분은 나를 도와 낮은 지위에 있는 사람들을 살펴 추천하라. 오직 재능만이 추천의 기준이다. 나는 재능 있는 사람을 기용할 것이다."

《삼국지》〈무제기武帝紀〉 '구현령求賢令'

여기서 거론된 환공이나 진평은 빼어난 능력 때문에 중용돼 능력을 충분히 발휘할 수 있었고, 주군을 도와 큰일을 이루었다. 조조가 내세운 원칙은 주위의 평판이나 도덕성보다는 재능이 중요하다는 것이다. 이는 승자와 패자, 아니 국가의 존망이 좌우되는 당시의 상황에서는 어쩔 수 없는 선택인지도 모른다. 냉혹한 승부사로서 죽기 직전까지 전장을 누볐던 조조. 그가 환관 출신의 비주류로서 북방의 권문세족 원소를 이겨 자신의 시대를 열고, 아들 조비에 의해 위魏나라 창업을 이뤄낼 수 있던 것은 바로 능력과 효율 중심의 인재관 덕분이었다. 물론 문제도 있었다. 자신의 권위에 도전하는 반대파들을 무리하게 제거하고 후계자 문제로 대립각을 세운 순욱荀彧을 제거한 것 등 그의 인재관에도 옥의 티는 있다.

자리에 맞는 인재를 등용하는 것은 군주의 능력이기도 하다. 사람을 잘 쓰는 군주는 반드시 천시天時에 따르고 인정에 순응하며 상벌을 분명히 하였다고 한다. 천시에 따르면 힘을 적게 들이고도 공을 세우며, 인정에 순응하면 형벌이 줄어들고 명령에 따르게 된다. 상벌이 밝으면 백이와 도척을 뒤섞어 혼란스러울 일이 없어진다. 이렇게 되면 흑백이 또렷이 구분된다.

원칙에 따라 다스려지고 있는 나라의 신하는 공을 세워 높은 지위에 오르고, 관에서 능력을 발휘하여 그것을 인정받아 직책을 받으며, 법도에 알맞도록 힘을 다하여 일을 책임진다. 신하 된 자는 자기의 능력에 맞기 때문에 관직을 잘 감당하고 임무를 거뜬히 수행한다. 그리하여 벼슬과 직책이 자기의 능력에 차지 않는다는 불만을 품지 않으며 벼슬을 겸임한 책임을 군주에게 지우려고 하지 않는다. 그러므로 안으로는 원한을 품어 일으키는 변란이 없고, 밖으로는 거짓 복종하는 전국의 환란이 없다.

지혜로운 군주는 각자의 일이 서로 간섭하고 침범하지 않도록 하기 때문에 다투어 소송하는 일이 없다. 선비로 하여금 벼슬을 겸임하지 않게 하여 기술이 발달한다. 사람들로 하여금 공이 같도록 만들지 않기 때문에 쟁송이 없다. 쟁송이 그치고 기술이 발달하면 강한 자와 약한 자가 힘을 겨루지 않으며, 얼음과 숯불처럼 상반되는 것이 한데 뒤섞이지 않는다. 그리하여 천하의 사람들이 서로 헐뜯고 다투지 않는다. 이것이 정치의 극치인 것이다.

법과 술을 버리고 마음 내키는 대로 정치를 한다면 요 같은 성군도 나라를 바르게 다스리지 못할 것이고, 규구規矩를 버리고 함부로 자기의 어림짐작으로 한다면 해중奚仲과 같은 뛰어난 공인도 수레바퀴 하나 만들지 못할 것이다. 또한 척촌尺寸을 버리고 길고 짧은 것을 비교하려고 한다면 왕이王爾 같은 능숙한 공인도 길이의 반과 너비의 한가운데를 정확하게 알지 못할 것이다. 그러나 중등 정도의 군주로 하여금 법술을 지키게 하고, 졸렬한 공장으로 하여금 규구와 척촌을 지키게 한다면 절대로 실패하지 않을 것이다. 평범하거나 능력이 부족한 이도 절대로 실패하지 않고 일을 제대로 해낸다면 군주는 사람의 힘을 다 활용할 수 있어서 공명을 세울 수 있을 것이다.

한 조직에도 이론에 능한 사람이 있는가 하면 실전에서 빛나는 사람이 있다. 조직을 이끌어 나가는 리더의 입장에서는 섣불리 이들 간에 우열을 정할 수 없다. 리더가 할 일이란 이들을 적재적소에 배치에 상승 효과를 내는 것이다.

4장

현명하게 불신하라

01

인재를 쓸 때는 견제가 필요하다

> 만승의 나라의 근심은 대신들의 권한이 지나치게 크다는 것이고,
> 천승의 나라의 근심은 가까이 있는 신하들이 지나치게 신임을 얻고
> 있다는 것이다. 이것이 군주들의 공통적인 걱정거리이다. 신하들은
> 큰 죄를 지을 수 있으며, 군주는 큰 잘못을 저지를 수 있다.
>
> 萬乘之患, 大臣太重 千乘之患, 左右太信 此人主之所公患也. 且人
> 臣有大罪, 人主有大失.
>
> 《한비자》〈고분〉

큰 나라나 작은 나라나 군주들의 걱정은 신하와의 관계를 어떻게 하느냐
에 있다. 대신들은 타락한 자들을 곁에 두고, 군주를 속여 백성들의 이익
을 낚아챈다. 이들은 패거리를 두어 서로 의견을 맞추어 군주를 미혹시키
고 법도를 어지럽히기 때문에 이들에게 걸리면 군주는 빠져나갈 도리가
없다.

이는 군주와 신하의 길이 다름을 말하는 것이다. 군주는 나라를 잘 다

스리기 위해 신하들을 임용하고 봉록을 주려 하지만, 신하들은 공을 세우지 않고도 이익을 얻으려 한다. 신하가 군주를 속이고 자신들의 사적인 이익을 도모하는 경우는 비일비재하다.

제齊나라 환공이 관중을 세워 중보仲父로 삼으려고 하면서 신하들에게 명령해 말하였다.

"과인은 관중을 세워 중보로 삼으려고 하는데, 괜찮다고 생각하는 사람은 문으로 들어와 왼쪽에 서고 괜찮지 않다고 생각하는 사람은 문으로 들어와 오른쪽에 서시오."

동곽아東郭牙는 문 중간에 섰다.

환공이 말하였다.

"과인은 관중을 세워 중보로 임명하려고 하면서 괜찮다고 생각하는 사람은 왼쪽에, 괜찮지 않다고 생각하는 사람은 오른쪽에 서도록 명령하였소. 지금 그대는 어째서 문 중간에 서 있는 것이오?"

동곽아가 말하였다.

"관중의 지혜로 천하를 도모할 수 있다고 보십니까?"

환공이 말하였다.

"할 수 있소."

동곽아가 말하였다.

"그의 결단력으로 과감하게 큰일을 할 수 있다고 보십니까?"

환공이 말하였다.

"과감하게 할 수 있소."

동곽아가 말하였다.

"만일 그의 지혜가 천하를 도모할 수 있고 결단력이 큰일을 감당할 수 있다면, 군주께서는 나라의 권력을 그 한 사람에게 주려고 하시는 것입니까? 관중의 능력을 가지고 공의 권세 위에 타서 제나라를 통치한다면 위험하지 않겠습니까?"

환공이 말하였다.

"옳소."

이에 습붕에게는 나라 안의 일을 다스리도록 하고, 관중에게는 나라 밖의 일을 담당하게 해서 서로 견제하도록 하였다.

《한비자》〈외저설 좌하〉

환공이 관중을 경계한 것은 이와 같았다. 환공은 관중에게 힘이 쏠리면 안 된다는 이치를 알고 있었던 것이다. 군주에게 가장 큰 힘을 실어주는 것은 측근이지만 가장 무서운 적으로 돌변하는 것도 측근이기 때문이다. 한비자는 자신의 아내나 자식조차 주의하고 경계할 대상이라고 보았다.

총애와 영광에 절도가 없다면 신하는 [군주를] 침해하고 핍박할 것이다.

〈외저설 좌하〉 편에 나오는 이 구절은 군주가 신하를 대할 때 나름대로 절도가 필요함을 강조하고 있다. 총애란 인간의 심리 구조상 어쩔 수 없다고들 한다. 열 손가락 깨물어 아프지 않은 게 있냐고 하지만 같은 속에서 난 자식이라도 분명 예쁜 자식이 있고 미운 자식이 있는 것이 현실이기 때문이다. 더구나 남과 남으로 이루어진 군신 관계에서 총애는 피할 수 없는 것인지도 모른다. 그러나 분명한 사실은 총애가 지나치면 자칫 신하에게 위협을 당할 수도 있다는 것이다.

〈외저설 좌하〉 편에는 군주가 신하를 보는 것은 마음이 아니라 능력이어야 함을 말하는 일화가 있다.

진晉나라 문공文公이 망명할 때 기정箕鄭이 항아리에 담은 음식을 가지고 따라갔는데 길을 잃어 문공과 헤어지게 되었다. [기정은] 배가 고파 길에서 눈물을 흘릴 지경이 되었지만 허기를 참으며 감히 음식을 먹지 않았다. 문공이 나라로 돌아온 뒤 병사를 일으켜 원原을 공격해 승리하자 문공이 말하였다.

"굶주림의 고통을 가볍게 참아내며 항아리 속을 온전히 지켜냈으니, 이 자는 장차 원을 맡겨도 모반하지 않을 것이다."

그러고는 그를 원의 현령으로 삼았다.

그러자 대부 혼헌渾軒이 그것이 잘못된 일이라며 말하였다.

"항아리 속의 음식에 마음이 흔들리지 않았다는 이유만으로 원 땅을 가지고 반란을 일으키지 않을 것이라고 믿는 것은 역시 술이 없는 것이 아닙니까? 그러므로 현명한 군주는 다른 사람이 나를 배반하지 않을 것이라고 믿지 않고 내가 배반당하지 않게 할 것을 믿으며, 다른 사람이 나를 속이지 않을 것을 믿지 않고 내가 속임을 당하지 않게 할 것을 믿습니다."

군주는 세력이나 신하의 충성에 의지해서는 안 되며 자신의 술수를 믿고서 신하의 충성에 의지해서도 안 된다고 한비자는 주장한다.

인재를 등용할 때는 견제와 균형이 필요하다. 한쪽으로만 힘이 실리지 않도록 해야 하고, 총애할 때도 절도가 있어야 한다. 조직 관리를 하는 데 있어서도 한쪽으로 힘이 쏠리게 되면 조직 자체가 와해될 수 있음을 명심해야 한다.

02

충성에 기대지 말고 배신을 못하게 만들어라

> 아랫사람은 그 사심을 숨기고 그 윗사람을 시험하려 할 것이니, 윗
> 사람은 그 법도를 쥐고서 그 아랫사람을 견제한다.
>
> 下匿其私, 用試其上 上操度量, 以割其下.
>
> 《한비자》〈양각揚搉〉

대체로 사람들은 자기에게 좋은 소리를 듣기 좋아한다. 그래서 사탕발림에 쉽게 넘어가는 일이 많다. 특히 윗사람의 자리에 있을 때 아랫사람의 달콤한 말은 경계를 허물기도 한다. 한비자는 아랫사람이 하는 일이 주로 윗사람의 동태를 살피는 것이라고 평가절하한다. 그러므로 아랫사람의 동태에 대한 경계심을 느슨하게 해서는 안 된다고 강조한다.

한비자는 특히 경계해야 할 것을 '육미六微'라는 말로 설명했는데, 이는

부하가 마음속에 숨기고 있는 여섯 가지 속셈 정도로 보면 된다. '육미'의 첫째는 부하에게 권한을 빌려주는 것이다. 군주가 군주일 수 있는 까닭은 권한을 쥐고 있기 때문인데 권한이 없다고 한다면 이미 허수아비일 수밖에 없다. 아랫사람이 군주에게 다가오는 것은 바로 이 권한이 있기 때문이다.

> 정곽군靖郭君이 제나라 재상으로 있을 때 옛 친구와 오랫동안 이야기를 나눈 일이 있었다. 사람들은 그가 정곽군의 신임을 받는다고 생각해 뇌물을 보내 옛 친구는 부유해졌다. 정곽군이 주위에 있는 자들에게 수건을 주자 그들은 이로 인해 강한 세력을 이루게 되었다. 오랫동안 이야기를 나누거나 수건을 내리는 것은 하찮은 일인데도 오히려 부자가 되었으니, 하물며 벼슬아치가 군주의 세력을 빌린다면 어떠하겠는가?
>
> 《한비자》〈내저설 하〉

한비자는 앞의 일화를 통해 권력을 이용하려 한 자가 나쁜 것이 아니라 이용하게 만든 재상의 처세에 문제가 있다고 말했다. 그러므로 윗사람은 아랫사람과 가까이 있는 것조차도 경계해야만 한다. 군주가 권한 하나를 잃으면 신하는 그것을 100개로 만들어 이용하기 때문이다. 즉 신하가 군주의 권력을 대행하게 되면 군주는 위험에 빠질 수밖에 없다. 이는 군주와 신하 사이에 존재하는 영원한 간극의 문제다. 서로 필요할 때는 감싸주지만 조금의 이해관계만 얽혀도 가차 없이 상대를 공격하게 된다.

이럴 경우 군주가 기댈 수 있는 것은 오로지 '법'과 '술'이다. 어찌 보면 뻔한 이야기 같지만 신하의 속임수에 빠져 군주가 형벌을 적절하게 적용하지 못하는 경우가 많다. 특히 음흉한 신하일수록 언젠가는 속임수로 군주를 곤경에 빠뜨릴 가능성이 높다.

군주는 어떤 말에도 속아 넘어가지 않는 통찰력을 갖고 있어야만 한다. 군주라는 자리는 겉으로는 굳세 보여도 실상은 약하다. 왜냐하면 측근이나 중신들이 배신하게 되면 군주는 그야말로 속수무책일 경우가 적지 않기 때문이다. 특히 신하가 야심을 품고 국가를 전복하려고 할 때는 종종 적국의 힘을 빌리는 경우가 있다. 한비자는 이러한 일화를 소개했다.

> 적황翟璜은 위魏나라 왕의 신하였으나 한韓나라와도 친하였다. 그래서 한나라의 군대를 불러들여 위나라를 공격하도록 하였다. 그러고는 위나라 왕을 위해 한나라와 화평을 맺어 자신의 지위를 두텁게 하였다.
>
> 《한비자》〈내저설 하〉

그야말로 상대의 허를 찌르는 무서운 전술이다. 군주는 신하에게 이런 꼴을 당할 수 있다는 것을 늘 염두에 두어야 한다. 이때 신하의 힘을 약화시키고 군주의 권한을 최대한 강화하는 것이 핵심이다. 신하는 자신의 이익을 위해 언제든 군주를 공격할 채비가 되었다는 것을 명심할 필요가 있다. 그러므로 한비자는 부하의 충성심을 믿는 군주야말로 가장 어리석은 군주라고 보았다.

아랫사람에게 권한을 이양하는 것은 군주가 하지 말아야 할 큰 잘못이다. 물론 아랫사람을 신뢰하여 그에게 맡길 수만 있다면 이보다 더 좋을 수는 없을 것이다. 그러나 동상이몽이라는 말처럼 부부지간도 믿지 못하는 것이 세상인데, 군주와 신하가 어찌 이해관계에 따라 움직이지 않겠는가.

자애란 배려와 같은 말로, 형벌보다는 은혜를 베푸는 것이다. 하지만 한비자는 정치의 근본은 배려에서 나오는 것이 아니라고 보았다. 정치를 할 때 약자의 편에 서서 그들을 구해내는 것이 중요할 듯하나, 군주가 약자의 편에 서려고 하다 보면 재정 문제가 부각될 수밖에 없고 형벌을 적용할 때도 난감한 상황에 직면할 수밖에 없다. 상은 남발해서는 안 되며 벌 역시 가혹해서도 안 된다. 징벌의 목적은 악을 금하고 정치를 안정시키는 데 있는 것이다. 그러므로 공평함이라는 잣대에 따라서 이루어져야만 한다. 따라서 정말 공을 세우면 군주와 아무리 사이가 나빠도 반드시 상을 주어야 하고, 잘못을 한다면 아무리 군주와 가깝더라도 처벌을 해야만 한다는 것이 한비자의 논점이다.

어찌 보면 냉엄한 현실주의자의 면모가 엿보이는 한비자의 논점이 이 시대에도 유효한 것은 부하의 충성심 따위가 얼마나 덧없는 것인지를 알게 해주기 때문이다. 상대의 충성에 기댈 것이 아니라 상대가 도저히 배신할 수 없는 상황을 만들어야 한다. 즉 현명한 군주라면 부하의 배신에 눈물을 흘릴 것이 아니라 자신의 판단 착오에 피눈물을 흘려야 할 것이다.

한비자는 신하에게 권한을 이양하는 것을 마치 도끼를 빌려주는 것처럼 위험한 일이라고 했다. 상대편은 도끼를 쥐는 순간 언제라도 순식간에 내려칠 수 있다. 신하에게 권력을 나누어주는 것은 군주로서 굴욕을 맛보는 일일 뿐이다.

주후州侯는 초나라의 재상이었는데, 지위가 높아지자 정무를 제멋대로 주관하였다. 초나라 왕은 그를 의심해 주위의 신하들에게 물었다.
주위에 있는 자들은 이렇게 대답하였다.

"그런 일은 없었습니다."

그들의 말은 한 입에서 나오는 것과 같이 똑같았다.

연나라 사람이 정신적으로 이상이 없는데도 일부러 개똥으로 목욕을 하였다. 그 연나라 사람의 아내는 젊은 남자와 사통을 하고 있었다. 그 남편이 일찍이 밖에서 왔는데 마침 젊은 남자가 문밖으로 나오고 있었다.

남편이 말하였다.

"저 손님은 누구요?"

그의 아내가 말하였다.

"손님은 없습니다."

주위에 있는 사람들에게 묻자 그들은 이렇게 대답하였다.

"아무도 없었습니다."

마치 한 입에서 나오는 것과 같이 똑같이 말하였다.

그의 아내가 말하였다.

"공께서는 이상하군요."

그러고는 개똥으로 목욕을 하도록 하였다.

《한비자》〈내저설 하〉

여러 사람이 한 사람을 바보로 만드는 것은 어렵지 않다. 주변 사람들이 모두 같은 말을 한다는 것은 조직의 위기를 보여주는 것이다. 즉 불륜을 저지른 아내에게 오히려 개똥 세례를 당하는 모욕이 바로 충성에만 의존하는 군주의 결말이다. 그러므로 리더가 아랫사람의 충성을 무조건적으로 믿는다는 것은 헛되고 어리석은 일이다.

거울과 저울처럼 흔들림 없는 카리스마

> 공과 사는 분명하게 하지 않을 수 없으며, 법률과 금령은 살피지 않
> 을 수 없다.
>
> 公私不可不明, 法禁不可不審.
>
> 《한비자》 〈식사〉

한비자는 〈식사〉 편에서 법을 시행하는 것이 얼마나 중요한 일인지 사례를 들어 설명했다. 옛날 순 임금이 어떤 관리에게 홍수를 막도록 명령했는데, 그 관리는 명이 내려지기도 전에 그것을 방지하는 공적을 세웠다. 그런데 순은 그 관리를 명령위반죄로 사형에 처했다. 우 임금은 여러 제후국의 군주를 한자리에 모이게 했는데, 방풍국防風國의 제후가 약속한 기일에 도착하지 않았다고 그의 목을 벤 적이 있었다.

이렇듯 선인들은 반드시 법대로 실행되는 것을 존중했다. 거울은 오직 맑음만을 지켜야 아름다움과 추함을 비교할 수 있고, 저울은 흔들림 없이 바른 상태여야 물건의 무게를 헤아릴 수 있다고 했다. 법도 마찬가지로 명확히 해야 정치의 근본 원리가 되는 것임을 역설하고 있다.

한비자는 지식과 능력은 개인의 도라서 타인에게 전달할 수 없으며, 표준이 없기 때문에 완전할 수 없다고 했다. 오로지 정확한 법만이 공적인 기준이 된다고 말한다. 그래서 신하의 사적인 지혜는 법을 앞세워 금지시켜야 한다고 강조한다. 신하의 사의私意는 사사로운 의견을 관철시키는 것이며, 동료 간의 신의를 지키면 상이 내려질 거라 여기고 일을 열심히 하지 않아도 처벌에 위축되지 않는 것이라 했다. 사의가 행해지면 나라가 혼란해질 것이며 공의公意를 행하여 다스리면 공과 사가 분별될 것이라 했다. 그러므로 공사를 명확히 해야 한다는 것이다.

인간의 사심 혹은 속내는 철저히 계산에 따라 움직인다. 그렇기 때문에 상과 벌이 분명하면 백성들은 목숨을 바쳐 일할 것이며, 백성들이 죽음을 무릅쓰면 병력은 강해지고 군주는 존중을 받게 된다. 그러나 상과 벌이 분명하지 않다면 백성들은 공로가 없으면서도 상 받기를 구하고, 죄가 있으면서도 사면되기를 바랄 것이니 병력은 약해지고 군주의 권위는 낮아질 것이다. 그래서 선왕의 현명한 보좌관들은 공사를 명확히 하기 위해 힘을 다하고 지혜를 다했던 것이다.

한비자는 군신이란 서로 견제하고 철저히 이용하는 관계라고 강조했다. 군주는 군주대로, 신하는 신하대로 자신들이 살 궁리를 해야 한다는 것이다. 그런데 칼자루는 군주가 쥐고 있어야 신하를 조종할 수 있다. 그렇다면 신하는 어떻게 해야 하는가? 군주의 역린을 건드리지 않고 나름의 생존을 모색해야 한다. 군주는 자질구레한 일에 손을 대면 안 된다. 가능한 한 신하들에게 일을 맡기고 자신은 강령만 갖고 엄중히 감독하면 된다. 한비자가 이런 관점을 피력하는 이유는 무엇인가?

군주는 계산하여 신하를 기르고, 신하는 계산하여 군주를 섬긴다. 이처럼 군주와 신하는 서로 계산을 하니 자신의 몸을 해치면서 나라를 이롭게 하는 일을 신하는 하지 않고, 나라를 해치면서 신하를 이롭게 하는 일을 군주는 행사하지 않는다.

신하들의 정서란 자신을 해치면서 군주를 이롭게 하지 않고, 군주의 정서란 나라를 해치면서 신하를 친하게 여기지 않는다. 이렇듯 군주와 신하의 관계란 계산에 따라 합쳐지는 것이다.

《한비자》〈식사〉

한비자는 신하들은 오로지 자신의 사욕만을 챙길 뿐 아니라 파당을 만들어 군주를 늘 위협하려 한다고 했다. 신하의 득세를 차단하기 위해 군주는 외롭게 싸워야 한다. 그에게 가장 강력한 무기는 카리스마와 권력이다. 그 권력은 법에서 나오며, 군주가 발휘하는 통치술로 더욱 힘을 얻는다.

그렇다면 유가가 바라보는 군신 관계는 어떠한가? '군군신신君君臣臣'이라는 말은 군주와 신하의 엄격한 구분을 전제로 한 것이다. 정사《삼국지》에 나와 있는 다음과 같은 문장이 그런 예일 것이다.

장무 3년(223년) 봄 유비는 영안永安에서 병세가 위중하므로 성도에서 제갈량을 불러와 뒷일을 부탁했다. 유비는 제갈량에게 말했다.

"당신 재능은 조비의 열 배는 되니 틀림없이 나라를 안정시키고, 끝내는 큰 일을 이룰 것이오. 만일 후계자가 보좌할 만한 사람이면 그를 보좌하고, 그가 재능이 없다면 당신이 스스로 취하시오."

제갈량이 눈물을 흘리며 말했다.

"신은 감히 온 힘을 다하여 충정의 절개를 바치며 죽을 때까지 이어가겠습니다."

유비는 또 후주 유선에게 조서를 내려 말했다.

"너는 승상과 함께 나라를 다스리고 그를 아버지같이 섬겨라."

《삼국지·촉서》〈제갈량전〉

그러나 성인은 아랫사람을 무조건 믿지 않는다. 한비자가 말하는 정치는 많은 사람을 상대해야 하겠지만 어디든 선과 악은 공존하기 마련이라고 한다. 말하자면 아무리 선한 사람들이 많다 하더라도 분명 그들 틈에서 악행을 저지를 사람은 여전히 존재한다. 그럴 경우 악의 싹을 자르고 올바른 길을 가려면 엄격한 법 적용이 우선해야만 한다.

우리는 리더십을 이야기하면서 '카리스마'를 자주 말한다. 리더에게는 좌중을 휘어잡는 카리스마가 필요하다. 그런데 그 카리스마는 그저 강함만으로 얻을 수 있는 것이 아니다. 거울을 움직이면 맑음의 성질이 없어질 것이며, 저울을 움직이면 물건을 정당하게 계량하는 성질을 잃게 된다는 한비자의 비유처럼, 사사로움을 지양하고 공의를 지키는 데서 진정한 카리스마가 나온다. 또한 "신하가 난국에 처하여 생명을 버리고 지식을 동원하여 나라에 헌신하는 것은 오직 법 때문"이라고 했던 것처럼 아랫사람을 움직이게 하는 것도 법을 정확히 시행하는 리더의 몫이다.

04

권위를 지키려면 무게감을 가져라

[군주는] 고요하여 그가 마치 제위에 없는 듯하고 적막하여 아무도
그 소재를 파악할 수 없도록 한다.

寂乎其無位而處, 漻乎莫得其所.

《한비자》〈주도〉

현명한 군주가 되기 위한 영원불변의 도는 신하들로 하여금 그들의 재주
를 다 부리도록 여건을 조성하는 데 있다. 군주가 자기가 아니면 안 된다
는 생각으로 일일이 모든 일을 다 하는 것이 아니라 사사로운 생각을 비
우고 고요하게 있으면서 은밀히 신하들의 허물을 살펴보는 것이다. 군주
는 눈과 귀를 가리며 아무도 모르게 운신해야만 한다. 이는 신하들로 하
여금 군주의 속내를 추측할 수 없도록 하기 위한 까닭이다. 간사함이란

군주가 뜻을 드러내면 드러낼수록 심해지기 때문이다. "군주의 곁에 있으면서 군주의 틈을 엿보는 자를 역적"이라고 한비자는 말했다.

그러므로 현명한 군주는 위에서 정무를 보지 않아도 신하들이 아래에서 두려움에 떨게 된다. 말하자면 군주란 드러내기보다는 감추고 있음으로써 더 힘을 가진다는 것이다. 말을 앞세우지 말고 '은인자중隱忍自重'하라는 경고다. 또한 군주는 드러내지 않아도 그 무게가 충분히 전해질 수 있도록 해야 한다. 군주는 존재만으로도 두려움의 대상이기도 하고, 영향력이 그만큼 강하기 때문이다.

그렇다고 군주가 아무것도 하지 않고 가만히 있으면 그 권위가 세워지는 걸까? 은인자중하라는 경고처럼 자신을 드러내지 않고 고요히 있되 그 권위를 지킬 수 있는 무게감을 갖는 게 필요하다. 그러려면 군주 스스로도 자기 관리가 필요하며 처신을 잘해야 한다. 그런 의미에서 우리에게 널리 알려진 양두구육羊頭狗肉이란 말을 떠올려보자. 이 고사는 군주의 처신에 대해 생각하게 해준다.

제나라 영공靈公은 특이한 취미를 갖고 있었다. 그는 궁중에 있는 미녀들을 데려와 남장을 시키고는 그 모습을 바라보며 즐겼다. 영공의 이러한 취미는 제나라 전체에 전해져 백성 가운데 남장한 미녀가 나날이 늘어갔다. 그러자 영공은 궁중 밖에 있는 여자들은 절대로 남장을 하지 못하도록 명령을 내렸지만 금령이 제대로 지켜지지 않았다. 영공은 금령이 지켜지지 않는 까닭이 궁금하던 차에 우연히 안자晏子를 만나게 되자 물었다. 시시비비를 엄격히 가려 올바로 간언하는 것으로 유명한 제나라의 재상 안자는 영공의 질문에 서슴지 않고 대답했다.

"대왕께서 궁궐 안에서는 남장하도록 하면서 궁궐 밖에서는 금하였습니다. 이는 마치 소머리를 문에 내걸어 놓고 안에서는 말고기를 파는 것과 같습니다. 어찌하여 궁중에서 남장하는 것을 금하지 않으십니까? 궁중에서 금하면 밖에서 아무도 할 수 없을 것입니다."

이 말을 들은 영공은 깨우친 바가 있어 즉시 궁중에서 남장하는 것을 금했다. 그러자 하루도 채 지나지 않아 제나라 전국에 남장하는 여자가 모두 사라졌다.

군주에게 취미는 어느 정도라면 괜찮지만 그 이상을 넘어선다면 위험에 빠질 수 있다. 군주가 쾌락에 너무 빠져들면 아무래도 직무를 소홀히하게 된다. 군주라는 자리는 기분 내키는 대로 행동하는 그런 자리가 아니다. 자신의 일거수일투족을 바라보는 수많은 백성과 신하가 있다는 것을 잊지 말아야 한다. 왕의 처신과 하층민의 처신에 차이가 나는 이유는 단순히 지위 고하의 문제가 아니다. 한쪽은 주변을 철저히 돌아보아야 하는 존재이고, 다른 한쪽은 자신만 잘하면 되는 존재이기 때문이다.

또 다른 예로 《사기》〈고조본기高祖本紀〉에 유방이 죽음에 임박하여 유언하는 내용이 있다.

고조가 경포를 공격할 때 빗나간 화살에 맞았는데 길을 가던 중 그 상처가 덧났다. 병이 심해지자 여후가 명의를 맞이했다. 고조는 의원에게 병의 상태를 물어보았다.

"폐하의 병은 치료될 수 있습니다."

이에 고조는 그를 만만히 보고 꾸짖으며 말했다.

"나는 평민 신분으로 세 자 길이 칼을 들고 천하를 얻었으니, 이것은 천명

이 아니겠는가? 명은 하늘에 달려 있으니, 비록 편작扁鵲인들 무슨 도움이
되겠는가!"

결국 의원이 병을 치료하지 못하게 하고 황금 쉰 근을 내려주며 물러가게
했다. 잠시 후 여후가 고조의 죽음을 비유해서 물었다.

"폐하의 100년 뒤 만일 소 상국이 죽으면 누가 대신하게 하지요?"

고조는 대답했다.

"조참이 할 수 있소."

그다음 사람을 물으니 다시 대답했다.

"왕릉이 할 수 있소. 그러나 왕릉은 좀 꽉 막혔으므로 진평이 그를 돕도록
하는 것이 좋소. 진평은 지혜가 남음이 있지만 혼자서 맡는 것은 어렵소. 주
발은 점잖고 너그러우며 글재주는 모자라지만 유씨를 안정시킬 자는 틀림
없이 주발이니 그를 태위太尉로 삼을 만하오."

여후가 다시 그다음을 물으니 고조는 대답했다.

"그 이후는 당신이 알 바가 아니오."

유방이 결코 어리석지 않음을 보여주는 대화다. 여기서 유방은 조강지
처인 여태후를 끝까지 경계하는 치밀한 모습을 보여주었다. 제아무리 조
강지처라 하더라도 고조는 자신의 속내를 가리고 있다. 그것이 군주가 지
닌 무게감이 아니겠는가. 군주는 한 가정의 가장임에 앞서 한 나라를 책
임지는 존재이기에 누구에게도 자신의 속내를 보이지 말아야 한다는 한
비자의 말은 조직을 책임지고 있는 리더들에게는 되새겨볼 만하다.

리더는 무조건 강하게만 보이지 않으면서도 조직을 장악하는 무게감
있는 존재다. 한비자는 군주란 법·술·세를 능수능란하게 익히고 활용해

서 흔들리지 않는 권위를 보여야 한다고 강조한다. 아랫사람을 다루는 리더에게는 드러내지 않아도 빛이 나는 무게감이 있어야 한다. 하나의 조직과 한 나라를 책임지는 위치에 있다면 더욱 그래야 하지 않겠는가.

05

처벌이 필요할 때는 반드시 처벌하라

"자비롭고 은혜롭다는 것은 선을 행한다는 것이오. 그것을 행했는데 망한다는 것은 무엇 때문이요?"

복피가 대답하여 말하였다.

"무릇 자비로운 자는 차마 하지 못하며 은혜로운 자는 주는 것을 좋아합니다. 차마 하지 못하면 허물이 있는 자를 처벌하지 못하고, 주는 것을 좋아하면 공을 세우기를 기다리지도 않고 상을 줍니다. 허물이 있지만 죄를 받지 않고, 공이 없는데 상을 받으면 비록 망한다고 하더라도 또한 옳지 않겠습니까?"

"慈惠, 行善也. 行之而亡, 何也?" 卜皮對曰: "夫慈者不忍, 而惠者好與也. 不忍則不誅有過, 好予則不待有功而賞. 有過不罪, 無功受賞, 雖亡, 不亦可乎?"

《한비자》〈내저설 상〉

우리는 간혹 선의를 베푼다는 마음이 앞서 죄가 있는 사람을 처벌하기보다 용서하는 것을 볼 때가 있다. 그것을 미덕으로 여겨 칭송하기까지 한다. 그러나 한비자는 그런 점을 철저히 경계해야 한다고 강조했다. 선을 행하는 것이 오히려 해악을 끼칠 수 있다는 것이 한비자의 논지다. 물론 법에 충실해야 함을 강조하기 위함이다.

제나라에서는 장례를 후하게 치르는 것을 좋아하여 삼베나 비단은 모두 죽은 자의 옷과 이부자리를 만드는 데 사용되었고, 재목은 모두 내관과 외관으로 사용되었다.

환공은 이것을 걱정하여 관중에게 알려 말하였다.

"삼베와 비단이 모두 사용되면 [몸을] 가릴 것이 없게 되고, 재목을 다 사용하면 방비 시설을 갖출 수 없게 되오. 그런데도 사람들이 장례를 후하게 치르는 것을 그치지 않는데, 그것을 금지하려면 어찌하면 되겠소?"

관중이 대답하였다.

"무릇 사람이 [어떤 일을] 하는 것은 명예 때문이거나 이익 때문입니다."

그래서 곧 명령을 내려 말하였다.

"내관과 외관을 지나치게 하면 시체를 도륙할 것이고, 무릇 해당 상주喪主에게도 죄를 내릴 것이다."

《한비자》〈내저설 상〉

이 일화는 죄 있는 자는 반드시 벌하여 군주로서의 위력을 보여주어야 한다는 칠술 중 하나를 이야기한다. 군주가 인정이 많으면 법령이 제대로 시행되지 않으며, 군주의 위엄이 적으면 아래는 위를 무시하게 된다. 그래서 형벌이 정확하게 시행되지 않으면 금령도 제대로 시행되지 않는 법이라고 강조한다.

관중처럼 군주에게 원칙을 지키라고 간언한 이들은 많다. 그중 조조의 책사 순욱荀彧은 원칙을 확고히 하라는 간언으로 위나라 창업의 일등공신이 되었다. 순욱은 주군의 인물됨을 평가해 그 밑에 있을 자리가 아니면 과감히 버리고 다른 길을 모색하는 결단력 있는 사람 가운데 하나였다.

위나라 창업 공신인 그는 천하의 흐름을 정확히 읽어내는 안목을 갖추었으며, 곽가와 정욱을 조조에게 추천해 등용케 하는 등 사람을 보는 안목도 뛰어났다. 비록 말년에 주군의 역린을 건드려 근심 속에 죽었지만 확고한 소신과 명분으로 거의 20여 년간 조조의 절대적인 신임을 받았다.

진수의 정사《삼국지》〈순욱전荀彧傳〉에 의하면 순욱은 자는 문약文若이며 영천潁川 영음潁陰 사람이다. 조부 순숙荀淑은 순제順帝와 환제桓帝 때 세상에 이름을 떨쳤고 '팔룡八龍'이라고 부를 만큼 뛰어난 자식들도 여덟이나 두고 있었다. 순욱의 부친도 제남국濟南國 재상을 지낸 명문가의 자손이다.

순욱은 원래 북방 원소의 모사로 있었다. 그러나 의심이 많고 우유부단한 원소의 성품에 실망해 스물아홉 살의 나이에 조조에게 귀의하기로 결단을 내렸다. 환관 출신으로 조정 기반이 약한 조조는 순욱을 "나의 장자방張子房"이라고 극찬하며 그를 중심으로 위나라 창업의 인적 네트워크를 구축했다.

순욱은 계란으로 바위치기라는 조조와 원소의 일전인 관도대전에서 공융孔融 등 대다수의 모사들뿐 아니라 조조마저 회의적으로 판단하는 상황을 일거에 잠재우고 넓은 영토와 강성한 군대, 모사 전풍과 허유, 충신 심배와 봉기, 용장 안량과 문추 등 막강한 인재 군을 거느린 원소를 무너뜨리기도 했다.

당시 조조의 군사는 원소의 10분의 1 정도로 1만 명이 채 못 됐다. 그중 부상을 입은 자가 2,000~3,000명에 달했고 군량미도 떨어져가고 있던 다급한 상황이었다. 위기의식을 느낀 조조는 순욱에게 편지를 보내 수도인 허도로 돌아갈 방법을 상의했다. 이때 순욱은 이런 답장을 보냈다.

"상대를 제압하지 못하면 반드시 짓밟히게 되니, 지금이야말로 천하의 운명이 걸린 중요한 시기입니다. 더구나 원소는 평범한 일개 우두머리에 불과하므로 인재를 모아도 쓸 줄은 모릅니다. 공의 뛰어난 무용武勇과 밝은 지혜에 의지하고 천자의 이름을 받들어 원소를 토벌한다면 어찌 이기지 못하겠습니까."

그러면서 네 가지 승리의 당위성을 제시했으니 재능에 따라 적당한 자리를 주는 공정함, 결단력과 임기응변의 전략, 신상필벌의 엄격함, 천하의 인재들을 몰리게 하는 인덕 등이 조조에게는 있다는 것이었다. 이런 순욱의 조언에 조조는 결전을 마음먹고 천하쟁패를 위한 전투를 하게 된다. 결국 원소는 휘하의 많은 인재를 등용하지 못하고 심지어 세 아들과도 불화를 겪는 등 인화에 실패해 관도대전에서 대패, 죽음을 맞이한다. 역으로 조조는 북방의 요충지를 거의 장악하게 된다.

한 나라가 패업을 이루는 것은 순욱의 주장처럼 군주가 법도를 세우고 그것을 행할 때 가능한 것이다. 인정에 이끌려 신상필벌의 엄격함을 적용하지 못한다면 어려운 시기에 더욱 기강이 흔들릴 수밖에 없다. 그래서 처벌이 필요할 때는 반드시 처벌을 해야 한다.

그 마음이란 알기 어려운 것이라 기뻐하고 노여워하는 감정을 맞추기가 어렵다.

《한비자》〈용인〉 편에 나오는 구절이다. 인간의 마음은 하루에도 수십 번씩 바뀌므로 그런 마음에 의지하여 천하를 다스린다면 천하가 제대로 다스려질 리 만무하다는 말이다. 특히 구중궁궐에 있는 군주는 늘 주변의 환경에 좌우될 수밖에 없다. 그러므로 이러한 폐단을 없애려면 반드시 법과 원칙에 따라 나라를 다스려야 한다. 그래야 치명적인 오류를 줄일 수 있다.

각 개인에게 인정을 베푸는 것은 그야말로 미덕이다. 하지만 조직을 이끌어가는 리더의 입장에서 인정은 오히려 조직 장악력을 약화시킬 수 있다. 상을 줘야 할 때는 아낌없이 줘야 하겠지만 벌을 줄 때는 단호함을 잃지 말아야 한다.

06

신상필벌이 확실하면 상대를 움직일 수 있다

사람들은 뱀을 보면 놀라고, 나비의 애벌레를 보면 소름이 끼친다.
그러나 부인들이 누에를 치고 어부들이 장어를 잡는다. 이는 이익
이 있는 곳에서는 싫은 것을 잊고 모두 맹분孟賁과 전제專諸처럼 되기
때문이다.

人見蛇則驚駭, 見蠋則毛起. 然而婦人拾蠶, 漁者握鱣, 利之所在,
則忘其所惡, 皆爲賁諸.

《한비자》〈내저설 상〉

한비자는 벌을 주는 것만큼 상을 주는 것도 중요하다고 했다. 포상이 불
충분하고 애매하면 신하는 일을 하지 않지만, 상이 충분하고 확실하면 신
하는 목숨을 걸고 일을 한다는 것이다.

월나라 왕은 오나라를 토벌하려 하고 있었다. 그래서 백성들이 죽음을 무
릅쓰고 싸워주기를 바라고 있었다. 그러던 중 외출을 했다가 뽐내는 듯한

두꺼비를 보고 수레 위에서 경례를 하였다.

시종이 어처구니가 없어 물었다.

"어찌하여 두꺼비에게 경례를 하십니까?"

왕이 말하였다.

"저 놈에겐 기개가 있기 때문이다."

[그러자] 다음 해부터 스스로 제 목을 베어 왕에게 바치겠다는 자가 한 해에 열 명이 넘었다. 이렇듯 칭찬을 하는 것으로도 사람의 목숨을 바치게 할 수 있다.

《한비자》〈내저설 상〉

군주가 기개 있는 두꺼비에게도 인사를 하는데, 하물며 용기가 있는 사람에게는 얼마나 극진한 대우를 할 것인가! 이 일화는 상과 명예가 박하고 믿을 수 없으면 아랫사람이 힘을 쓰지 않고, 그 반대면 아랫사람이 목숨을 기꺼이 내놓는다는 것을 보여준다.

한비자는 "상과 벌의 원칙을 행하는 것은 예리한 무기다."라고 했다. 그는 신하는 사슴과 같아서, 풀이 우거진 초원에 사슴이 모이듯 신하는 상이 후한 곳으로 오는 법이라는 말을 덧붙였다. 이는 나라를 다스리는 원칙을 말한 것으로, 아랫사람을 평가함에 신상필벌처럼 확실하고 객관적인 기준은 없다는 것을 뜻한다. 어떤 일을 잘했을 때 상을 주고, 못했을 때 벌을 주는 것은 당연한 지침이다. 그럼에도 이러한 지침에서 벗어나 자신의 감정에 휘둘리다 보면 대사를 그르치기 마련이다.

월越나라 왕이 대부 문종文種에게 질문하였다.

"내가 오吳나라를 정벌하려고 하는데, 가능하겠소?"

문종이 대답하였다.

"가능합니다. 상을 두텁게 확실히 내리고 벌을 엄하게 하시면 됩니다. 군주께서 이것을 알고 싶다면 어찌하여 궁실을 태워보지 않으십니까?"

그래서 마침내 궁궐에 불을 질렀으나 사람들 중에 불을 끄려는 자가 아무도 없었다.

이에 왕은 영을 내려 말하였다.

"백성들 중 불을 끄다가 죽은 사람은 적과 싸우다가 죽은 자와 비슷하게 상을 줄 것이고, 불을 끄고도 죽지 않은 자에게는 적을 무찌른 자와 비슷하게 상을 줄 것이며, 불을 끄지 않은 사람은 적에게 항복한 자와 비슷하게 벌을 내릴 것이다."

그러자 몸에 진흙을 바른 채 젖은 옷을 입고 불을 끄는 자가 왼쪽에 3,000명, 오른쪽에 3,000명이나 되었다. 이것을 보고 오나라와 싸우면 반드시 승리할 형세임을 알게 되었다.

《한비자》〈내저설 상〉

잘 다스려지는 세상에서는 공적이 많은 신하의 지위가 높아지고, 끝까지 힘쓴 자가 상이 두터워지며, 정성을 다한 자가 명성이 세워진다.

《한비자》〈수도守道〉

《한비자》〈수도〉 편에 나오는 말이다. 세상 이치란 것이 공을 세운다고 해서 상을 받을 수 있는 것은 아니다. 때로는 공을 가로채는 자들도 있고, 심지어 공을 세운 사람에게 갖은 음모와 협박을 들이대면서 누명을 씌우려는 자들도 있다. 그러므로 리더는 신상필벌에 엄격해야 하는데, 특히 상을 줌에 있어서 공에 따라 합당한 포상을 하면 불만은 잠재워지고 조직은 잘 굴러가게 되는 것이다.

그래서 군주와 백성이 서로 협조하므로, 신하는 법제의 범위 안에서 자신의 능력을 다해 진秦나라의 역사力士 임비任鄙 같은 사람이 되려고 힘쓰고, 싸움터에 출전한 병사는 죽음을 무릅쓰고 뛰어나가며 맹분과 하육 같은 용사가 되기를 원하며, 통치의 원칙을 지키는 자는 모두 쇠와 돌같이 굳은 마음으로 오자서처럼 충절을 지키며 죽을 것을 생각한다.

"칭찬은 고래도 춤추게 한다."는 말이 있다. 칭찬은 사람을 변화시키고 불가능을 가능하게 하는 힘을 갖고 있다. 아랫사람에게 칭찬을 아끼지 않는다면 최선을 다해 사명감을 갖고 일을 하게 될 것이다. 상대방을 인정하는 가장 빠르고 효과적인 방법은 칭찬이다. 리더는 벌을 내릴 때는 단호해야 하지만 칭찬을 할 때는 아낌없이 해야 한다.

07

측근에게 엄격한 잣대를 들이대라

> 그래서 현명한 군주가 상을 내리는 것은 때에 맞춰 내리는 비와 같
> 아서 백성들을 윤택하게 하고, 벌을 내리는 것은 우레와 같아서 특
> 별한 사람일지라도 피할 방법이 없게 한다. 그러므로 현명한 군주는
> 기분 내키는 대로 상을 주지 않고 멋대로 형벌을 사면해주지 않는다.
> 상을 기분 내키는 대로 주면 공을 세운 신하라도 그 일을 게을리할
> 것이며, 형벌을 사면해주면 간신들은 잘못을 쉽게 저지를 것이다.
> 是故明君之行賞也, 曖乎如時雨, 百姓利其澤 其行罰也,
> 畏乎如雷霆, 神聖不能解也. 故明君無偷賞, 無赦罰. 賞偷,
> 則功臣墮其業, 赦罰, 則姦臣易爲非.
>
> 《한비자》〈주도〉

상벌을 명확히 해야 한다는 한비자의 강한 의지가 들어 있는 글이다. 무릇 군주는 비록 천하고 먼 사이라도 진실로 공로가 있으면 상을 주고, 아무리 가깝고 아끼는 사람이라도 잘못이 있으면 반드시 벌을 주어야 한다. 그래야 멀고 천한 사람도 게으르지 않고, 아끼고 사랑하는 사람도 교만하지 않게 되는 법이다.

유가의 고전들과 달리 《한비자》는 인간의 마음을 움직이는 동기는 오

로지 이익뿐이라며, 리더는 법을 세워 신상필벌을 명확히 해야 한다고 역설한다. 한비자는 군주와 신하의 관계는 상벌이라는 하나의 제도를 통해 존재하는 것이지, 친소 관계에 따라 존재하는 것이 아니라고 보았다.

가까운 사이라고 해서 상을 주고, 먼 사이라고 해서 벌을 준다면 그것으로 이미 군주의 자격은 박탈되는 것이다. 리더로서 신상필벌이란 게 결코 만만한 일은 아니겠지만 조직을 위해서는 반드시 필요하다. 그런 점에서 조조의 신상필벌 행보는 눈여겨볼 만하다. 조조는 신상필벌에서 사사로운 인정에 이끌리지 않았고 공과 사를 엄격히 구분했다. 《자치통감資治通鑑》의 저자 사마광은 조조의 신상필벌 원칙에 대해 "조조는 공이 있는 자에게는 반드시 상을 주었고 천금을 아끼지 않았다. 그러나 공도 없이 상을 받으려는 자에게는 단 한 오라기의 털조차 나눠주지 않았다."고 평했다. 조조는 죄인을 보고 눈물을 흘리면서 안타까워했지만 끝내 용서하지는 않았다. 어설픈 감정에 휘둘리면 천하 경영이라는 중책을 그르칠 수 있기 때문에 더욱 예외를 두지 않았던 것이다.

형법이란 백성의 생명과 관련된 것이다. 그런데 군대에서 형벌을 관장하는 자중에 어떤 이는 그 직책의 적임자가 아닌데도 삼군三軍의 생사에 관한 일을 맡고 있으니 나는 이 점이 매우 근심스럽다. 법의 이치에 통달한 자들을 뽑아 형벌을 담당하게 하라.

《삼국지》〈위서魏書〉 '무제기武帝紀'

앞의 글에서 보더라도 조조가 신상필벌에 얼마나 신중했는지 알 수 있다. 다음은 건안 7년 5월 25일에 조조가 내린 영이다.

사마법司馬法에 "장군은 패하여 퇴각한 책임을 물어 사형에 처한다."라는 규정이 있다. 그래서 조괄趙括의 어머니는 조괄이 싸움에 패한 것 때문에 자신까지 벌하진 말라고 빌었던 것이다. 이것은 옛 장군들은 밖에서 싸움에 지면, 안으로 집안 식구 모두가 벌을 받았다는 뜻이다. 내가 장수를 파견하여 출정시킨 이래, 공로만 포상하고 죄를 처벌하지 않은 것은 국법에 들어맞지 않는다. 지금 여러 장수에게 출정을 명하니, 싸움에 패한 자는 벌을 받고 나라에 손실을 가져오는 자는 관직과 작위를 빼앗기게 될 것이다.

《삼국지》〈위서〉 '무제기'

조조는 흔히 냉혹한 군주로 평가받고 있지만, 사실 그는 냉철하고 치밀한 전략가로 능력을 우선시하는 확실한 신상필벌의 리더십을 지닌 사람이다. 그는 법규를 실행하기 위하여 엄격한 신상필벌 원칙을 적용했다. 맺고 끊음이 확실한 리더라는 점에서, 조조는 한비자가 주장하는 군주의 면모와 일맥상통하는 점이 많다고 봐야 할 것이다.

신상필벌에서 빠질 수 없는 단어가 바로 '읍참마속泣斬馬謖'이다. 사사로운 감정을 버리고 엄정히 법을 지켜 기강을 바로 세우는 일의 전형을 보여주는 고사이다.

삼국시대 초엽 촉의 제갈량은 대군을 이끌고 성도를 출발했다. 곧 촉의 대군은 한중을 석권하고 기산으로 진출하여 위나라 군사를 크게 무찔렀다. 이에 조조가 급파한 위나라의 명장 사마의는 20만 대군으로 기산의 산야에 부채꼴로 진을 치고 제갈량의 침공군과 대치했다. 하지만 제갈량은 이 진을 깰 계책을 갖고 있었다.

상대가 지략이 뛰어난 사마의라 군량 수송로의 요충지인 가정을 수비하는 것이 문제였다. 만일 가정을 잃게 되면 중원 진출이라는 촉의 원대한 계획은 물거품이 되고 말기 때문이었다. 더구나 중책을 맡길 만한 장수가 마땅치 않아서 제갈량은 고민했다.

그때 마속이 그 중책을 자원하고 나섰다. 마속이 누군인가? 제갈량과 문경지교를 맺은 명참모 마량의 동생으로, 평소 제갈량이 아끼는 장수였다. 하지만 노회한 사마의와 대결하기에는 아직 어렸다. 제갈량은 주저할 수밖에 없었고, 마속은 자신감에 거듭 간청했다. 그래서 제갈량은 군율에는 다른 말이 필요 없다는 것을 명심하라며 허락했다.

군사를 이끌고 가정에 도착한 마속은 산기슭의 협로를 사수하고만 있으라는 제갈량의 명령을 어기고 산 위에 진을 쳤다. 결국 다급한 나머지 제멋대로 싸우다가 패하고 말았다. 마속의 실패로 전군을 한중으로 후퇴시킨 제갈량은 마속에게 중책을 맡겼던 것을 크게 후회했고, 군율을 어긴 그를 참형에 처하지 않을 수 없었다. 제갈량은 사사로운 정에 끌려 군율을 저버리는 것은 마속이 지은 죄보다 더 큰 죄가 된다고 여겼다. 그래서 아끼는 사람일수록 가차 없이 처단하여 대의를 바로잡지 않으면 나라의 기강은 무너지는 법임을 천명하며 군율에 따라 마속의 목을 베어 전군의 본보기로 삼았다.

마속이 형장으로 끌려갈 때 제갈량이 소맷자락으로 얼굴을 가리고 마룻바닥에 엎드려 울었다고 해서 나온 성어가 읍참마속이다. 자신이 진정 아끼는 사람을 내친다는 것은 결코 쉬운 일이 아닐 것이다. 마치 자신의 한 팔을 자르는 심정이었을지도 모른다. 그럼에도 한 조직의 기강을 세우기 위해서라면 외면할 수 없는 일이다. 자신의 측근이라도 올곧은 정치를 위해서는 희생시켜야 한다는 읍참마속의 의미는 오늘날 측근 정치로 물의를 일으키는 리더들이 깊이 새길 말이 아니겠는가.

공을 세우면 아무리 소원하고 비천한 자라고 해도 상을 주어야 하고, 잘못을 저지르면 군주의 친인척도 예외가 없이 벌을 받아야 한다. 군주가 갖는 권위의 원천은 자신의 감성에 따르는 것이 아니라 확고한 이성에 의한 것임을 알아야 한다.

그러나 우리 인간은 이성보다 감성이 앞서기 때문에 감정을 통제하고 흐름과 대세를 보기가 어렵다. 팔이 안으로 굽는다는 말은 이래서 나온 것이 아니겠는가. 그럼에도 책임지는 위치에 있는 리더라면 비록 냉혹하다는 평가를 받을지언정 신상필벌에는 엄격한 원칙을 지켜야 한다.

08

실용성이 없으면 소용이 없다

활이 부러지는 것은 반드시 마지막에 일어나지 처음에 일어나지 않는다. [공인工시]이 활을 늘일 때는 나무를 30일 동안 도지개에 끼워두었다가 발로 밟아서 현을 늘이고 하루가 지나서 화살을 쏜다. 이것은 처음에는 조심하지만 마지막에는 긴박하게 하니 어찌 부러지지 않겠는가? 나 범저가 활을 늘이는 방법은 그렇지 않다. 활을 하루 동안 도지개에 끼워두었다가 발로 밟아서 현을 늘이고, [그로부터] 30일이 지난 뒤에 화살을 쏜다. 이것은 처음에는 서두르지만 마지막에는 신중을 기하는 것이다.

弓之折, 必於其盡也, 不於其始也. 夫工人張弓也, 伏檠三旬而蹈弦, 一日犯機, 是節之其始而暴之其盡也, 焉得無折? 且張弓不然: 伏檠一日而蹈弦, 三旬而犯機, 是暴之其始而節之其盡也.

《한비자》〈외저설 좌상〉

일이란 처음은 쉬워도 결말을 맺기는 어려우며, 성취란 결국 맨 나중의 결과로 말하는 것이지, 과정으로 말해서는 안 된다. 따라서 무슨 일을 하든 최선을 다해 끝까지 물고 늘어져 그 일의 결말을 쟁취해내는 것이 무엇보다도 필요하다.

우경虞慶이 집을 짓게 되었는데, 장인匠人에게 말하였다.

"집을 더 높이 지으시오."

장인이 대답하여 말하였다.

"이것은 새로운 집이므로 진흙은 축축하고 서까래는 생나무입니다. 축축한 진흙은 무겁고 생나무 서까래는 휩니다. 휜 서까래로 무거운 진흙을 받치면 이것은 당연히 낮아지게 됩니다."

우경이 말하였다.

"그렇지 않다. 다시 날이 오래되면 진흙은 마르고 서까래는 건조해진다. 진흙이 마르면 가벼워지고, 서까래가 건조해지면 곧게 되니, 곧은 서까래로 가벼운 진흙을 받치면 이것은 더욱 높아진다."

장인은 묵묵히 그의 말대로 했으나 집은 무너졌다.

《한비자》〈외저설 좌상〉

우경은 말새간이 좋고 훌륭하지만 실정에 맞지 않는 말을 했다. 그럼에도 군주는 그런 그를 좋아하며 내버려두지 않았다. 그것이 실패의 원인이 되었다. 대체로 나라를 다스리면서 군사를 강화하지 않고, 시원스러운 웅변이나 화려하고 그럴듯한 표현만을 좋아하며, 정치를 터득한 현명한 인사를 배척한다는 것은 집을 부수고 활을 부러뜨리는 웅변가에게 나라를 맡기는 것과 같다.

군주는 나라를 다스릴 때 목수나 활을 만드는 사람과 같은 기술이 없다고 보아야 한다. 정치를 터득한 인사가 범저나 우경과 같은 사람에게 꼼짝 못하는 것은, 허황한 말이 쓸모가 없는데도 압도당하기 때문이며, 실질적인 것이 그 앞에서 오금을 펴지 못하는 까닭이다.

군주가 아무짝에도 쓸모없는 웅변에 현혹되고, 정확한 언론을 배척하게 되면 국정이 문란해진다. 요즘 우경이나 범저와 같은 인물이 계속 나타나고 있으며, 더욱이 군주가 그런 자들을 받아들이는 실정이다. 결국 집을 무너뜨리고 활을 부러뜨리는 웅변을 소중히 여기고, 정치를 터득한 현명한 인사를 목수나 활을 만드는 사람처럼 대하게 된다. 목수나 활을 만드는 사람이 기술을 사용할 수 없게 되므로 집은 무너지고 활은 부러지는 것이다. 이와 같이 정치를 터득한 자가 전문적인 방법을 행하지 못하게 되므로 나라가 혼란에 빠지고, 군주는 위태로워진다.

한비자는 같은 편에서 "무릇 어린아이들이 서로 장난을 칠 때 흙덩어리를 밥이라 하고 진흙을 국이라 하며 나무를 고기라고 하다가도 날이 저물면 반드시 돌아가 밥을 먹는 것은, 흙으로 만든 밥과 진흙으로 만든 국은 가지고 놀 수는 있어도 먹을 수는 없기 때문이다."라고 말했다.

상고적부터 전해온 것을 다룬다고 해서 성실하다고 할 수 없으며, 또 선왕의 업적을 아무리 찬양한다 할지라도 국정을 바로잡지 못한다면 그것은 소꿉장난은 될지 몰라도 실제로 정치를 잘하는 사람은 못 되는 것이다. 인의를 숭상하여 나라가 약화되고 혼란에 빠진 것은 한나라와 위나라와 초나라였는데, 인의를 소중히 여기지도 않고 나라가 부강해진 것은 진나라였다. 그러나 그러한 진나라가 황제국이 되지 못한 것은 정치술이 능란하지 못했기 때문이다.

한비자는 군주가 신하의 말을 들을 때 효용성이 있고 없음을 기준으로 삼지 않으면 말을 하는 자는 쓸데없는 말을 하게 된다고 했다. 말이 지상하고 미묘하며 난해한 것은 실용적이지 않다. 우경은 목수를 나무란 것까지는 좋았으나 집이 무너졌고, 범저가 활 만드는 자를 괴롭힌 것까지는 좋았으나 활을 부러뜨려서는 소용이 없었다. 그러므로 진실을 구하는 자는 소꿉장난은 그만두고 집에 돌아가 밥이나 먹는 편이 낫다.

또한 한비자는 이 편에서, 요즘의 군주가 말을 듣는 태도는 법도에 따라서 대응하는 것이 아니라 그 웅변을 좋아하는 것이고, 공로에 따라서 인물을 다루는 것이 아니라 그 행동만을 칭찬하는 것이라고 비판한다. 그러므로 군주는 언제나 웅변가에게 속게 되고, 웅변가들은 언제까지나 군주에게 녹을 얻어먹게 된다는 것이다.

조직의 운영은 실용을 바탕으로 해야 이익이 되는 법이다. 리더가 그런 효용성을 가지지 못한다면 조직은 결국 무너질 수밖에 없다.

09

자신이 세운 기준에 억지로 맞추지 마라

차라리 치수 잰 것은 믿을 수 있어도 자신은 믿지 못하기 때문이오.

寧信度, 無自信也.

《한비자》〈외저설 좌상〉

인간은 언제든 마음이 변하기 때문에 특정한 기준을 정해두고 행동해야
만 오판을 줄일 수 있다. 심지어 자기가 잰 발의 치수도 믿지 못하는 것이
인간이듯이 나라를 다스릴 때도 그런 원칙을 지켜야 한다는 것이다. 원칙
이란 누구나 인정할 수 있는 보편타당한 기준의 문제이지, 어느 한 사람
의 일방적 주장이 아니다.

정(鄭)나라 사람으로 신발을 사려는 자가 있었는데, 먼저 스스로 자신의 발을 재어 치수를 그 자리에 두었다. 시장에 도착해서야 치수 잰 것을 잊고 왔음을 알았다.

신발장수를 만나자 곧 이렇게 말하였다.

"나는 발을 잰 것을 잊고 왔소. 돌아가서 그것을 가져오겠소."

그가 다시 돌아왔을 때는 시장이 끝나서 끝내 신발을 구할 수 없었다. 어떤 사람이 말하였다.

"어째서 발을 재보지 않았소?"

[그가] 말하였다.

"차라리 치수 잰 것은 믿을 수 있어도 자신은 믿지 못하기 때문이오."

영 땅 사람으로 연나라 재상에게 편지를 보내려는 자가 있었다. 밤에 편지를 쓰는데 불이 밝지 않았으므로 촛불을 드는 자에게 촛불을 들라고 말하였다.

그러고는 '촛불을 들어라.'라고 편지에 잘못 썼는데, '촛불을 들어라.'는 말은 편지의 [본래] 뜻이 아니었다. 연나라 재상은 편지를 받고 [오히려] 기뻐하며 말하였다.

"촛불을 들라고 하는 것은 밝음을 존중한 것이다. 밝음을 존중하는 것은 현명한 사람을 추천하여 그를 임용한다는 것이다."

연나라 재상은 왕에게 아뢰었고 왕은 매우 기뻐했으며, 나라는 이 때문에 다스려졌다. 다스려지긴 다스려졌지만 편지의 [본래] 뜻은 아니었다. 지금 세상의 학자들 중에는 이런 부류와 비슷한 자가 많다.

옛 책에 "띠를 두르고 또 두르라."라는 말이 있다. 송나라 사람으로 [고서를] 연구하는 자가 있었는데, 허리띠를 두 겹으로 묶었다.

사람들이 말하였다.

"이렇게 한 것은 무엇 때문인가?"

그가 대답하였다.

"옛날 책에 그렇게 하도록 적혀 있소."

옛날 책에는 "새기고 나서 또 갈고 맨 나중에는 그 원상태로 돌아간다."라는 말이 있다. 양나라 사람으로 [고서를] 연구하는 자가 있었는데, 그는 동작을 취하고 학문을 말하고 일을 거론할 때마다 이 글에 근거를 두었다.

그가 말하였다.

"이것은 하기 어렵다. 그러고 나서 돌아보니 도리어 그 실질을 잃게 되었다."

어떤 사람이 말하였다.

"이렇게 한 것은 무엇 때문인가?"

대답해 말하였다.

"옛날 책에 그렇게 적혀 있었소."

《한비자》〈외저설 좌상〉

한비자는 국사에 적합한 처치를 취하지 않고 선왕의 말에 따라 계획을 세우는 일은, 시장에서 신발을 살 때에 그 자리에서 자기 발에 맞추려고 하지 않고 집에 돌아가서 발의 크기를 재보는 일과 같은 것이리고 지적한다.

틀에 연연하게 되면 자기에게만 이롭게 되도록 생각하거나 행동하는 아전인수식 사고방식에 빠질 수 있다. 또한 편견과 아집과 독선의 상징인 '프로크루스테스의 침대'처럼 자기가 세운 일방적인 기준에 다른 사람들의 생각을 억지로 맞추려 할 수 있다. 신발을 사러 갔으면 직접 신어봐서 맞으면 된다. 어리석은 사람들은 때로 단순한 이치를 융통성 없이 복잡하게 만들려는 경향이 있다.

지나간 것은 이미 현실이 아니다. 물론 과거의 기록인 역사는 현대에도 참고할 만하지만, 말 그대로 참고하는 것이지 그대로 따라 해서는 안 된다. 죽은 과거는 묻어버리고 살아 있는 현재에 행동하라는 말도 있지 않은가? 어떤 틀에 얽매이지 말고 항상 생각하고 응용하며, 살면서 배운 기술들을 적용하면 되는 것이다.

급변하는 현대 사회에 신속하고 효과적으로 대응하려면 조직이 현재 처한 상황에 유연하게 대처할 수 있어야 한다. 리더는 딱딱한 틀에 매이지 말고 부드럽고 유연한 조직 문화를 만들어 열정을 불어넣고 신명나게 일할 수 있도록 해야 한다. 지금 조직이 활기차게 움직일 수 있는 힘을 기르는 것이 급하지, 명분을 위해 조직이 존재하는 것이 아님을 직시해야 할 것이다.

10

상은 정확히, 벌은 빠짐없이 주어라

> 친한 자와 귀한 자를 가리지 말고 아끼는 자에게도 공정하게 법을
> 시행하는 것입니다.
>
> 不辟親貴, 法行所愛.
>
> 《한비자》〈외저설 우상〉

한비자는 군주가 신하를 다스리지 못하는 데는 원인이 있다고 말한다. 술집에 있는 개를 죽이지 않으면 술은 팔리지 않고 쉬기 마련(구맹주산狗猛酒酸)이다. 아무리 맛 좋은 술이 있어도 술집에 사나운 개가 있으면 사람들이 찾지 않기 때문이다. 이와 마찬가지로 나라에는 그 개와 같은 자가 있을 뿐 아니라, 측근의 신하들은 모두가 사직에 들끓고 있는 쥐새끼와 같다. 더군다나 요즘의 군주에게는 단호한 태도가 없으니 비록 인정에서 벗

어나더라도 법에 따라 처리해야 한다고 강조한다. 그러므로 타인에게 자기의 종기를 보이고 고름을 없애려는 자는 그 고통을 견딜 수 있어야만 한다는 것이다.

진晉나라 문공文公이 호언狐偃에게 물었다.

"과인이 맛있고 살찐 고기를 당상에 두루 두고서, 술과 고기를 궁 안에 모아 놓아도 술병 속에 술은 맑아지지 않고, 날고기를 말릴 여유 없이 소 한 마리를 잡아 도성 사람들에게 나누어주고, 한 해 동안 공납한 직물은 모두 병사들에게 입히려고 하오. 이러면 백성들을 충분히 전쟁하도록 할 수 있겠소?"

호언이 말하였다.

"충분하지 않습니다."

문공이 말하였다.

"내가 관청이니 시장의 세금을 가볍게 하고 형벌을 느슨하게 한다면 백성들을 충분히 전쟁하도록 할 수 있겠소?"

호언이 말하였다.

"충분하지 않습니다."

문공이 말하였다.

"나의 백성들 중 상을 당한 자가 있으면 과인이 직접 낭중을 시켜 일을 살피게 하고, 죄가 있는 자는 사면해주며, 가난하고 궁색한 자를 구제한다면 백성들을 충분히 전쟁하도록 할 수 있겠소?"

호언이 대답하여 말하였다.

"충분하지 않습니다. 이러한 것들은 모두 생업을 따르는 경우이지만 백성들에게 전쟁을 하도록 하는 것은 백성을 죽이는 일입니다. 백성들이 공을 따르는 것은 생업을 따르기 위해서입니다. 그런데 군주께서는 그렇게 하시어 거꾸로 그들을 죽이면 공을 따르는 이유를 잃게 되는 것입니다."

[문공이] 말하였다.

"그러면 어떻게 하면 백성들을 충분히 전쟁하도록 할 수 있겠소?"

호언이 대답하여 말하였다.

"[백성들로] 하여금 전쟁을 하지 않을 수 없게 해야 합니다."

문공이 말하였다.

"전쟁을 하지 않을 수 없게 하려면 어떻게 해야 하오?"

호언이 대답해 말하였다.

"공로가 있으면 상을 주고 죄가 있으면 반드시 벌을 내리면 충분히 싸우도록 할 수 있습니다."

공이 말하였다.

"형벌은 궁극적으로 어디까지 이르러야 하오?"

대답하여 말하였다.

"친한 자와 귀한 자를 가리지 말고 아끼는 자에게도 공정하게 법을 시행하는 것입니다."

문공이 말하였다.

"좋소."

다음 날 포륙圃陸이라는 곳에서 사냥을 가라고 명령하고, 정오를 집합 시간으로 정하되 시간보다 늦게 오는 자는 군법에 따라 다스리겠다고 하였다. 이에 문공이 아끼는 전힐顚頡이라는 자가 시간보다 늦게 오자 벼슬아치가 그 죄를 요청했으므로 문공은 눈물을 흘리며 걱정하였다.

벼슬아치가 말하였다.

"일을 처리할 수 있도록 해주십시오."

그래서 전힐의 등을 베어 백성들에게 두루 보여 법이 확실하다는 것을 명백히 하였다.

이후 백성들은 모두 두려워하며 말하였다.

"군주가 전힐을 귀중하게 여기는 것이 그렇게 대단한데도 군주는 오히려 법을 집행하였다. 하물며 우리라면 어떠하겠는가?"

문공은 백성들이 전쟁을 할 수 있을 것이라고 판단하였다. 그래서 마침내 병사를 일으켜 원原을 정벌하여 그곳을 함락시키고, 위나라를 정벌해 동쪽으로 밭두렁을 향하게 하여 오록五鹿 땅을 빼앗았으며, 양陽을 공격하였고, 괵虢을 이겼으며, 조曹를 정벌하였다. 남쪽으로는 정나라를 포위해 성벽을 무너뜨렸다. 또 송나라를 포위했던 것을 그만두고 [방향을] 돌려 초나라 군대와 성복城濮에서 싸워 초나라 사람들을 크게 패배시켰다. 돌아오는 도중에 천토踐土에서 회맹을 맺어 마침내 형옹衡雍에서 의義를 이루게 되었다. [문공은] 한 번 병사를 일으켜 여덟 가지 공적을 세웠으니, 그렇게 할 수 있었던 까닭은 다른 이유나 특이한 것이 있어서가 아니라 호언의 책략을 따라 전힐의 등을 빌렸기 때문이다.

《한비자》〈외저설 우상〉

한비자는 악성 종기가 생겨 아프게 되면 돌침으로 골수를 찔러야 낫지만, 그 고통을 견디기는 어렵다고 했다. 인내심이 없으면 다섯 치 돌침으로 종기를 후벼 파낼 수 없을 것이다. 군주가 정치를 대하는 이치도 그와 같다. 고난을 견뎌내야만 평안이 찾아오는 법이다. 나라를 다스리려고 한다면 이 고난을 견뎌낼 각오가 있어야 한다. 그렇지 않다면 어진 신하의 충고에 따라 난신을 처단할 수가 없다. 난신은 반드시 중신이며, 중신은 반드시 군주의 총애를 받는다. 군주와 총애하는 신하의 관계는 돌의 굳기와 흰빛처럼 밀접한 관계가 될 수 없다. 그러나 군주가 굳기와 흰빛처럼 떨어지기 어려울 만큼 총애하고 있는 신하를 떼어내려고 한다는 것은, 왼편 허벅지를 도려내는 일을 바른편 허벅지에게 전하는 일과 같은 것으로, 그러한 권고를 하는 자는 반드시 죽음을 당하는 것이다.

법의 권위는 바로 공정함에서 생긴다. 조직을 이끌기 위해서는 아무리 총애하는 사람이라 할지라도 규칙을 어기거나 잘못을 저지르면 공정하게 처리해야 한다. 그래야 조직에 기강이 생기는 법이다.

11

성군과 폭군의 차이는
자신을 제어하는 데 있다

> 군주가 현명하면 [신하는] 마음을 다해 섬기지만, 현명하지 않으면
> 간계를 꾸미며 시험할 것입니다.
>
> 主賢明, 則悉心以事之 不肖, 則飾姦而試之.
>
> 《한비자》〈외저설 좌하〉

《여씨춘추呂氏春秋》〈중언重言〉 편에 이런 이야기가 있다. 초楚나라 목왕穆王
이 죽고 아들 장왕莊王이 즉위했다. 장왕은 황하 남쪽까지 세력권을 확장
한 목왕과는 달리, 밤낮으로 주색에 파묻혀 있으면서 간언하는 자는 사형
에 처한다고 했다. 장왕의 이런 생활은 어느덧 3년 세월이 흘렀다. 충신
오거伍擧가 연회석 자리에 나와 이렇게 말했다.

"언덕 위에 새 한 마리가 있는데, 3년 동안 날지도 않고 울지도 않습니

다. 이는 어떤 새입니까?"

장왕은 매서운 눈초리로 말했다.

"3년 동안 날지 않았으니 한 번 날면 하늘까지 이를 것이고, 3년 동안 울지 않았으니 한 번 울면 세상 사람들을 깜짝 놀라게 할 것이다. 알았으면 물러가시오."

장왕은 오거가 한 질문의 의미를 모르는 듯 여전히 음탕한 생활을 했다. 그러자 대부大夫 소종蘇從이 다시 간언을 했다. 장왕은 그에게 이렇게 물었다.

"죽음을 각오하고 있는가?"

소종은 머리를 조아린 채 말했다.

"죽음을 무릅쓰고 눈을 뜨시기를 간언하는 것입니다."

그 후 장왕은 심경의 변화를 일으켜 조정으로 나와 정사를 돌보았다. 장왕은 수많은 인물을 다시 등용하는가 하면, 부패와 부정을 일삼는 관리들을 벌주었다.

초 장왕이 천하의 패자가 될 수 있었던 것은 신하의 간언을 들었기 때문이다. 권력자는 무소불위의 위치에 있다. 그러니 객관적인 판단을 그르칠 때가 많고 오만해지기 쉽다. 자신의 행동을 제어하는 것은 그래서 어렵다.

한비자는 〈안위〉 편에서 "질병이 있으면서도 고통을 참지 못한다면 편작의 의술을 놓치게 될 것이고, [나라가] 위태로운데도 귀를 거스르지 않게 한다면 성인의 뜻을 놓치게 될 것이다."라고 했다. 그는 나라를 안정시키려면 상벌賞罰, 화복禍福, 생사生死, 현명함과 어리석음 등을 판단함에 있어서 개인적인 억측을 배제하고 일정한 기준을 세워야 한다고 주장한다.

군주는 신하보다 앞서 요임금과 같은 성군이 되기 위해 뼈를 깎는 노력을 해야 한다. 그래야 백성들 또한 자연스레 오자서나 비간 같은 충신이 될 것이다. 그러면 군주는 나라를 잃는 일도 없을 것이고 백성들은 목숨을 잃지 않을 것이다. 나라의 안정과 혼란은 그 나라가 강한지 약한지, 혹은 백성들의 수가 많은지 적은지에 달려 있는 것이 아니다. 그것은 법에 따라 옳고 그름을 정확히 분별하는가에 달려 있다. 이것이 한비자의 견해다.

이와 달리 남의 말을 듣지 않고 무리하게 고집을 부리다가 패망을 자초한 군주는 없을까? 바로 수나라 양제楊帝를 들 수 있다.

수나라 2대 황제인 양제는 문제文帝의 둘째아들이다. 그는 폭군으로 알려져 있고, 진시황과도 곧잘 비견된다. 그의 이름은 양광楊廣이고 대업大業이라는 연호를 사용했다. 그의 시호에 붙은 양煬이라는 글자도 덕치나 인치가 아니고 타오르는 불길처럼 학정을 일삼은 그의 행적을 적절히 빗대 악독한 황제라는 의미를 담고 있다.

진시황과 마찬가지로 열세 살에 왕이 된 그는 남조에 속한 진陳을 정벌하기도 한 문제의 확실한 창업 동지였다. 그러나 적장자 원칙에 철저한 아버지 문제에 의해 도저히 황태자의 자리를 차지할 수 없었던 그는 결국 형인 용勇을 살해하고 권신 양소楊素와 공모하여 제위를 차지하게 된다. 물론 제위 찬탈 과정에서 아버지 문제도 살해했다는 것은 널리 알려진 사실이다.

정통성 시비를 의식한 양제는 백성들의 마음을 다른 곳으로 돌리려 무모한 일을 감행하게 된다. 아버지 문제가 닦아놓은 창업의 제국을 수성하는 데 그리 큰 힘이 들지 않았을 것인데 말이다. 그의 대표적인 사업은 항주杭州에서 양자강 유역의 양주揚州를 거쳐 낙양에 이르는 대운하 토목공사였다. 그러나 운하 건설에는 값비싼 대가가 따랐다. 15세에서 55세의 장정 550만 명이 동원되었고 관리하는 감독만 해도 5만 명이나 됐다. 정해진 일감을 채우지 못해 태형 등의 형벌을 받은 자들도 이루 헤아릴 수 없었다.

그런 고통에도 아랑곳하지 않고 양제는 완성된 운하를 따라 마흔 개이상의 이궁離宮을 지었고 뱃놀이를 즐겼다. 순행을 빙자한 배의 행렬은 200리에 달할 정도였다고 전해진다. 게다가 운하가 완공되자마자 612년 1차 고구려 원정에 113만 8,000명의 대군을 동원하여 나섰다가 고구려 명장 을지문덕에게 살수에서 대패하고 만다. 이듬해 2차 원정과 614년의 3차 원정을 모두 실패하면서 걷잡을 수 없는 민심의 동요를 겪었고, 결국 자신이 믿었던 신하 우문화급宇文化及에게 살해되고 만다.

물난리가 잦은 중국에서 치수 문제는 오랜 난제였고, 따라서 대운하 건설은 오늘날의 시점에서 보면 어느 정도 유효하다 할 수 있다. 500여 개나되는 율령을 정비하고 많은 제도를 확립해 당제국의 초석을 다진 것 등도 인정할 만한 업적이다. 그러나 현실을 고려하지 않은 대규모 토목 공사와 고구려 원정 등으로 인해 자신도 살해당하고 수나라 역시 가장 일찍 패망한 국가 중 하나로 기록되는 오명을 남기게 되었던 것이다. 양제와 거의 똑같은 방식으로 제위에 오른 당 태종은 22년간 당 제국을 이끈 정관지치貞觀之治의 대명사요, 성군聖君으로 기록되었는데, 왜 양제는 폭군으로만 기억되는 것일까?

　국가든 회사든 최고경영자는 늘 자신의 판단이 틀릴 수 있다는 생각을 해야 한다. 주변을 돌아보지 않고 무리하게 추진하는 정책이나 개혁, 조직원의 동의나 협의를 거치지 않은 성급한 구조조정은 결국 조직의 거대한 반발에 직면하게 되어 돌이킬 수 없는 상황으로 들어서는 것을 우리는 수많은 역사적 사례를 통해 보아왔다. 모든 일에는 시기와 원칙이 있는 법. 독불장군은 존재할 수 없다.

12

추천을 할 때는 원수도 상관하지 마라

> 친척 이외의 사람을 추천할 때는 원수라도 피하지 않고, 친척 중에
> 서 추천할 때는 아들도 피하지 않는다.
>
> 外擧不避讎, 內擧不避子.
>
> 《한비자》〈외저설 좌하〉

권력가 주변에는 늘 문제 있는 사람들이 모이기 마련이다. 이는 혈연이나
지연 등 온정주의에 얽매여 공과 사를 구분하지 못하고 등용했기 때문이
다. 시대를 막론하고 공과 사를 구별하지 못하면 순식간에 파멸할 수밖에
없다. 그래서 공평하게 인재를 쓰는 일이 더욱 중요하다.

중모中牟에는 현령이 없어 진나라 평공平公이 조무趙武에게 물었다.

"중모는 [우리] 진나라의 넓적다리와 같은 것이고 한단邯鄲으로 가는 관문이오. 과인은 그곳에 훌륭한 현령을 두고 싶소. 누구를 시키면 좋겠소?"

조무가 말하였다.

"형백邢伯의 아들이 좋겠습니다."

평공이 말하였다.

"그대의 원수가 아니오?"

[조무가] 말하였다.

"저는 공적인 일에 사사로운 원한을 들이지 않습니다."

평공이 또 물었다.

"중부中府의 장관으로는 누구를 시키는 것이 좋겠소?"

[조무가] 말하였다.

"신의 아들이 좋겠습니다."

《한비자》〈외저설 좌하〉

이와 같이 정당한 추천을 하는 데는 원수라도 상관하지 않으며, 가까운 자를 추천하는 데는 제 자식도 상관이 없는 것이다. 조무는 사사로운 정을 버리고 마흔여섯 명을 추천한 바 있는데, 그가 사망하자 조문을 한 사람이 없었다. 이와 같이 조무는 사사로운 은혜를 내세우지 않았던 것이다. 조무의 일화에 덧붙여 그에 대한 설명이 이어진다.

평공平公이 숙향에게 물었다.

"신하들 중 누가 현명하오?"

[숙향이] 말하였다.

"조무입니다."

평공이 말하였다.

"그대는 자신이 섬기는 사람이라 지지하는 것이오?"

[숙향이] 말하였다.

"조무는 서 있을 때는 마치 입은 옷을 감당할 수 없을 만큼 허약했고, 말할 때는 마치 입을 벌릴 줄도 모르는 사람처럼 눌변이었습니다. 그러나 그가 천거한 인사 수십 명은 모두 그가 추천한 의도에 이르렀고, 나라에서도 이들을 매우 신뢰하고 있습니다. 조무는 살아서는 집에 이로운 일을 하지 않았고, 죽어서는 자식을 부탁하지도 않았습니다. 신은 감히 그가 현명했다고 생각합니다."

《한비자》〈외저설 좌하〉

조무의 추천 지침과 유사한 일화도 있다.

춘추시대 진晉나라 평공平公이 기황양祁黃羊에게 물었다.

"남양현에 장長자리가 비어 있는데 누구를 보내면 좋겠소?"

기황양은 주저하는 기색 없이 곧바로 대답했다.

"해호解狐를 보내면 반드시 훌륭하게 임무를 해낼 것입니다."

평공이 놀라서 물었다.

"그대는 해호와 원수지간이 아닌가? 어찌 해호를 추천하는가?"

기황양이 대답했다.

"공께서 물으신 것은 임무를 수행할 수 있는 적임자이지, 해호가 제 원수인지를 물으신 게 아닙니다."

결국 해호는 임무를 성실히 수행했다. 얼마 뒤에 평공이 다시 물었다.

"지금 조정에 자리가 하나 비었는데 누가 적임자인가?"

기황양이 대답했다.

"기오祁午가 수행할 수 있을 것입니다."

평공이 이상하다는 듯 반문했다.

"기오는 그대 아들이 아니오. 어찌 아들을 추천할 수 있소?"

"공께서는 누가 적임자인지를 물으셨지, 기오가 제 아들인지 물으신 게 아닙니다."

결국 기오는 모든 일을 공명하게 처리하고 칭송을 받았다.

《십팔사략十八史略》

이 일화는 '대공무사大公無私'라는 고사성어와 통한다. 기황양이 사사로움 없이 매우 공정한 처신을 했다는 데서 이 말이 나온다. 이 이야기를 들은 공자는 "기황양이야말로 대공무사하다고 말할 수 있다."면서 칭찬을 아끼지 않았다고 한다.

군주는 권력을 잡고 묵묵히 조직을 감시하면 된다. 군주가 신하의 자리에 끼어들어서 개입하는 것은 품격을 떨어뜨리는 행위일 뿐이다. 아랫사람을 부리는 방법은 쓸데없는 참견이 아니라 그들이 하는 일을 보아 가면서 잘잘못을 가려내는 요령을 터득하는 데 있다.

13

가까운 사람의 잘잘못을 분명히 따져라

> 무릇 태양은 천하를 비추므로 한 사물로는 가릴 수 없고, 군주는 한
> 나라를 비추므로 한 사람으로는 가로막을 수 없습니다.
>
> 夫日兼燭天下, 一物不能當也.
>
> 《한비자》〈내저설 상〉

리더는 겸허하게 아랫사람의 말을 경청해야 한다. 옛말에도 세 사람이 모여 의논하면 미혹됨이 없다고 했고, 공자 역시 세 사람이 다니면 반드시 나의 스승이 있다고 했다. 이 말은 설령 한 사람이 잘못된 판단을 내려도 나머지 두 사람은 올바른 판단을 내리므로 세 사람이면 결정적인 잘못을 하지 않는다는 말이다. 그러므로 여럿의 의견이 한 사람에 의해 막혀서는 안 된다.

위衛나라 영공靈公 때 미자하彌子瑕가 군주의 총애를 받아 나라의 정치를 좌지우지하고 있었다.

한 난쟁이가 영공을 만나 이렇게 말하였다.

"신의 꿈은 영험이 있습니다."

영공이 말하였다.

"무슨 꿈인가?"

난쟁이가 대답하였다.

"꿈에 아궁이를 보았는데, 공을 만날 징조였습니다."

영공은 노여워하며 말하였다.

"내가 듣기로 군주를 알현하려는 자는 꿈에 해(日)를 본다는데, 너는 어찌하여 과인을 만나면서 꿈에 아궁이를 보았다고 하느냐?"

난쟁이가 대답하였다.

"무릇 태양은 천하를 비추므로 한 사물로는 가릴 수 없고, 군주는 한 나라를 비추므로 한 사람으로는 가로막을 수 없습니다. 그래서 군주를 알현하려는 자는 꿈에 해를 본다는 것입니다. 그러나 아궁이는 한 사람이 불을 쬐고 있으면 뒷사람은 그 불빛을 보지 못합니다. 지금 누군가 군주 앞에서 불을 쬐고 있지 않습니까? 그러니 신이 꿈에 아궁이를 본 것은 당연하지 않겠습니까!"

《한비자》〈내저설 상〉

사랑이 많으면 법의 잣대가 엄격해지지 못하고, 위엄이 적으면 아랫사람이 윗사람을 침범한다. 그러므로 형벌을 어김없이 내리지 못하면 금령이 행하여지지 않는다. 현명한 군주는 철판으로 담을 쌓아올려 화살을 막듯 신하를 의심하여 경계를 게을리하지 않으며, 한 지역 사람들의 뜬소문에 미혹되는 폐해를 주의한다.

구중궁궐에 갇혀 사는 군주는 자신이 원하든 원치 않든 늘 사람의 장막에 가려 눈과 귀가 막히기 쉽다. 간신들이 판을 치고 올곧은 신하가 내쳐지는 이유는 의외로 자명하다. 권력욕에 눈이 어두워 칭찬보다 칭송과 아첨을 일삼는 것이 궁정의 속성이라고 하면 지나친 것일까? 때로는 민심을 살피려 미복을 하고 잠행하는 것도 이런 장막을 거두어보려는 시도지만 말이다. 리더가 아랫사람을 다스리는 기술로는 소통을 빼놓을 수 없다. 그런 점에서 열린 마음으로 당 제국을 반석에 올린 당 태종唐太宗의 예를 들어보지 않을 수 없다.

소통의 리더십을 갖춘 제왕으로 평가받는 당 태종 이세민李世民은 원래 소통과는 거리가 멀었다. 그는 대규모 토목 공사와 고구려 원정 등 연이은 실정으로 민심을 잃은 수나라 양제煬帝를 타도하고자 태원太原 방면 군사령관으로 있던 아버지 고조高祖 이연李淵을 설득하여 병사를 일으킨다.

그는 먼저 설거薛舉·설인고薛仁杲 부자, 유무주劉武周와 싸우고, 다시 강적 왕세충王世充·두건덕竇建德을 제거하여 스무 살의 나이인 617년에 장안을 점령하는 데 결정적인 기여를 했다. 이듬해 당나라가 탄생했고, 이연이 제위에 올랐다. 그러나 이연은 이세민이 정권 창출에 큰 공을 세웠음에도 맏아들 건성建成을 황태자로 삼아 형제 간에 불화를 일으키는 발단을 제공했다. 세민의 위세에 안절부절못한 건성은 동생 원길元吉과 함께 세민을 제거하려고 모의하지만, 세민은 선수를 쳐 건성과 입조하는 원길을 현무문에서 죽이고는 곧바로 626년에 아버지의 제위를 이어받아 즉위하니 나이 겨우 스물아홉이었다.

피비린내 나는 형제의 난을 겪으며 제위에 오른 이세민은 예악禮樂과 인의仁義 등 유학에 바탕을 둔 문치를 내세우면서 홍문관弘文館을 설치하고, 국학에는 학사學舍를 400여 칸이나 증설하고 국자國子, 태학太學, 사문四門, 광문廣文에서도 적지 않은 학생을 증원했다. 이와 동시에 도가의 무위無爲를 강조하고 도교를 국교로 정하여 폭넓은 민심의 향방도 살폈다.

그는 인재 경영에 몰입하여 자신에게 300번 이상이나 간언한 위징魏徵과 같은 신하들을 내치지 않고 받아들였으며, 소위 팔대 명신이라 불리는 소신파 신하들을 곁에 두고 국정에 대해 스스럼없이 소통했다. 민생 안정에도 힘쓰면서 스스로 다음과 같이 자기 검증을 했다.

> 덕행을 쌓은 군주는 귀를 거스르는 말을 듣고, 얼굴을 살피지 않고 하는 간언을 좋아한다. 군주가 충신을 가까이하려면 의견을 제시하는 인사를 후하게 대우하고 참언하기 좋아하는 자를 질책하며, 간사하고 아첨하는 사람을 멀리하는 것이다.
>
> 《정관정요》〈공평公平〉

태종이 제위에 오른 해부터 649년에 이르는 23년 동안 정치·경제·문화·예술·군사 등 다방면에서 위대한 발전이 일어난 황금시대가 되었다. 무엇이 그를 위대한 인물로 만들었을까? 바로 "군주는 배이고, 백성은 물이다. 물은 배를 띄울 수도 있지만, 배를 뒤엎을 수도 있다."는 말에서 그 해답을 찾아볼 수 있다. 태종은 군주보다 백성이 중요하다는 것을 깨달은 겸손한 제왕이었다. 그는 "창업이 쉬운가, 수성이 어려운가?"라는 질문을 계속 던지면서 초심을 잃지 않고 스스로를 반성하면서 당 제국을 반석에 올려놓은 것이다.

후대 역사가들이 그의 치세를 '정관의 치세[貞觀之治]'라고 칭송한 것은 그가 신하들의 의견을 듣고 반대파를 포용했기 때문이다. 이는 그가 군신 관계란 신뢰로 맺어져야 한다는 강력한 믿음을 갖고 있었던 덕분이다.

물론 아쉬움도 남는다. 통치 말년에 들어서면서 태종은 자기 관리에 허점을 드러내면서 초심이 흔들리게 된다. 그는 지나친 영토 확장 정책과 결정적인 고구려 침략 실패, 후계자 선정의 난항 등을 한으로 남긴 채 세상을 떠나고 만다. 결국 그가 죽은 뒤 동요된 정권은 자신이 들인 후궁이자 훗날 고종高宗의 황후가 된 측천무후則天武后가 주周나라를 세우면서 소멸 상태를 맞이하게 된다.

어떤 군주든 초심을 유지하고 민심의 향방을 헤아리고 아첨하는 신하들을 멀리하는 것은 생각처럼 쉽지 않다. "곧은 나무는 그림자가 굽을까 걱정하지 않는다.(《정관정요》〈성신誠信〉)"고 하지만, 나무는 바람에 흔들릴 수밖에 없다. 그러면서도 분명한 것은 현명한 신하를 곁에 두는 자도 군주요, 내치는 자도 군주라는 사실이다. 모든 것을 제 탓으로 돌릴 수 있는 군주가 바로 설 수 있는 것이다.

쓴소리를 받아들일 줄 아는 사람은 자기가 아끼는 사람에게도 확고한 원칙으로 대할 수 있다. 가까운 사람의 잘잘못을 분명히 해야 믿고 따르는 사람이 늘게 된다. 원칙은 어떤 순간에도 실망시키는 일이 없다는 점을 명심해야 할 것이다.

14

법이 바르면 원망이 없다

> 죄를 지었기 때문에 벌을 받는다면 사람들은 위에 있는 자를 원망
> 하지 않는다.
>
> 以罪受誅, 人不怨上.
>
> 《한비자》〈외저설 좌하〉

사람은 잘못을 저지르면 벌을 받게 되리라는 것을 알고 있다. 그렇게 알고 있는 상태에서는 어떤 벌을 받더라도 결코 다른 사람을 탓하지 않는다. 그러므로 공연스레 리더가 상을 주면서 생색을 내거나 벌을 주면서 마음속으로 괴로워할 필요는 없다. 즉 군주의 눈물은 우아한 냉정이어야 한다는 의미이다.

공자가 위衛나라의 재상으로 있을 때, 제자 자고子皐는 옥리獄吏가 되어 어떤 자에게 발꿈치를 자르는 형벌을 내렸다. 발꿈치를 잘린 자는 문지기가 되었다.

어떤 사람이 위나라 군주에게 공자를 험담해 말하였다.

"공자가 난을 일으키려고 합니다."

위나라 군주는 공자를 잡아들이려고 했으므로 공자가 달아나자 제자들도 모두 달아났다. 자고가 뒤따라 문을 빠져나오려고 하는데, 발꿈치 잘린 자가 그를 이끌어 문 근처의 집으로 피신시켜주었으므로 벼슬아치들이 추격했으나 그를 붙잡지 못하였다.

한밤중이 되자 자고가 발꿈치 잘린 자에게 물었다.

"나는 군주의 법령을 허물 수 없어 그대의 발꿈치를 직접 잘랐소. 지금은 그대가 원수를 갚을 때이거늘 그대는 어찌하여 나를 달아날 수 있게 한 것이오? 내가 어찌 그대에게 이러한 대접을 받을 수 있겠소?"

발꿈치 잘린 자가 말하였다.

"제가 발꿈치를 잘리게 된 것은 당연히 저의 죄에 합당한 것으로 어찌할 수 없는 것이었습니다. 그런데 당신은 저의 죄를 판결할 때 다방면으로 법령을 살피고 앞뒤로 저를 변호하시며 죄를 면하게 해주시려고 무던히 애쓰셨는데, 저는 그것을 알고 있었습니다. 재판이 결정되고 죄가 확정되자 당신께서는 애처롭게 여기시고 내키지 않는 모습이 얼굴에 나타났습니다. 저는 그것을 보고 또 알았습니다. 그것은 저에 대한 사사로운 편견이 아니라 당연한 일이었던 것이며, 천성이 어질고 마음이 진실로 그러했던 것입니다. 이것이 제가 기꺼이 당신을 덕망 있다고 여기는 까닭입니다."

《한비자》〈외저설 좌하〉

사마천에 따르면 자고는 "공자보다 서른 살 아래이다. 자고는 키가 다섯 자도 채 되지 못했다. 공자에게 가르침을 받을 때 공자는 그를 어리석고 강직한 사람이라고 생각하였다." 이런 기록은 위 문장의 맥락과 크게 어긋나지 않는다.

진秦나라와 한韓나라가 위나라를 공격하려고 할 때 소묘昭卯가 서쪽 진나라에 가서 설득해 진나라와 한나라는 [전쟁을] 그만두었다. 제齊나라와 초楚나라가 위나라를 공격하려고 할 때 소묘가 동쪽으로 가서 설득해 제나라와 초나라는 [전쟁을] 그만두었다. 그래서 위나라 양왕襄王은 소묘를 오승五乘의 영지를 갖는 장군에 봉하였다.

소묘가 말하였다.

"백이伯夷가 장군의 신분으로 수양산首陽山 아래에 묻히자 천하 사람들이 말하기를 '무릇 백이의 밝음과 그 높은 인덕으로도 장군의 예우로 묻혔으니, 이것은 손과 발을 가리지 않은 꼴이다.'라고 하였습니다. 지금 신은 네 나라의 군대를 물러가게 했는데도 왕께서는 신에게 오승의 영지만을 내렸으니, 이것은 공적에 견주어보면 오히려 행전行纏을 차고서 짚신을 신은 것과 같습니다."

《한비자》〈외저설 좌하〉

공자는 이렇게 말했다. "관리로서 훌륭한 자는 은덕을 백성에게 심어주지만 훌륭한 관리가 못 되는 자는 백성에게 원한을 심는다. 되는 곡식을 공평하게 나누는 도구이고, 관리는 법을 공평하게 하는 역할을 해야 한다. 나라를 다스리는 자가 평정을 잃어서는 안 된다." 죄를 범하고 그에

상당한 형벌을 받는다 하더라도 사람들은 윗사람을 원망하지 않는다. 그래서 발꿈치를 잘리는 형벌을 받은 자가 자고를 살려준 것이다. 공 때문에 상을 받으면 신하는 군주의 은덕이라고 생각하지 않는다. 양왕襄王은 이러한 상벌의 이치를 몰랐기 때문에 소묘昭卯에게 수레 다섯 승의 영지를 주어 부자가 짚신을 신은 것과 같은 꼴로 만든 것이다.

한비자는 위에 있는 군주가 사람을 임용하되 실수가 없고, 신하가 자기 능력을 속이는 일이 없으면 누구나 소실주少室周와 같은 신하가 될 것이라고 했다. 이처럼 원칙에 철저하여 자신을 알아주는 군주를 만나 법에 정통한 이가 있었다. 그가 바로 중국 최고의 병법가이자《손자병법》의 저자인 손자이다.《손자병법》은 우리가 흔히 알고 있는 바와 같이 단순히 전쟁에서 이기는 방법만을 가르쳐주는 병법서가 아니다.《손자병법》을 한마디로 요약한다면 지피지기知彼知己다. 즉 "상대를 알고 나를 아는 것"이다. 하지만 여기서 말하는 피彼가 적을 말하는 것은 아니다. 나를 둘러싸고 있는 모든 여건[形]을 뜻하는 것이다. 형形은 적의 상태, 지형, 날씨, 천기 등을 총괄하는 말이다. 그리고 그다음이 나를 아는 것이다. 전쟁에서 이기기 위해서는 남의 역량을 파악하는 것 못지않게 자신의 현 상황을 잘 파악해야 한다. 노자도 "남을 아는 자는 지혜롭고[知], 자신을 아는 자는 명철하다[明]"고 했다.

《손자병법》〈찬졸纂卒〉편에 보면 "좋은 군주를 만나지 못했다면, 결코 아무 군주 밑에서나 장수가 되지 말라."는 말이 있다. 한 나라를 볼 때는 먼저 그 나라의 군주를 보고, 한 가족을 볼 때는 먼저 그 집의 가장을 본다. 훌륭한 나라란 도리를 아는 군주가 통치하고 있으며, 잘되어가는 집에는 현명한 가장이 있다.

손자는 장수로 임명되기 위해 과연 실제 지휘할 능력이 있는지 의심하는 오왕 합려의 시험을 받았다. 그 과정은 허를 찌르는 기발한 발상에서 비롯됐다. 《사기》〈손자, 오기열전〉에 의하면 오왕 합려가 궁녀 180명을 손자에게 내주며 지휘해보라고 했다. 군사가 아닌 궁녀를 이용해 시험해 본 것은 이론과 현실 사이에 존재하는 간극을 어떻게 임기응변으로 대처하는지 엿보고자 했던 것이다.

손자는 주저 없이 그들을 두 편으로 나누고, 왕이 총애하는 후궁 두 명을 각 편의 대장으로 삼았다. 모두에게 창을 주고 간단한 동작을 익힌 후 실제 훈련에 들어가자 궁녀들은 손자의 지시에 제대로 따르지 않았다. 서로 키득거리거나 딴전을 피우고 장난을 치기도 했다. 이는 합려가 예상한 바였다.

"군령이 분명하지 않고 명령에 숙달되지 않은 것은 장수의 죄다."

손자는 군법으로 사람을 죽일 때 쓰는 도끼를 움켜쥐고 말했다. 그리고 다시 여러 차례 군령을 외우게 하자 궁녀들은 완전히 숙지는 했지만 여전히 깔깔거렸다. 그러자 손자는 "군령이 이미 정확해졌는데도 규정에 따르지 않는 것은 사졸들의 죄다."라며 좌우 대장 역할을 맡은 궁녀 둘의 목을 베려고 했다.

그녀들은 오왕이 가장 아끼고 사랑하는 여인들이었다. 깜짝 놀란 오왕이 사람을 급히 보내 만류했지만 손자는 "장수가 군에 있을 때는 왕명이라도 받들지 않는 경우가 있습니다."라고 말하며 두 여인의 목을 잘라버렸다. 그러자 궁녀들은 손자가 명령하는 대로 일사불란하게 움직이기 시작했다.

훈련이라고 하지만 실전이라고 단정한 손자가 냉철한 오왕의 용서를 받고 장군에 임명된 것은 국가의 존망과 생사를 가르는 전장에서는 일상적인 일인지도 모른다. 여기서 주목할 것은 손자의 철저한 공사 구분 원칙이다. 사사로운 감정으로 원칙을 어길 수 없다는 그의 생각은 합려가 자신처럼 아끼던 궁녀 둘의 목을 벤 필벌로 결론이 난 것이다.

법을 바르게 적용하려면 손자의 행동처럼 철저해야 한다. 그래야 아랫사람들이 법이 공평하다고 느끼고, 벌을 받아도 원망하지 않는다. '유전무죄 무전유죄' 식으로 법이 형평성을 잃게 되면, 신뢰를 잃게 된다. 조직도 마찬가지다. 정한 규칙을 모두에게 공평하게 적용해야 그만큼 조직을 신뢰하게 되고 성과를 내게 되는 법이다.

15

원칙을 보여주면 신뢰는 따라온다

명분에 대해 신의를 지키십시오. 명분에 대해 신의를 지키면 신하들은 [자기 직분을] 지킬 것이고, 선과 악의 기준을 어기지 않을 것이며, 모든 일을 게을리하지 않을 것입니다. 일에 대해 신의를 지킨다면 하늘의 때를 잃지 않을 것이고, 백성들은 [본분을] 어기지 않을 것입니다. 도의에 대해 신의를 지킨다면 가까이 있는 자들은 힘써 노력하게 되고 멀리하던 자들은 귀의하게 될 것입니다.

信名, 信名, 則群臣守職, 善惡不踰, 百事不怠 信事, 則不失天時, 百姓不踰 信義, 則近親勸勉而遠者歸之矣.

《한비자》〈외저설 좌상〉

약속을 지킴으로 작은 신의가 성취되면 큰 신의가 확립된다. 그러므로 현명한 군주는 가급적 작은 신의일지라도 지켜야 한다.

진나라 문공文公이 원原이라는 곳을 공격하기로 했을 때, 열흘분의 식량을 준비시키면서 대부들과는 열흘 안에 함락시키기로 기한을 정하였다. 그러나 원에 이른 지 열흘이 지났지만 원을 함락시키지 못하자 [문공은] 징을 쳐서 물러나게 한 뒤 군대를 거두어 떠나려고 하였다.

그때 원의 대부가 성에서 나와 말하였다.

"원은 사흘이면 함락됩니다."

여러 신하들이 주위에서 간언하여 말하였다.

"원은 식량이 떨어지고 힘이 다했으니 주군께서는 잠시 기다리십시오."

공이 말하였다.

"나는 대부들과 열흘을 기한으로 정했으니, 떠나지 않는다면 이는 나의 신의를 잃게 될 것이오. 나는 원을 얻고도 신의를 잃는 일은 하지 않겠소."

[문공은] 마침내 병사를 거두어 떠났다.

원의 사람들은 이 소식을 듣고 말하였다.

"군주가 있는데 저와 같이 신의가 있다고 한다면 귀의하지 않을 수 있겠는가!"

그러고는 공에게 항복하였다.

위衛나라 사람들도 소문을 듣고 말하였다.

"군주가 있는데 저와 같이 신의가 있다고 한다면 따르지 않을 수 있겠는가?"

그러고는 공에게 항복하였다.

공자가 이 소문을 듣고 기록하며 말하였다.

"원을 공격해 위나라까지 얻은 것은 신의 때문이다."

[진나라] 문공이 기정箕鄭에게 물었다.

"굶주림을 구제하려면 어떻게 해야 하오?"

기정이 대답하여 말하였다.

"신의입니다."

《한비자》〈외저설 좌상〉

문공이 원을 공격할 때 식량 때문에 열흘만 공격하겠다는 약속을 지켜서 상대의 항복을 이끌어낸 것은 리더에게 아랫사람의 믿음을 얻는 일이 얼마나 중요한지 보여주는 사례다.

초나라 여왕厲王은 긴급한 일이 생기면 북을 쳐서 백성들과 나라를 지킬 것을 약속하였다. [하루는] 술을 마시고 취해 실수로 북을 쳤다. 백성들은 매우 놀랐다.

그는 사람을 시켜 백성들을 저지하며 말하였다.

"내가 술에 취해 신하들과 장난하다가 북을 잘못 쳤소."

그러자 백성들은 모두 진정되었다.

몇 달 뒤 [여왕은] 긴급한 일이 있어 북을 쳤지만 백성들은 달려오지 않았다.

《한비자》〈외저설 좌상〉

이 일화는 마치 '양치기 소년'의 이야기를 보는 듯하다. 모든 일의 근본은 신의다. 아무리 사소하게 보이는 일이라도 반드시 지켜야 할 약속을 어기게 되면 조직의 근간을 뒤흔들 결과로 이어지는 법이다.

특히 군주는 법을 다스려야 하는 자리이므로 원칙이 흔들리게 되면 신뢰는 한순간에 깨지고 만다.

《논어》에 보면, "민무신불립民無信不立"이란 말이 있다. 정치란 백성의 신뢰와 지지를 얻어야 존재한다는 의미로, 정치가이자 외교가로서 명성을 떨친 자공子貢이 어느 날 공자에게 정치의 기본에 대해 물어보자 공자가 한 말이다.

공자는 정치의 핵심 요소로 "식량을 충족시키는 것, 병기를 충분하게 하는 것, 백성들이 (군주를) 믿게 하는 것"(《논어》〈안연〉)을 꼽았다. 자공이 이 세 가지 중에서 우선 무엇을 포기해야 하느냐고 묻자 공자는 주저 없이 병기라고 했다. 다시 공자에게 남아 있는 것 중에서 또 무엇을 버리면 되느냐고 하자 식량이라고 했다. 그러고는 결코 버려서는 안 될 것으로 백성들의 신뢰를 꼽았다.

공자의 사상에서 '신信'의 의미는 매우 중요하다. 자장子張이 공자에게 인仁의 내용을 물었을 때 공자는 '공손함[恭]' '너그러움[寬]' '믿음[信]' '영민함[敏]' '은혜[惠]' 등 다섯 가지 항목을 거론하면서 그 중심에 '믿음'을 두었다. 그 이유로 믿음이 있어야 사람들이 신임하기 때문이라고 했다. 그리고 공자는 "충심과 믿음을 주로 하는"(〈안연〉 편) 것을 강조하고, "말에는 반드시 믿음이 있어야"(〈자로〉 편) 한다고 한 뒤, 군자의 네 가지 덕목을 말하면서 '의義' '례禮' '손孫(겸손)' '신信'을 꼽았던 것이다.

세상에 이름이 알려지고 나서 공자는 천하의 제후국들을 주유하며 절실하게 깨달았다. 군사력과 식량 같은 안보와 경제 등의 요소보다 오히려 절대적으로 중요한 것이 바로 보이지 않는 백성들의 신뢰였다는 점이다. 문제는 이 사실을 군주들 중에서 그 누구도 제대로 알지 못했다는 것이다. 청대 장병린章炳麟이 〈혁명도덕설革命道德說〉이라는 글에서 "믿음을 백성의 보배로 삼아야" 제대로 된 정치가 가능하다고 했던 것도 바로 공자의 '무신불립'과 같은 맥락인 것이다.

한비자는 공자가 강조한 백성들의 신뢰를 바탕으로 하되, 그 위에 법이 바로 서야 한다고 주장한다. 법이란 다스림의 근거이며 포악한 짓을 금해 선善으로 인도하는 원칙이라고 보았기 때문이다. 법이 바르면 백성들이 충성을 다하고, 죄를 정당하게 처벌하면 백성들이 복종하므로 군주 된 자는 법을 중시하지 않을 수 없다. 특히 누구나 납득할 수 있는 원칙과 법을 흔들림 없이 적용하는 태도는 신뢰를 쌓는 가장 기본이다. 원칙은 리더 자신부터 지켜야 한다는 사실을 간과하지 않는다면 신뢰는 따라오기 마련이다.

16

가시나무를 심으면 결국 찔리게 된다

무릇 귤나무를 심은 자는 그것을 맛있게 먹고 향긋한 냄새를 맡을
수 있지만, 가시나무를 심은 자는 그것이 성장하면 찔리게 된다.

夫樹柤梨橘柚者, 食之則甘, 樹枳棘者, 成而刺人.

《한비자》〈외저설 좌하〉

한비자가 군신 관계를 바라보는 시각은 인의나 덕, 예 등을 중시하는 일
반적인 유가와는 확연히 다르다. 그는 냉혹하게 인간의 내면을 파고드는
데, 일반적으로 가려지지 않는 인간의 심리를 분석하는 면에서는 혀를 내
두르게 한다.

한비자는 신하가 겸손하고 검약한 행동을 했다는 것만으로는 작록을
주고 칭찬하거나 장려할 필요가 없다고 냉정하게 말한다. 군주가 신하를

사랑하여 영예를 줄 경우 한도를 넘으면 신하는 군주를 위협하게 될 것이라고까지 경고한다.

> 양호陽虎가 제나라를 떠나 조나라로 달아나자 조간주가 물었다.
> "나는 그대가 사람을 천거하는 데 뛰어나다고 들었소."
> 양호가 말하였다.
> "신은 노나라에 있으면서 세 사람을 천거해 모두 영윤令尹이 되게 했는데, 제가 노나라에서 죄를 짓자 그들은 모두 저를 체포하려고 하였습니다. 신은 제나라에 있으면서 세 사람을 천거해 한 명은 왕 가까이에 있게 되었고, 한 명은 현령이 되었으며, 한 명은 후리候吏(국경에서 적의 동정을 살피는 벼슬아치)가 되었는데 신이 죄를 짓자 왕 가까이에 있던 자는 신을 만나지도 않았고, 현령은 신을 맞이하여 묶으려고 했으며, 후리는 신을 추격해 국경까지 왔지만 미치지 못하자 멈추었습니다. 저는 사람을 잘 천거하지 못합니다."
> 조간주가 고개 숙여 웃으며 말하였다.
> "무릇 귤나무를 심은 자는 그것을 맛있게 먹고 향긋한 냄새를 맡을 수 있지만, 가시나무를 심은 자는 그것이 성장하면 찔리게 되오. 그러므로 군자는 [사람을] 천거하는 데 신중을 기하는 것이오."
>
> 《한비자》〈외저설 좌하〉

이 일화를 보면 조간주의 말에 큰 문제가 있는 것으로 느껴지지 않을 것이다. 그러나 한비자는 양호가 조간주에게 사람을 잘 천거하지 못한다는 이야기를 하자, 조간주가 한 대답을 강하게 비판한다. 군주가 자신이 취해야 할 방법을 망각했기 때문이라는 것이다. 신하가 도당을 만들어 서로 결탁하여 제멋대로 욕심을 부리게 되면 군주는 고립되지만, 신하들이 공정하게 사람을 추천하여 서로 결탁하지 않으면 군주의 총명이 흐려지지 않을 것이고, 양호와 같은 사람도 공정하게 일을 하려고 했을 것이다. 그래서 조간주가 양호가 추천한 자를 가시밭을 가꾸는 일과 같다고 비유한 것은 나라를 교화하는 방법이 못 된다고 말한 것이다.

맹헌백孟獻伯은 노나라의 재상으로 있었는데 마당에는 콩과 명아주가 자라고, 문밖에는 가시덤불이 자라고 있었다. 그는 식사를 할 때 두 가지 반찬을 두지 않았고, 자리는 두 겹으로 하지 않았으며, 첩에게 비단을 입히지 않았고, 집안의 말에게는 곡식을 먹이지 않았으며, 외출할 때는 수레가 따르지 못하게 하였다.

숙향叔向이 이 소식을 듣고 묘분황苗賁皇에게 말하자, 묘분황은 그를 비난하여 말하였다.

"이것은 군주께서 주신 작위와 봉록을 버리고 아랫사람들에게 환심을 사려는 것입니다."

일설에는 이런 말이 있다. 맹헌백이 상경上卿으로 임명되었을 때 숙향이 축하하러 갔다. 그의 집 문앞에는 보통 수레를 끄는 말이 있었는데, 곡물을 먹이지 않았다.

숙향이 말하였다.

"당신이 말 두 필과 수레 두 대를 가지고 있지 않은 것은 무엇 때문이오?"

한백이 말하였다.

"나는 백성들이 여전히 굶주린 기색이 있는 것을 보았기 때문에 말에게 곡식을 주지 않는 것이고, 백발이 듬성한 노인들이 대부분 걸어다니고 있기 때문에 수레 두 대를 사용하지 않는 것이오."

숙향이 말하였다.

"나는 처음에는 당신이 상경이 된 것을 축하하러 왔는데, 지금은 당신의 검소함을 축하하오."

숙향은 나와서 묘분황에게 [맹헌백의] 검소함에 대해 말하고, 이어서 말하였다.

"나를 도와 맹헌백의 검소함을 축하합시다."

묘분황이 말하였다.

"무엇을 축하한다는 것이오? 무릇 작위와 봉록과 깃발과 관인은 공적을 달리하고 현명함과 현명하지 못함을 구별하려는 것이오. 그래서 진晉나라의 법에 상대부上大夫는 수레 두 대와 말 이 승兩, 중대부中大夫는 수레 두 대와 말 일 승, 하대부下大夫는 오직 일 승만을 갖게 하였소. 이것은 등급을 분명히 한 것이오. 또 무릇 경卿은 반드시 군사 일을 맡고 있을 것이니 이 때문에 수레와 말을 정비하고 병졸과 말을 갖추어서 전쟁에 대비해야 하오. [나라에] 난이 발생했을 때는 예측하지 못한 사태에 대비하고, 평상시는 조정의 일로 사용하는 것이오. 지금 진나라의 정치를 혼란스럽게 하고 뜻밖의 일에 대한 준비를 소홀히 하며 절약과 검소함을 이루어 사사로운 명예만을 닦고 있으니, 헌백의 검소함이 옳은 것이겠소? [그러니] 또 무엇을 축하하겠소?"

《한비자》〈외저설 좌하〉

오늘날에도 정치를 통해 측근들에게 혜택을 주는 등 자신의 이익을 위해 나라에 해가 되는 일을 하는 것을 종종 목격할 수 있다. 또한 개인의 잇속을 챙기기 위해 대중의 인기에 영합하는 정치인도 종종 볼 수 있다.

한비자가 말하고자 하는 바는 사람을 볼 때 겉으로 드러나는 것이 모두 진실은 아니라는 것이다. 다른 사람들에게 자신의 모습이 어떻게 비칠 것인가를 생각하고 행동하기보다는 개인의 공로가 드러나지 않더라도 현재 있는 곳에서 최선을 다하는 것이 더 낫다. 결국 인정받는다는 것도 인기가 아니라 능력에 달린 것이 아니겠는가.

지은이 **김원중**(金元中)

성균관대학교 중문과에서 문학박사 학위를 받았다. 대만 중앙연구원과 중국 문철연구소 방문학자 및 대만사범대학교 국문연구소 방문교수, 중국 푸단대학교 중문과 방문학자, 건양대학교 중문과 교수, 대통령 직속 인문정신문화특별위원, 한국학진흥사업위원장을 역임했다. 현재 단국대학교 사범대학 한문교육과 교수로 재직 중이며, 대통령 직속 국가교육위원회 전문위원과 중국인문학회 부회장을 맡고 있다.

동양의 고전을 우리 시대의 보편적 언어로 섬세히 복원하는 작업에 매진하여, 고전 한문의 응축미를 담아내면서도 아름다운 우리말의 결을 살려 원전의 품격을 잃지 않는 번역으로 정평 나 있다. 《교수신문》이 선정한 최고의 번역서인 《사기 열전》을 비롯해 《사기 본기》, 《사기 표》, 《사기 서》, 《사기 세가》 등 개인으로서는 세계 최초로 《사기》 전체를 완역했으며, 그 외에도 MBC 〈느낌표〉 선정도서인 《삼국유사》를 비롯해 《논어》, 《맹자》, 《대학·중용》, 《노자 도덕경》, 《장자》, 《한비자》, 《손자병법》, 《명심보감》, 《채근담》, 《정관정요》, 《정사 삼국지》(전 4권), 《당시》, 《송시》, 《격몽요결》 등 20여 권의 고전을 번역했다. 또한 《고사성어 사전: 한마디의 인문학》(편저), 《한문 해석 사전》(편저), 《중국 문화사》, 《중국 문학 이론의 세계》 등의 저서를 출간했고 40여 편의 논문을 발표했다. 2011년 환경재단 '2011 세상을 밝게 만든 사람들'(학계 부문)에 선정되었다. 삼성사장단과 LG사장단 강연, SERICEO 강연 등 이 시대의 오피니언 리더들을 위한 대표적인 인문학 강연자로도 널리 알려져 있다.

한비자, 관계의 기술

시공을 초월한 인간관계의 모든 것, 권모술수의 허와 실을 꿰뚫다!

1판 1쇄 발행일 2017년 10월 10일
1판 5쇄 발행일 2023년 9월 25일

지은이 김원중

발행인 김학원
발행처 (주)휴머니스트출판그룹
출판등록 제313-2007-000007호(2007년 1월 5일)
주소 (03991) 서울시 마포구 동교로23길 76(연남동)
전화 02-335-4422 **팩스** 02-334-3427
저자·독자 서비스 humanist@humanistbooks.com
홈페이지 www.humanistbooks.com
유튜브 youtube.com/user/humanistma **포스트** post.naver.com/hmcv
페이스북 facebook.com/hmcv2001 **인스타그램** @humanist_insta
편집주간 황서현 **편집** 박상경 정일웅 **디자인** 박인규
조판 홍영사 **용지** 화인페이퍼 **인쇄** 삼조인쇄 **제본** 정민문화사

ⓒ 김원중, 2017

ISBN 979-11-6080-076-0 03190